rowohlts monographien
begründet von Kurt Kusenberg
herausgegeben
von Wolfgang Müller

Georg Wilhelm Friedrich Hegel

mit Selbstzeugnissen
und Bilddokumenten
dargestellt von
Franz Wiedmann

Rowohlt

Dieser Band wurde eigens für «rowohlts monographien» geschrieben
Den Anhang besorgte der Autor, den bibliographischen Nachtrag
erarbeitete Uwe Andreß
Herausgeber: Kurt Kusenberg · Redaktion: Beate Möhring
Schlußredaktion: K. A. Eberle
Umschlagentwurf: Werner Rebhuhn
Vorderseite: Lithographie von L. Sebbers, 1828
(Schiller-Nationalmuseum, Marbach / Neckar)
Rückseite: Berlin. Das Portal der Universität um 1830
(Historia-Photo, Hamburg)

Veröffentlicht im Rowohlt Taschenbuch Verlag GmbH,
Reinbek bei Hamburg, November 1965
Copyright © 1965 by Rowohlt Taschenbuch Verlag GmbH,
Reinbek bei Hamburg
Alle Rechte an dieser Ausgabe vorbehalten
Gesetzt aus der Linotype-Aldus-Buchschrift
und der Palatino (D. Stempel AG)
Gesamtherstellung Clausen & Bosse, Leck
Printed in Germany
1090-ISBN 3 499 50110 4

17. Auflage. 76.–78. Tausend Oktober 1993

Inhalt

Jugendjahre in Stuttgart 7
  Elternhaus – Gymnasium – Schwäbische Eigenart
Im Tübinger Stift 14
  Studium der Philosophie und Theologie – Hegel, Hölderlin und Schelling –
  Begeisterung für Rousseau – Magisterexamen und theologische Disputation
Als Hauslehrer in Bern und Frankfurt 21
  Theologische und politische Studien – Tod des Vaters
Die Jenaer Jahre 28
  Privatdozent und Professor der Philosophie – Die *Phänomenologie des Geistes* –
  Schlacht um Jena – Redakteur der «Bamberger Zeitung»
Der Gymnasialrektor in Nürnberg 38
  Hegel als Pädagoge – Heirat mit Marie von Tucher – Hegels Söhne –
  Die *Wissenschaft der Logik* – Drei Berufungen
Heidelberg 51
  Die *Enzyklopädie der philosophischen Wissenschaften* – Erste Schüler
Auf dem Höhepunkt in Berlin 60
  Die Berufung durch Minister zum Altenstein – Antrittsvorlesung – Polemik gegen
  Schleiermacher – *Grundlinien der Philosophie des Rechts* – Hegel als
  preußischer Staatsphilosoph – *Vorlesungen über die Philosophie der Geschichte* –
  Ästhetik und Religionsphilosophie – Hegel und Goethe – Der Berliner
  Haushalt – Die Reisen in Briefen an seine Frau – Hotho über Hegel –
  Die Entfremdung mit Schelling – Geburtstagsfeier 1826 – Rektoratsreden –
  Letzte politische Schrift – Krankheit, Tod und Begräbnis
Die Hegelschen Schulen 119
  Gegner und Anhänger – Die «Rechte» und die «Linke» – D. Fr. Strauß –
  Die «Hallischen Jahrbücher» – Ludwig Feuerbach
Hegel und der Marxismus 130
  Marx und Engels – Die Umkehrung Hegels

Anmerkungen 139
Zeittafel 142
Zeugnisse 144
Bibliographie 149
Namenregister 169
Quellennachweis der Abbildungen 172

Georg Wilhelm Friedrich Hegel. Stahlstich von Sichling nach L. Sebbers

Mit den protestantischen Auswanderern, die im 16. Jahrhundert von den Erblanden Ferdinands II. aus Steiermark und Kärnten in das lutherische Württemberg zogen, kam ein Kannengießer namens Johannes Hegel in den schwäbischen Weinort Großbottwar. Er fühlte sich bald heimisch und wurde später zum Bürgermeister des Städtchens gewählt. Seine Nachkommen finden wir als Pfarrer und Dekane von Sindelfingen, Reutlingen und Winnenden (Friedrich Schiller wurde von einem Pfarrer Hegel am 11. November 1759 in Marbach getauft) oder als Advokaten und Stadtschreiber. Der Großvater Hegels war Oberamtmann zu Altensteig im Schwarzwald; sein Sohn Georg Ludwig, Rentkammersekretär, später Expeditionsrat, heiratete am 29. September 1769 in Stuttgart die Maria Magdalena Fromm. Ihnen wurde am 27. August 1770 ein Sohn Georg Wilhelm Friedrich geboren.

Die Eltern wohnten damals nahe ihren Verwandten Hauff in der Eberhardstraße 53; ein paar Schritte weiter lebte Schiller als Regimentsmedikus bei der Hauptmannswitwe Vischer. Das mit einer Bronzeplakette von K. Donnhoff geschmückte Geburtshaus Hegels überstand die Zerstörungen des Zweiten Weltkriegs und liegt heute mitten im Stadtzentrum. Im Jahre 1776 zogen die Hegels in die sogenannte «Reiche Vorstadt» beim «Turnieracker», einem westlich der Königstraße gelegenen, heute durch Bank- und Kaufhäuser entvölkerten Innenbezirk.

Die «Rödersche Gasse», nach neuerer Bezeichnung «Lange Straße», befand sich in unmittelbarer Nähe der «Lateinischen Schule», des sogenannten «Professoratshauses» und des «Gymnasiums Illustre», Vorgängerin des späteren «Eberhard-Ludwigs-Gymnasiums». Was nicht der Spitzhacke der Stadtplaner vorher zum Opfer gefallen war, wurde bei den Luftangriffen der Jahre 1943/44 vernichtet. Das Haus Lange Straße Nr. 7 mit der Gedenktafel von Wilhelm Pelargus existiert nicht mehr.[1]*

Von den drei Kindern des Expeditionsrates Hegel wurde der älteste besonders verzärtelt, «weil er so gut lernte». Der jüngere Bruder Georg Ludwig wurde Offizier, beteiligte sich am Russischen Feldzug und starb früh, während die Schwester Christiane ihren berühmten Bruder überlebte. Als Gouvernante im Dienste des Grafen von Berlichingen erkrankte sie an einem Nervenleiden, unterrichtete noch ein paar Jahre französische Sprache und Handarbeit in Aalen, mußte sich aber schließlich in die Heilanstalt Zwiefalten bringen lassen. Ihr Bruder schickte ihr später von Berlin aus Geld; Karl Eberhard Schelling, der Bruder des Philosophen, betreute sie ärztlich, konnte aber keine Besserung erzielen. 1832 nahm sie sich in Bad Teinach das Le-

---

* Die hochgestellten Ziffern verweisen auf die Anmerkungen S. 139 f.

Das Geburtshaus: Stuttgart, Eberhardstraße 53

ben. In ihrer Hinterlassenschaft fand sich ein Brief an die Witwe Hegels vom 7. Januar 1832 mit folgender Erinnerung:

«...Was ich in meinem traurigen körperlichen und geistigen Zustand aus Kinderjahren von meinem Bruder zusammenbringen kann, will ich Dir mitteilen: Als Knabe von 3 Jahren wurde er in die Deutsche und im 5. Jahr in die Lateinische Schule geschickt, in welchem Alter er schon die erste Deklination und die dahin gehörigen lateinischen Wörter kannte, die ihm unsere sel. Mutter lehrte, die für die damalige Zeit eine Frau von Bildung war und darum vielen Einfluß auf sein erstes Lernen hatte. In allen Klassen erhielt er jedes Jahr einen Preis, da er immer unter den 5 ersten war; und vom 10ten Jahr an bis ins 18te war er der

Schiller als Regimentsmedikus. Gemälde von P. F. Hetch, 1782

Erste in seiner Abteilung im Gymnasium. Im Alter von 8 Jahren schenkte ihm sein Lehrer Löffler, der viele Vorliebe für ihn hatte und Vieles zu seiner späteren Ausbildung beitrug, Shakespeare's von Eschenburg übersetzte dramatische Werke, mit dem Beisatz: ‹Du verstehst sie jetzt noch nicht, aber Du wirst sie bald verstehen lernen›; also dieser Lehrer bemerkte schon die Tiefe, die in dem Knaben steckte, und wohl erinnere ich mich noch, daß die lustigen Weiber von Windsor ihn zuerst ansprachen. Frühe schon hielt ihm der Vater Privatlehrer, was im Conversationslexikon bemerkt ist, doch befindet sich's auch ganz richtig über seine Studien in Tübingen. Im Alter von 10 Jahren schickte ihn der Vater zu dem noch lebenden Christian Duttenhofer, um bei diesem Geometrie zu lernen, der mit mehreren andern jungen Leuten ihn auch mit hinaus zum Feldmessen nahm und nebenbei auch etwas Astronomie den jungen Leuten beibrachte.

Im Konfirmations-Unterricht war der Beichtvater, nachher Prälat Griesinger, außerordentlich wohl mit seinen Kenntnissen in der Religion zufrieden. Im Jahr 1783 herrschte Gallenruhr und Gallenfieber in Stuttgart, welches letzte auch unsern Vater, unsere Mutter, Hegel und mich befiel, von den 3 Ersten wußte man nicht, welches zuerst sterben würde; unsere gute Mutter wurde das Opfer; Hegel war so krank, daß er schon die Bräune hatte und jedermann an seinem Aufkommen zweifelte; er genaß, bekam aber nachher hinterm Ohr ein großes, bösartiges Geschwür so, daß er sich einer schmerzhaften Operation unterwerfen mußte. Ich vergaß zu sagen, daß er im 6ten Jahre Blattern auf das Bösartigste hatte, daß selbst der Arzt ihn verloren glaubte, und er mehrere Tage blind gewesen sei. Während seiner Studienjahre hatte er lange Zeit das Tertian-Fieber und brachte deswegen einige Monate im väterlichen Hause zu, da er sich dann an den guten Tagen mit Lesen der griechischen Tragödien, seiner Lieblingslektüre, und mit Botanik beschäftigte...»[2]

Hegel war ein rechter Musterschüler und hätte wohl auf eines der «Kleinen Seminarien» geschickt werden sollen, jenen Vorbildungsanstalten zur Landesuniversität, in welche Herzog Christoph von Württemberg manches Kloster seines Landes «für die Zwecke und Bedürfnisse des jungen Protestantismus» umgewandelt hatte. Der Plan zerschlug sich aber, und Hegel blieb am Stuttgarter Gymnasium, in dessen Studienplan die Beschäftigung mit den griechischen und römischen Klassikern eine Vorrangstelle einnahm. Die Schüler «nährten sich vor allem mit dem Mark des Altertums». So vorzüglich, wie die Anstalt in den Hegel-Biographien dargestellt wird, scheint sie jedoch nicht gewesen zu sein. Von der Organisation und dem Lehrplan zur Schulzeit Hegels hört man auch manche Stimmen:

«Das Untergymnasium... war damals durch unglaubliche Mißstände entstellt. Die Lehrer, sieben an der Zahl – Fachlehrer gab es nicht – waren, in Ermangelung jedes ständigen Gehalts, auf das Schulgeld angewiesen; sie hegten darum den begreiflichen Wunsch, möglichst viele Schüler (einzelne sechzig und mehr) zu haben, und die vorhandenen auf diese oder jene Art über das Normaljahr hinaus noch ein zweites Jahr festzuhalten... Es ergab sich innerhalb der einzelnen Klassen eine Verschiedenheit der Schüler nach Alter und Kenntnissen, die bunter nicht gedacht werden kann. Das Alter [der] Schüler geht vom vierten bis ins neunte und zehnte Jahr, und andererseits treffen wir im Obergymnasium Elfjährige neben Zwanzigjährigen. Dabei fehlt es völlig an einem durchgehenden Gesamtplan für den Unterrichtsgang in den einzelnen Fächern... jeder Lehrer unterrichtet auf eigene Faust und Verantwortlichkeit.»[3]

Als Fünfzehnjähriger begann Hegel bald in deutscher, bald in lateinischer Sprache ein Tagebuch zu führen «in einem ordentlichen aus Conzeptpapier zusammengehefteten Quartbuch». Die Einträge sind unsystematisch und berichten vorwiegend über Ereignisse und Fortschritte in der Schule, von seiner Lektüre, bei welcher, ähnlich wie Jean Paul, die «Exzerpiermethode» gepflegt wurde. So finden sich neben einem Abschnitt «Über das Exzerpieren» längere Auszüge aus Sulzers «Kurzem Begriff der Gelehrsamkeit», aus J. M. Schröckhs «Lehrbuch der allgemeinen Weltgeschichte», aus Feders «Neuem Emil», aus Kästner und Nicolai und nicht zuletzt aus den Schriften Christian Garves, des feinsinnigen Übersetzers der Werke von Ferguson, Burke und Adam Smith. Hegel verschaffte sich, wie sein Tagebuch zeigt, in jungen Jahren eine gründliche Kenntnis der Literatur des 18. Jahrhunderts; es ist sicherlich hierauf zurückzuführen, daß er in seinem Lebenswerk die Tradition bewahrt und sich den Reichtum an psychologischen und ästhetischen Einsichten zunutze gemacht hat. Unter *Montag, den 1. Januar 1787* trägt er ein: *Den Nachmittag wollte ich nur einiges in Sophiens Reise lesen; ich konnte mich aber nimmer davon losreisen.*[4] Gemeint ist der Roman «Sophiens Reise von Memel nach Sachsen», verfaßt von Joh. Timotheus Hermes, Professor der Theologie in Breslau. Als Schopenhauer durch die Lebensbeschreibung von Karl Rosenkranz davon erfuhr, schrieb er triumphierend an seinen Schüler K. Bähr: «Mein Leibbuch ist Homer, Hegels Leibbuch ist Sophiens Reise...» Auch Kuno Fischer scheint Hegel diese Geschmacksverirrung übel zu nehmen. Er nennt das Buch «eines der elendesten und langweiligsten Machwerke unserer damaligen Literatur». Daß die «unergötzlichen Schilderungen des breiten Alltagslebens mit seinen plattgeschwätzigen Leuten, seiner faden Geselligkeit» den jungen Mann beeindruckt haben, kann er sich nur dadurch erklären, daß in Hegel «selbst etwas Alltägliches, Ältliches, Philiströses» angelegt war, «das erst durch die allmählich fortschreitende Erhöhung seiner Ideenwelt geistig herabgesetzt und unterworfen wurde. Niemand hätte damals geahnt, daß in diesem scheinlosen Jüngling... ein tiefer Denker verpuppt war, welcher sich emporringen und eines Tages als der erste Philosoph des Zeitalters erscheinen werde.»[5]

Ein gewisser altkluger Zug an Hegel tritt auch durch den Eintrag vom Montag, 27. Juni 1785, zutage. Die Primi der Klassen als *capita repraesentativa* hatten vor dem Professorenkonvent des Gymnasiums zu erscheinen. *Man stellte uns weiter nichts vor, als daß man uns ernstlich ermahnte, unsere Kameraden zu warnen, sich nicht in die elenden liederlichen Spiel- usf. Gesellschaften einzulassen. Es hat sich nämlich eine Gesellschaft von jungen Leuten männlichen Geschlechts von 16, 17 Jahren, weiblichen von 11, 12 usw. gezeigt; sie ist unter dem Namen Doggen-Gesellschaft, Lappländer usw. bekannt. Die Herrens führen da die Jungfrauen spazieren, und verderben sich die Zeit in heilloser Weise.*[6]

Über sein herzliches Verhältnis zu seinem verehrten Lehrer, dem Praeceptor Löffler, schreibt er nach dessen Tod:

Er war (der) rechtschaffenste und unparteiischste Mann. Sei(nen) Schülern, sich und der Welt zu nutzen, war seine Hauptsorge. Er dachte nicht so niedrig, wie andere, die glaubten, jetzt haben sie ihr Brot, und dürfen nicht weiter studieren, wenn sie nur den ewigen, alle Jahre erneuerten Claß-Schlendrian fortmachen könnten. Nein! so dachte der Selige nicht. Er kannte den Wert der Wissenschaft und den Trost, (zu) dem sie einem bei verschiedenen Zufällen gereichen. Wie oft und wie zufrieden und heiter saß er bei mir in jenem geliebten Stüb'gen, und ich bei ihm. Wenige kannte(n) seine Verdienste, ein großes Unglück war es für den Mann, daß er so ganz unter seiner Sphäre arbeiten mußte. Und nun ist auch er entschlafen! Aber ewig werde ich sein Andenken unverrückt in meinem Herzen tragen![7]

Die Erziehung im elterlichen Hause war, wie noch zu Anfang dieses Jahrhunderts in den alteingesessenen Stuttgarter Familien, protestantisch-pietistisch geprägt. Von Jugend auf war Hegel also mit dem Ideengut der altwürttembergischen Theosophie und Mystik des Pietismus vertraut. Das schwäbische Naturell in ihm wurde auch «in dem Elemente des Allgemeinen, in dem Aether des Gedankens und der Philosophie» niemals verflüchtigt. Nicht nur der Wein, der am Neckar wächst, hat einen anderen Geschmack und andere Tücken als der vom Rhein, auch die Menschen sind von eigener Gemütsart. Scheu und verschlossen bergen sie in ihrer Tiefe, im stillen geschäftig, eine Anlage zum Grübeln und «Sinnieren». Daher ihr ganz anders gearteter Witz, jener liebenswürdige Humor an Stelle von Ironie und Sarkasmus, die schwere Zunge, die Sinnigkeit ihres Redens, das mühsame Hervorbrechen des Wortes, dabei aber das oft wunderbare Gelingen eines treffenden Bildes und schlagender Anschaulichkeit, wie sie vorzugsweise dem Hegelschen Stil seine eigentümliche Färbung verleiht.[8] Die breite singende Sprache blieb ihm auch auf dem Berliner Katheder erhalten, ähnlich Schelling, der sein Auditorium jedesmal entzückte, wenn er statt «etwas» «äbbes» sagte. Hegel meinte allen Ernstes, der schwäbische Dialekt mit seinen unerschöpflichen Modulationsmöglichkeiten eigne sich wie kein anderer vorzüglich zum Philosophieren.

Tatsächlich hatte das schwäbische Unterland über lange Zeit eine Reihe von hervorragenden Dichtern, Philosophen und Theologen hervorgebracht. In rührender Selbstgefälligkeit singt man dortzulande: «Der Schelling und der Hegel, der Schiller und der Hauff, das ist bei uns die Regel und fällt uns gar nicht auf.» Für nicht wenige begann der Weg vom Tübinger Stift aus, in das auch Hegel ab Oktober 1788 eintreten konnte.

Zum Abgang vom Gymnasium hielt Hegel die Maturumsrede über ein recht ausgefallenes Thema: *Der verkümmerte Zustand der Künste und Wissenschaften unter den Türken.* Der Zweck dieser hochtrabenden Ansprache ist es, aufzuzeigen, wie viel besser es sei, auf dem Stuttgarter Gymnasium gebildet zu werden. Daß die Schuleinrichtungen in der Türkei vernachlässigt werden, hier jedoch blühen, *das haben wir nach Karl'n* (dem Herzog. D. A.) *vorzüglich Ihnen, verehrungswürdigste Männer* (den Lehrern. D. A.) *zu danken*[9].

Es war, soweit wir wissen, dem jungen Hegel nie in den Sinn gekommen, er könne etwas anderes als Theologie studieren. In einer vom Vater mitunterzeichneten Obligation bittet er um gnädigste Aufnahme *in Ihrer Herzogl. Durchlaucht Theologisches Stipendium zu Tübingen.* Er verspricht darin, *mit allem Ernst und Fleiß zu studieren, besonders aber mich auf keine andere Profession, dann die Theologiam zu legen, und in allweg mit GOTTES Gnade dahin zu arbeiten und zu richten, damit Ihrer Herzogl. Durchlaucht, oder De-*

*roselben Landschaft, wie auch ausländischen Herrschaften, und also,
wohin Ihro Herzogl. Durchlaucht mich zu leihen, oder zu verschicken
befehlen werden, ich bei Kirchen oder Schulen zu gebrauchen sein
möge.* Der Vater versprach, seinen Sohn gewissenhaft zum Fleiß,
bei Verpfändung von Hab und Gut, zur Erreichung des geistlichen
Berufes anzuhalten.[10]

IM TÜBINGER STIFT

Die Universität zu Tübingen war klein und wenig bedeutend, als
sich Hegel zum Wintersemester 1788 immatrikulierte. Sie zählte
200 bis 300 Studenten, zumeist Theologen oder künftige Gymnasial-
lehrer, während die Mehrzahl der Mediziner und Juristen an der
Karlsschule in Stuttgart studierten. Es war eine jener zahlreichen
Landesuniversitäten, deren Aufgabe primär die Ausbildung für den
Staats-, Kirchen- und Schuldienst des Landes war. An der philosophischen Fakultät dozierten damals die Ordinarien August Fr. Bök und
Jakob Fr. Abel (der frühere Lehrer Schillers an der Karlsschule), vor
allem aber der Orientalist Ch. Fr. Schnurrer, ein Gelehrter von euro-
päischem Ruf, der in Frankreich Rousseau persönlich kennengelernt
hatte. Als einstiger Stiftler und Theologe war er Ephorus des Stifts,
zwar nicht ohne Strenge, seiner Aufgeschlossenheit wegen aber bei
den Studenten beliebt wie kein anderer. An der Theologischen Fakultät ragten Johann Fr. Flatt, der über Moral und Neues Testament las,
und Gottlob Storr hervor. Storr war als Vertreter der systematischen
Theologie zweifellos der bedeutendste Kopf des damaligen Kolle-
giums.[11]

Hegel wohnte als herzoglicher Stipendiat im Theologischen Stift,
das 1536 von Herzog Ulrich gegründet und seit 1547 im aufgelösten
Augustinerkloster untergebracht war. Julius Klaiber beschreibt die
Lage des Gebäudes folgendermaßen:

«Am Fuße der rebenumgürteten Höhe, welche die alte Feste Ho-
hentübingen trägt, hart an der Neckarhalde, welche der letzten Stufe
des Berges entlang sich hinzieht, in dem Raume zwischen Berg und
Fluß hatten einst Augustinermönche ihr Kloster gebaut, auf schöner
Stelle gewiß: drunten vor der Mauer des Klostergartens der rasch
hingleitende Fluß mit seinen Uferweiden, talaufwärts die grünen
Wiesengründe, von dem schöngeformten Vorsprung des Spitzbergs
abgeschlossen, talab die hellschimmernde Straßenzeile mit der Stadt-
mauer davor bis zur steinernen Neckarbrücke und dem bekrönenden
Oesterberg, genügen aber, in breiter Fläche sich öffnend, das Stein-
lachtal und dahinter über den waldigen Kuppen der näheren Höhen
die duftigen Ketten der Alb und besonders hervortretend die
freundliche Form des Berges, den die Salmendiger Kapelle ziert.

Das alte Kloster hatte zwei parallele Flügel, durch einen Kreuz-
gang verbunden: der hintere, an den Berg gelehnt, aber durch einen
tiefen Graben von der höher liegenden Gasse getrennt, enthielt die

Kirche, mit dem Chor gen Morgen gewendet, der andere mit dem Refektorium und den Zellen darüber, zog sich dem Neckar entlang. So war der Bau beschaffen, als er das Stipendium aufnahm.»[12]

Die Stiftler trugen eine eigene Tracht, bestehend aus einem leichten schwarzen Mantel mit weißen Überschlägen, eine Gewandung, die Hölderlin mit einer gewissen Eleganz, Hegel aber mit entschiedener Nachlässigkeit zu tragen pflegte. Die Zeiten des Studiums, der Rekreation und des freien Ausgangs waren genau geregelt und wurden wie der Besuch der Vorlesungen durch Famuli kontrolliert. Für Übertretungen der Stiftsdisziplin waren sogen. Caritionen vorgesehen, die im Entzug der mittäglichen Weinportion (oder, da diese der schlechten Qualität wegen selten in natura bezogen wurde, des entsprechenden Geldbetrages) bestanden, für höhere Grade schloß sich allerdings auch die Inkarzeration an.

Friedrich Hölderlin.
Pastellbild von Hiemer

Bedauerlicherweise schienen die Verstöße gegen die äußerliche Ordnung das einzige Material zur Beurteilung der Studenten gewesen zu sein, denen größtes Gewicht beigelegt wurde, selbst gegen bessere Einsicht der Vorsteher. Die Summierung jener Caritionen und ihre vierteljährliche Zusammenstellung in dem sogen. «Carentengatter« (aus quattuor entstanden) blieb mangels anderer Anhaltspunkte das Maßgebende für die Beurteilung, wie wenn die Legalität schon eine Gewähr für die Güte des Charakters bieten würde. Wen wundert es, daß gerade die Tüchtigsten durch häufige Übertretungen dagegen protestierten. Anfänglich halten sich Hegels Bestrafungen (wegen Versäumen der Lektionen, spätem Aufstehen, Fehlen beim Gebet) in Grenzen. Auf «Fabian-Sebastian» 1790 aber steht er plötzlich mit 18 Caritionen im Gatter und wird auch sofort unter dem 12. Februar ernstlich verwarnt. Ein Jahr darauf bringt ihm wiederum derselbe böse «Fabian-Sebastian» gar zwei Stunden Karzer.

Er kam von einem Urlaub eine Stunde zu spät zurück, weil, wie er sagte, «sein Rößlein unterwegs schadhaft geworden sei», in Wahrheit aber, wie der Ephorus anzunehmen geneigt ist, weil ihm die beiden Freunde Finck und Fallot unerlaubt entgegengeritten sind.

Aus den Semesterzeugnissen der Repetenten ist zu entnehmen, daß Begabung und Fleiß bei Hegel regelmäßig ingenium bonum, diligens sind. Die mores werden anfangs als boni, dann nur noch probi oder recti, einmal sogar als languidi angegeben.[13]

Im Wintersemester 1790 schreibt Hölderlin an seine Schwester: auf seiner Stube seien aus seiner Promotion Hegel und Märklin, «und die wenigen andern sind auch brave Leute, darunter Breyer und Schelling». Hegel und Hölderlin waren beide fünf Jahre älter als Schelling. Von den drei Freunden, die sich später so weit voneinander entfernen sollten, war Hegel der bedächtige, keine Spur von Genialität zeigende ältere «Compromotionale». «Vom Hegel hätten wir das nimmer gedacht» – sagten andere Jugendfreunde, als sie über Berlin von seinem Ruhm hörten. Etwas behäbig von Natur, lagen ihm Reiten und Fechten nicht sehr. Über seine vernachlässigte Kleidung rümpften die jungen Damen ihre Nasen, obwohl sie ihn seiner Gutmütigkeit und geistigen Munterkeit wegen gern litten. Wenn es anging, suchte Hegel ein Pfänderspiel zu arrangieren, «wo ihm denn doch von holdem Mund auch ein Küßchen zu Theil werden mußte»[14]. Seine schwerfällige Art ließ ihn älter erscheinen, als er war; auf der Stube nannte man ihn nur «den Alten». Sein Freund Fallot zeichnete in Hegels Stammbuch eine Karikatur des damals Neunzehnjährigen, wie er gesenkten Hauptes auf Krücken daherschleicht, und schrieb darunter: «Gott stehe dem alten Mann bei!»

Bei den nicht seltenen Gelagen in den Tübinger «Gogenwirtschäftle» war Hegel dagegen gern gesehener Zechgenosse. Statt die theologischen Kollegs vorzubereiten, saß er am liebsten im Kreis philosophierender «Viertelesschlotzer», schnupfte tüchtig, spielte leidenschaftlich gerne Tarok und brachte seine Zuhörer durch seine biederen, hintergründigen Witze zum Lachen. Oft kam er erst zu später Stunde ins Stift zurück, wo ihm der verzweifelte Stubenälteste einmal zugerufen haben soll: «O Hegel, du saufst dir gewiß no dei bißle Verstand vollends ab!» Der spätere Pfarrer Faber von Oberstenfeld erinnert sich, daß er Hegel, als er in einem wenig erbaulichen Zustand nach Hause kam, vor den Nachforschungen der Seminarpolizei versteckt hatte.[15]

Im Reich des Wissens unternahm Hegel in den ersten Studienjahren nur ziellose Streifzüge. Zwar las er Platon, Kant, Schiller, Jacobi, Hemsterhuis, Montesquieu und Herder, aber als sich im Stift ein Verein der Kantianer gründete, blieb Hegel mit der Bemerkung fern: er sei ganz damit beschäftigt, Rousseau zu studieren. Bezeichnenderweise überwiegt bei Hegel schon in der Tübinger Zeit das praktische Interesse gegenüber dem Theoretischen, Metaphysischen. Im Gegensatz zu Hölderlin und Schelling interessiert er sich für die politischen, auf Verbesserung gegenwärtiger Zustände gerichteten

Probleme. Während Hölderlin in einem Brief an Neuffer schreibt: «Vom großen Jean Jacques [habe ich] mich ein wenig über Menschenrechte belehren lassen, und in hellen Nächten mich an Orion und Sirius, und dem Götterpaar Kastor und Pollux gewidmet...», sitzt Hegel, der Jahre später den gestirnten Himmel als «häßlichen Ausschlag» abgetan haben soll, über den Schriften von Rousseau. Für ihn war Rousseau der große Kulturpolitiker, in dessen Begriff der «volonté générale», das heißt des überindividuellen Gesamtwillens im Unterschied zur «volonté de tous», des Willens aller, erstmals das aufleuchtet, was Hegel und die Romantik als Volksgeist bezeichnet haben. Wenn wir dem Bericht des Magisters Leutwein an Schwegler Glauben schenken dürfen (er wird von Rosenkranz allerdings als ein «verlumptes Genie» bezeichnet), hatte Hegel während seines Tübinger Studiums weder an der Metaphysik noch an Kant Geschmack gefunden:

Jean-Jacques Rousseau. Gemälde von Allan Ramsay. Edinburgh, Museum

«Ich weiß zwar nicht, ob und wiefern Hegels letztes Jahr, das ihn mir entzog, ihn verändert habe. Ich zweifle aber daran. Jedenfalls war während der vier Jahre unseres näheren Umgangs die Metaphysik Hegels Sache nicht sonderlich. Sein Held war Rousseau, in dessen ‹Émile›, ‹Contrat social›, ‹Confessions› er beständig las. Er glaubte, durch diese Lektüre gewisser allgemeiner Vorurteile und stillschweigender Voraussetzungen, oder wie Hegel es ausdrückte, Fesseln ledig zu werden. Eine besondere Freude hatte er am Buch Hiob wegen dessen ungeregelter Natursprache. Überhaupt schien er mir zuweilen etwas exzentrisch. Auf seine nachmaligen Ansichten geriet er erst im Auslande, denn in Tübingen war ihm nicht einmal Vater Kant recht bekannt. Und ich, der ich mich damals in Kant'sche Literatur sehr stark einließ, und deswegen mit Schelling, Breyer, Flatt, Märklin, Duttenhofer, Repetent Diez, diesem Kant'schen enragé, Hauber u. a.

17

Tübingen: Blick auf die Stiftskirche

häufig konversierte, konnte mit meinen Unterhaltungen über Kant, Reinhold, Fichte ... bei Hegel wenig Anklang finden.»[16]

Im Stift hatte sich ein «Politischer Clubb» gebildet, dessen eifrigste Teilnehmer die Mömpelgarder waren. Die Grafschaft Mömpelgard über dem Rhein gehörte damals noch zu Württemberg, und die Studenten von dort hatten im Stift einen Freitisch. Sie repräsentierten das französische Element, und Hegel ging mit den meisten von ihnen um, besonders mit Fallot und Billing aus Kolmar. Den Hauptgegenstand ihrer Debatten bildete natürlich die Französische Revolution. Mit jugendlichem Enthusiasmus erhoffte man sich die sittliche Wiedergeburt Europas, nachdem die Rechte der Menschheit dekretiert waren. Man las französische Zeitungen, verschlang ihre Nachrichten, besprach die Ereignisse, und die Begeisterung ging so weit, daß die jungen Freiheitsschwärmer eines schönen Sonntagmorgens im Frühling 1791 auf einer Wiese nahe Tübingen nach französischem Vorbild einen Freiheitsbaum aufrichteten. «Vive la liberté», «Vive Jean Jacques» u. a. schrieben sie sich anschließend ins Stammbuch. Die Sache wurde ruchbar, und Herzog Karl Eugen erschien selbst, war dann allerdings klug genug, sich mit einem allgemeinen Tadel gegen den Geist der Widersetzlichkeit und des Ungehorsams zu begnügen. Der Haupträdelsführer (Wetzel) konnte zur rechten Stunde nach Straßburg entfliehen.[17]

«Draußen in der Welt» gingen längst revolutionäre Ideen um, der Ruf nach Freiheit war wach geworden, Kirche und Staat wurden als «Hort des Despotismus» gesehen. Rousseaus «Evangelium» hatte seine Wirksamkeit begonnen, die überlieferte Theologie, besonders die göttliche Inspiration der Bibel war fragwürdig geworden, Kants Kritiken schienen das alte Gebäude der Metaphysik endgültig zerstört zu haben. Kritik und Widerstand meldeten sich auch bei den Tübinger Studenten, die sich an einer Universität wußten, wo man sich dem Neuen verschloß und den «guten, alten Geist» gegen das aufklärerische Jahrhundert zu retten versuchte.

Man darf darüber eines nicht übersehen: weder Hegel noch Schelling wurden später «Revolutionäre» im üblichen Sinne. Älter geworden, mußten beide den wirklichen Aufbruch revolutionären Geistes erleben (durch die deutschen Burschenschaften), ohne sich diesen Gedanken zu öffnen. Im Gegenteil, sie wurden zu Hütern des Bestehenden und bekannten sich in konservativem Geiste zu dem in der Geschichte Gewachsenen. Hegel wurde preußischer Staatsphilosoph, und Schelling suchte gerade «das Christliche» zu retten und ihm zu einer Neugeburt zu verhelfen. Das scheint merkwürdig zu sein, es wäre aber falsch, in der Tübinger Zeit nur eine Episode in Hegels Leben zu sehen. Tatsächlich fielen in jenen Jahren Entscheidungen, die weithin wirkend geworden sind.[18]

Was Hegel bewogen hatte, nicht in das geistliche Amt einzutreten, wissen wir nicht. Möglicherweise war es weniger die Abneigung gegen Theologie oder die Vorgänge im Stift (Zwang zu Gebet und Gottesdienst, die unwürdige Form der Bestrafung in einer Zeit des Umbruches und der freiheitlichen Gesinnung), als eine Verstimmung über eine von ihm als ungerecht empfundene Behandlung. Freilich sind wir hierbei wieder nur auf die Aussagen des schon erwähnten Magisters Leutwein angewiesen:

«Hegel war unter den fünf Gymnasiasten, welche erst zu Tübingen unter die Renz'sche Promotion geschoben wurden, nach der Lokation des Stuttgarter Gymnasiums der Erste. Der Zweite nach ihm war ebenfalls ein Stuttgarter, Märklin, der nachmalige Generalsuperintendent von Heilbronn, mit welchem ich damals in näheren Verhältnissen stand. Bald jedoch wurde Hegel in der Lokation hinter Märklin zurückgesetzt, entweder von den Repetenten, oder, was wahrscheinlich ist, von dem Inspektorat, welches letztere unter anderem auch durch Rücksicht auf Märklin's Oheim und nachmaligen Probst zu Denkendorf, hiezu veranlaßt sein konnte. Aber Hegels genialisches Betragen hatte hiezu wenigstens den Vorwand gegeben, und von seiten seines akademischen Fleißes und seines regelmäßigen Kollegienbesuchs hatte er sich auch nicht gerade empfohlen. Es war an ihm etwas Desultorisches, was ich ihm zuweilen frei ins Gesicht sagte. Er hatte auch nicht verschmäht, zuweilen gesellige Gelagen anzuwohnen, wobei dem Bachus geopfert wurde. Kurz, der geordnetere Märklin wurde in der Promotion der Dritte und Hegel der Vierte.

Diese Zurücksetzung ließ eine bleibende Wunde in Hegels Herzen zurück, was Niemand besser weiß als ich, so sehr es Hegel auch vor der Welt verbarg; sie war auch ganz gewiß der geheime Ressort der Veränderung, welche nach durchlebten akademischen Jahren mit ihm vorging. Denn früher war ihm seines Vaters Entgegenstreben im Wege gestanden. Das selbständige Bedürfnis einer neuen Philosophie war es gewiß noch nicht. Wäre er der Dritte in der Promotion geblieben, so würde gewiß Berlin ihn nicht gesehen, noch er dem deutschen Vaterlande so viel von sich zu reden gegeben haben.»[19]

Nach zweijährigem philosophischem Studium wurde in Tübingen pro magistro disputiert (der Magister galt dem Dr. phil. anderer Universitäten gleich). Daran schloß sich ein dreijähriger Kurs der Theologie an, worauf das Studium mit der Dissertation pro candidatura examinis consistorialis beendet wurde. Hegel meldete sich mit zwei selbstverfaßten specimina (kleinere wissenschaftliche Aufsätze) 1790 zur Magisterprüfung, die alljährlich im September stattfand. Unter dem Vorsitz von Professoren der philosophischen Fakultät mußte im Beisein von opponierenden Repetenten eine von einem Professor verfaßte Dissertation verteidigt werden. Hegel disputierte zusammen mit seinen Kompromotionalen Finck, Autenrieth und Hölderlin über eine moralphilosophische Abhandlung von Professor Bök, «De limite officiorum» (Über die Grenzen der Pflicht), und wurde am 27. September 1790 im großen Hörsaal der Aula Nova (der heutigen «Alten Aula» neben der Stiftskirche) zum Magister promoviert. Die theologische Prüfung begann im Juni 1793, wobei Hegel mit acht anderen Kandidaten die vom Kanzler Lebret verfaßte Dissertation über ein Thema der württembergischen Kirchengeschichte verteidigte. Das Konsistorialexamen fand dann nach den Ferien am 20. September 1793 statt.

In Hegels Abgangszeugnis heißt es: «Studia theologia non neglexit, orationem sacram non sine studio elaboravit, in recitando non magnus orator visus. Philologiae non ignarus, philosophiae multam operam impendit.» Aus «multam» machte E. Zeller in einem Aufsatz von 1845 [20] in eindeutiger Tendenz ein «nullam», was ihm R. Haym in seiner Biographie von 1857 sofort abnahm und schrieb: «... seine Lehrer gaben ihm das Zeugnis mit auf den Weg, daß er ein Mensch mit guten Anlagen, aber mäßigem Fleiß und Wissen, ein schlechter Redner und ein Idiot in der Philosophie sei.»[21]

Nach bestandenem Examen kehrte Hegel im Herbst 1793 nach Stuttgart zurück, um sich von einer soeben überstandenen fiebrigen Krankheit zu erholen. Mit dem Dichter und Literaten Gotthold Friedrich Stäudlin, dem damals fünfunddreißigjährigen Freund Hölderlins, machte Hegel häufig Spaziergänge nach Cannstatt und besprach seine weitere Zukunft.

Bern: Blick vom Münster auf die Herrengasse

ALS HAUSLEHRER IN BERN UND FRANKFURT

Der Berner Patrizier Carl Friedrich Steiger von Tschugg hatte im Sommer 1793 einen Hauslehrer gesucht. Hegel war für diese Stelle von einem gewissen Herrn von Rütte in Vorschlag gebracht worden. Die Vorsteher des Tübinger Stiftes dürften dabei nicht konsultiert worden sein, denn Ephorus Schnurrer schrieb am 10. November 1793 an Herrn Scholl in Holland:

«Herr M. Hegel wird nun dieses Spätjahr examiniert und mithin in die Freiheit versetzt werden, eine auswärtige Stelle anzunehmen. Etwas Behutsamkeit wird nichts schaden. Ich zweifle sehr, ob er inzwischen gelernt hat, diejenigen Aufopferungen sich geduldig gefallen zu lassen, die immer mit einer Privatlehrstelle, wenigstens anfangs, verknüpft zu sein pflegen. Er ist beinahe diesen ganzen Sommer, unter dem Vorwand einer Kur, aus dem Stipendium abwesend, und sein langer Aufenthalt zu Haus, wo er selbst vielleicht mehr gilt als der Vater, dürfte keine eigentliche Vorbereitung auf das nicht eben zwanglose Leben eines Hofmeisters sein.»[22]

Immerhin wurde im August und September ein Briefwechsel mit Herrn von Rütte geführt, und Hegel scheint Anfang Oktober 1793 die Stelle angetreten zu haben. Daß jüngere Gelehrte mangels eigenem Vermögen oder Protektion sich als Hofmeister verdingen, bevor sie an eine Habilitation denken konnten, war durchaus üblich. Auch Kant, Fichte, Herbart und Hölderlin nahmen verschiedene Jahre über solche Posten an. Der Vorteil bestand darin, daß man neben freier Station und einem kleinen Gehalt freie Zeit für eigene Studien hatte und wohl auch in die Gesellschaft eingeführt wurde, um neue Verbindungen anzuknüpfen.

Über Hegels Situation in Bern wissen wir auffallend wenig. Der erste uns erhaltene Brief (an Schelling) datiert vom Hl. Abend 1794, also nach über einjährigem Schweigen: *Ganz müßig bin ich nicht, aber meine zu heterogene und oft unterbrochene Beschäftigung läßt mich zu nichts Rechtem kommen.*[23] Ein kurzer Rechenschaftsbericht an seinen abwesenden Patron über Vorgänge im Haus und Gut lassen ahnen, daß Hegel nicht ausschließlich mit der Erziehung der Kinder beauftragt war. Offensichtlich hatte er den damals siebenjährigen Sohn Friedrich nebst zwei Töchtern und einem Knaben aus Neuenburg zu unterrichten, aber Näheres liegt im Dunkeln.

Der Vater des Hauptmanns Steiger war ein Mann von hoher Bildung und staatsmännischen Kenntnissen gewesen. Als er in der Wahl für den Kleinen Rat der Stadt Bern unterlag, nahm er vom politischen Leben Abschied und zog sich grollend auf sein Landgut Tschugg zurück, um nur noch seinen Studien zu leben. Dort besaß er eine prachtvolle philosophische und historisch-politische Bibliothek, die auch Hegel für seine Studien zur Verfügung stand.[24] Nachweislich las Hegel damals in den Werken von Grotius, Hobbes, Hume, Leibniz, Locke, Machiavelli, Montesquieu, Shaftesbury, Spinoza und Voltaire. An eigenen Arbeiten setzt er zunächst die in Tübingen begonnenen Untersuchungen über *Volksreligion und Christentum* fort, wobei er seine Kritik verschärft. Er studiert und exzerpiert erneut Kants Werke (1793 war die «Religion innerhalb der Grenzen der bloßen Vernunft» erschienen), kauft sich die Schriften Fichtes und sammelt Materialien zu einer *Philosophie des subjektiven Geistes*. Über die Zeit von Ende Juli bis Anfang August 1796 besitzen wir ein äußerst nüchternes, pedantisch und sachlich geführtes Tagebuch einer Reise durch die Berner Oberalpen, die Hegel mit drei sächsischen Hauslehrern zusammen unternommen hatte.

In seinen Briefen zollt er den Veröffentlichungen Schellings hohe Anerkennung, schweigt jedoch über seine eigenen systematischen Studien. Vielleicht hält er sie im Vergleich zu denjenigen seines rasch aufsteigenden jüngeren Freundes für nicht erwähnenswert. Mit langsamen Schritten, wie es in seiner Natur lag, folgte er dem Vorbild nach: *Bemerkungen über Deine Schrift kannst Du von mir nicht erwarten. Ich bin hier nur ein Lehrling: ich versuche es, Fichtes Grundlage* (d. i. «Grundlage der gesammten Wissenschaftslehre» von 1794. D. A.) *zu studieren ... Von meinen Arbeiten ist nicht der Mühe wert zu reden.* (Brief vom 30. 8. 1795) Schelling hatte bereits mit siebzehn Jahren in den «Memorabilien» einen Aufsatz über «Mythen, historische Sagen und Philosopheme der ältesten Zeit» veröffentlicht. Bis 1796 entwickelte er den «Standpunkt der Wissenschaftslehre» ganz selbständig, dann den «Standpunkt der Naturphilosophie» und konnte als Sechsundzwanzigjähriger bereits sein «System des transzendentalen Idealismus» vorlegen.

In den sehr herzlich gehaltenen Briefen an Schelling und Hölderlin klingen vorwiegend die Erinnerungen an die gemeinsame Tübinger Vergangenheit nach und Hegel erbittet von Schelling Nachrichten über neueste Ereignisse, da er sich ganz abgeschnitten fühlt:

Wie sieht es denn sonst in Tübingen aus? Ehe nicht eine Art von Reinhold oder Fichte dort auf einem Katheder sitzt, wird nichts Reelles herauskommen. Nirgends wird wohl so getreulich als dort das alte System fortgepflanzt.[25]

Einen Monat später verschärft er den Ton:

Was Du mir von dem theologisch-Kantischen (si diis placet) Gang der Philosophie in Tübingen sagst, ist nicht zu verwundern. Die Orthodoxie ist nicht zu erschüttern, solange ihre Profession mit weltlichen Vorteilen verknüpft in das Ganze e(ine)s Staats verwebt ist. Dieses Interesse ist zu stark, als daß sie so bald aufgegeben werden sollte, und wirkt, ohne daß man sich's im Ganzen deutlich bewußt ist. Solang wie den ganzen, immer zahlreichsten Trupp von gedanken- und höherem Interesse- losen Nachbeter(n) oder Schreiber (n) auf ihrer Seite. Liest dieser Trupp etwas, das seiner Überzeugung (wenn man ihrem Wortkram die Ehre antun will, es so zu nennen) entgegen ist und von dessen Wahrheit sie etwa(s) fühlten, so heißt es: «Ja, es ist wohl wahr», legt sich dann auf's Ohr, und des Morgens trinkt man seinen Kaffee und schenkt ihn andern ein, als ob nichts geschehen wäre. Ohnedem nehmen sie mit allem vorlieb, was ihnen angeboten wird, und was sie im System des Schlendrians erhält. Aber ich glaube, es wäre interessant, die Theologen, die kritisches Bauzeug zur Befestigung ihres gotischen Tempels herbeischaffen, in ihrem Ameisen-Eifer so viel (als) möglich zu stören, ihnen alles zu erschweren, sie aus jedem Ausfluchtswinkel herauszupeitschen, bis sie keinen mehr fänden und sie ihre Blöße dem Tageslicht ganz zeigen müßten. Unter dem Bauzeug, das sie dem Kantischen Scheiterhaufen entführen, um die Feuersbrunst der Dogmatik zu verhindern, tragen sie aber wohl immer auch brennende Kohlen mit

Johann Gottlieb Fichte
Lithographie von Friedrich Burg

heim; – sie bringen die allgemeine Verbreitung der philosophischen Ideen ... Hölderlin schreibt mir zuweilen aus Jena: Er hört Fichte'n und spricht mit Begeisterung von ihm als einem Titanen, der für die Menschheit kämpfe und dessen Wirkungskreis gewiß nicht innerhalb der Wände des Auditoriums bleiben werde ... Das Reich Gottes komme und unsere Hände seien nicht müßig im Schoße! ... Vernunft und Freiheit bleiben unsere Losung, und unser Vereinigungspunkt die unsichtbare Kirche.[26]

Hölderlin hatte auf Schillers Empfehlung für ein Jahr eine Hauslehrerstelle bei Charlotte von Kalb angenommen und war seit Anfang 1796 als Erzieher im Hause des Bankiers Gontard zu Frankfurt am Main. Mit Frau Gontard, der Diotima seines «Hyperion», verband ihn jene schwärmerische, für alles Schöne und Große begeistert durchglühte Liebe, die mit einer Katastrophe für beide enden sollte.

Am 24. Oktober 1796 schrieb er an Hegel:

«Du erinnerst Dich, daß ich zu Anfang des Sommers von einer äußerst vorteilhaften Stelle schrieb und daß es mein ganzer Wunsch um Deinet- und meinetwillen wäre, daß Du hierher kämst zu den braven Leuten, von denen die Rede war ... Vorgestern kommt Herr Gogel ganz unvermutet zu uns und sagt mir, wenn Du noch frei seist und Lust zu diesen Verhältnissen hättest, würde es ihm lieb sein.»

Die ihn erwartenden Verhältnisse schildert Hölderlin in leuchtenden Farben: ein eigenes Zimmer, 400 fl., Reisegeld, reichliche Geschenke, besten Wein bei Tisch, anspruchslose, vernünftige Hausleute. Dann fügt er hinzu:

«Ein Mensch, der unter ziemlich bunten Verwandlungen seiner Lage und seines Charakters dennoch mit Herz und Gedächtnis und Geist Dir treu geblieben ist und gründlich und wärmer als je Dein Freund sein wird und jede Angelegenheit des Lebens willig und freimütig mit Dir teilen, und dem zu seiner schönen Lage nichts fehlt als Du – dieser Mensch wohnt gar nicht weit von Dir, wenn Du hier-herkömmst. Wirklich, Lieber, ich bedarf Deiner und glaube, daß Du auch mich wirst brauchen können.»[27]

Hegel, der den herzlichen Verkehr mit seinen Studienfreunden längst vermißt hatte und sich verlassen und abgeschieden vorkam, sagte freudig zu: *Ich kann Dir nicht sagen, wieviel Freude* (der Brief) *mir gemacht hat, und noch mehr die Hoffnung, Dich bald selbst zu sehen und zu umarmen ... So leid es mir tut, nicht sogleich mich auf den Weg machen zu können, so ist es mir doch unmöglich, eher als gegen Ende des Jahres das Haus, in dem ich mich befinde, zu verlassen, und vor Mitte des Januar in Frankfurt einzutreffen.*[28]

Hölderlin ahnt, daß die Verhältnisse in Bern Hegel um seinen «wohlbekannten immerheiteren Sinn» gebracht haben, versichert ihm jedoch, es bedürfe nur einiger Tage des Zusammenseins, um beide zu verjüngen, und er macht ihm die neue Aufgabe noch einmal schmackhaft: «Mit den Jungen wirst Du, so sehr der erste Unterricht unsern Geist oft drücken muß, Dich dennoch lieber beschäftigen als mit Staat und Kirche, wie sie gegenwärtig sind.»[29]

Auf der Durchreise verbrachte Hegel einige Tage im elterlichen Haus in Stuttgart, wirkte dort etwas trüb und in sich gekehrt, wie die Schwester berichtet, und trat dann ab Mitte Januar 1797 die Haus-lehrerstelle bei der Familie Gogel in Frankfurt an. Was er sich inniglichst gewünscht hatte: *einen reichen literarischen Apparat*, größere Muße und Geselligkeit mit Freunden, das erwartete ihn jetzt. Hölderlin ist ebenso dankbar über das erneute Beisammensein. «Hegels Umgang», schreibt er an Neuffer, «ist sehr wohltätig für mich. Ich liebe die ruhigen Verstandesmenschen, weil man sich so gut bei ihnen orientieren kann, wenn man nicht recht weiß, in welchem Falle man mit sich und der Welt begriffen ist.»

Hegel fühlte sich zunächst so wohl wie nie zuvor in seinem Leben. *Ich werde hier in Frankfurt wieder etwas mehr der Welt gleich,* läßt er die Jugendfreundin Nanette Endel wissen.[30] Vor allem aber gelingen ihm jetzt größere Arbeiten und Vorstudien zu seinem System. Die von Nohl unter dem Titel *Der Geist des Christentums und sein Schicksal* zusammengefaßten Fragmente stehen in ihrer tragischen Behandlung des Schicksalsgedankens allerdings ganz im Bann der schweren Krankheit des Freundes Hölderlin, die Hegel miterleben mußte. Unser Interesse verdienen die Studien auch dadurch, daß hier erstmals die für Hegels Denken so charakteristischen Begriffe wie *Aufhebung, dialektischer Fortschritt* und *Versöhnung* zu finden sind. Der Entwicklungsgang des Christentums schreitet, nach Hegel, vom Katholizismus durch den Protestantismus zur Philosophie fort, von der Anschauung der Offenbarung zur Feststellung und zum Wissen in der Erkenntnis. Durch die Vermittlung der Philosophie soll sich eine höhere Form der Religion ergeben, in der die Gegensätze aufgehoben und versöhnt erscheinen. Die Vermittlung ist so zu denken, daß die neue Idee das Ganze des Lebens in sich aufnimmt, wodurch sie allen endlichen Gegensätzen und Widersprüchen *gerecht*

Frankfurt am Main: Römerberg mit Nikolaikirche

wird und sie in dem dreifachen Sinne *aufhebt*, daß sie in einem Höheren *überwunden*, jedoch zugleich *erhalten* und als aufgehobene zu lebendiger Einheit emporgehoben sind.

Im sogenannten *Frankfurter Systemfragment* (datiert vom 14. September 1800), das zwar noch kein System darstellt, aber den größeren Rahmen für ein solches skizziert, vermissen wir den poetischen, von Hölderlin beflügelten Schwung der Sprache. Die langen schwerflüssigen Sätze lassen eine mühsame Gedankenarbeit ahnen. Wenn die dialektische Methode hier auch noch nicht eigens ausgeführt wird, so denkt Hegel doch wieder dialektisch und entwicklungsgeschichtlich im Sinne einer Vereinigung, Versöhnung und Aufhebung in einem Höheren.[31] Die Schlußsätze des Entwurfs nehmen zum Teil schon vorweg, was Hegel später über die Rolle des Individuums in der Geschichte sagen wird: *Jeder Einzelne ist ein blindes Glied in der Kette der absoluten Nothwendigkeit, an der sich die Welt fortbildet. Jeder Einzelne kann sich zur Herrschaft über eine größere Länge dieser Kette allein erheben, wenn er erkennt, wohin die große Nothwendigkeit will und aus dieser Erkenntniß die Zauberworte aussprechen lernt, die ihre Gestalt hervorrufen. Diese Erkenntniß, die ganze Energie des Leidens und des Gegensatzes, der ein paar tausend Jahre die Welt und alle Formen ihrer Ausbildung beherrscht hat, zugleich in sich zu schließen und sich über ihn zu erheben, diese Erkenntniß vermag nur die Philosophie zu geben.*[32]

Man darf nicht übersehen, daß sich Hegel auch in den sogenannten theologischen Frühschriften weitgehend mit staatsphilosophischen Problemen auseinandersetzt. Sein nie erloschenes politisches Interesse erwachte in Frankfurt neu. «Von einer Residenzstadt war Hegel aus dem elterlichen Hause als dem eines Beamten nach einer idyllischen Universitätsstadt gekommen; von einer patriarchalisch geschlechtlichen Aristokratie in Bern kam er jetzt nach einer Stadt der mercantilen Geldaristokratie.»[33] Hegel exzerpiert englische Zeitungen, weil er *die Verhältnisse des Erwerbs und Besitzes* in England kennenlernen möchte; er verfolgt die Parlamentsreden über die «Armentaxe», die Reform des preußischen Landrechts und übt scharfe Kritik am damaligen Strafvollzug. Rosenkranz berichtet, daß Hegel ab August 1798 die Rechts- und Tugendlehre Kants samt der «Metaphysik der Sitten» einem strengen Studium unterworfen hatte. «Er wollte hier nichts unbegriffen, nichts unerörtert lassen... Er strebte hier schon, die Legalität des positiven Rechts und die Moralität der sich selbst als gut oder böse wissenden Innerlichkeit in einem höheren Begriffe zu vereinen, den er in diesen Commentaren häufig schlechthin ‹Leben›, später ‹Sittlichkeit› nannte. Er protestierte gegen die Zerstückelung des Menschen in die durch den Absolutismus des Pflichtgefühls entstehende Casuistik.»[34] Besonders kritisiert Hegel die Auffassung Kants vom Verhältnis des Staates zur Kirche, die dieser in folgende Worte faßt: «Beide, Staat und Kirche, sollen einander in Ruhe lassen und gehen einander nichts an.» Hegel dagegen fragt sich, wie und inwiefern solche Trennung möglich sei, entwickelt aus dem Ganzheitsprinzip seine Bestimmung beider Institutionen und gelangt zu dem für ihn bezeichnenden Schluß, daß der Mensch nicht *in einen besonderen Staats- und besonderen Kirchenmenschen zertrümmert* werden darf, und *Kirche und Staat unmöglich verschieden sein* können.

Mitten in den Arbeiten trifft unter dem Datum des 15. Januar 1799 ein Brief von der Schwester ein: «Vergangene Nacht, kaum vor 12 Uhr, starb der Vater ganz sanft und ruhig. Ich vermag Dir nicht weiter zu schreiben. Gott stehe mir bei! Deine Christiane.»[35]

Zur Nachlaßregelung (die Mutter war schon 15 Jahre zuvor verstorben) reist Hegel am 9. März nach Stuttgart, von wo er, nachdem die Hinterlassenschaft unter den Geschwistern aufgeteilt war, mit seinem Anteil von 3154 Gulden, 24 Kreuzern und 4 Pfennigen am 28. März 1799 nach Frankfurt zurückkehrte. Im Besitz dieses kleinen Vermögens, durch Ersparnisse ergänzt, konnte Hegel nun daran denken, die Hauslehrerstelle aufzugeben und sich auf die akademische Laufbahn vorzubereiten.

Jena: der Marktplatz, um 1820

DIE JENAER JAHRE

Die Hauptstadt der deutschen Philosophie war damals Jena, Weimar
die der Dichtung. Um die Jahrhundertwende dozierten in Jena innerhalb weniger Jahre neben Schiller Fichte, August Wilhelm und Friedrich von Schlegel, Fries, Krause, Schad und Schelling.

Der junge Schelling war mit dreiundzwanzig Jahren durch Goethes
Vermittlung 1798 an die dortige Universität berufen worden. Im
Briefwechsel zwischen den beiden Freunden war seit 1795 eine längere Pause eingetreten; ganz in der Stille hatte sich das Verhältnis
etwas verändert, namentlich im Bewußtsein Hegels. Aber Schelling
war jetzt der einzige, der etwas für Hegel tun konnte. Am 2. November 1800 schrieb Hegel aus Frankfurt: *Ich denke, lieber Schelling,
eine Trennung mehrerer Jahre könne mich nicht verlegen machen,
um eines partikulären Wunsches willen Deine Gefälligkeit anzusprechen. Meine Bitte betrifft einige Adressen nach Bamberg, wo ich mich
einige Zeit aufzuhalten wünsche. Da ich mich endlich imstande sehe,
meine bisherigen Verhältnisse zu verlassen, so bin ich entschlossen,
eine Zeitlang in einer unabhängigen Lage zuzubringen und sie ange-
fangenen Arbeiten und Studien zu widmen. Ehe ich mich dem literarischen Saus von Jena anzuvertrauen wage, will ich mich vorher
durch einen Aufenthalt an einem dritten Orte stärken. Bamberg ist
mir umso mehr eingefallen, da ich Dich dort anzutreffen hoffte; ich
höre, Du bist wieder nach Jena zurück, und in Bamberg kenne ich
keinen Menschen, noch weiß ich sonst eine Adresse dahin zu bekommen ... ich suche wohlfeile Lebensmittel, meiner körperlichen*

Umstände willen ein gutes Bier, einige wenige Bekanntschaften; das übrige gleich — würde ich eine katholische Stadt einer protestantischen vorziehen; ich will jene Religion einmal in der Nähe sehen...

Deinem öffentlichen großen Gange habe ich mit Bewunderung und Freude zugesehen; Du erläßt es mir, entweder demütig darüber zu sprechen oder mich auch Dir zeigen zu wollen; ich bediene mich des Mittelworts, daß ich hoffe, daß wir uns als Freunde wiederfinden werden. In meiner wissenschaftlichen Bildung, die von untergeordnetern Bedürfnissen der Menschen anfing, mußte ich zur Wissenschaft vorgetrieben werden, und das Ideal des Jünglingsalters mußte sich zur Reflexionsform, in ein System zugleich verwandeln; ich frage mich jetzt, während ich noch damit beschäftigt bin, welche Rückkehr zum Eingreifen in das Leben der Menschen zu finden ist. Von allen Menschen, die ich um mich sehe, sehe ich nur in Dir denjenigen, den ich auch in Rücksicht auf die Äußerung und die Wirkung auf die Welt (als) *meinen Freund finden möchte; denn ich sehe, daß Du rein, d. h. mit ganzem Gemüte und ohne Eitelkeit, den Menschen gefaßt hast. Ich schaue darum auch, in Rücksicht auf mich, so voll Zutrauen auf Dich, daß Du mein uneigennütziges Bestreben, wenn seine Sphäre auch niedriger wäre, erkennest und einen Wert in ihm finden könntest.*[36]

Schelling riet dem Freunde, ohne Umweg sogleich nach Jena zu kommen und vorerst bei ihm Wohnung zu nehmen. Zu Anfang des Jahres 1801 folgte Hegel der Einladung und machte sich sofort an die Arbeit. In den folgenden sechs Jahren seiner nun beginnenden Wirksamkeit veröffentlichte er, wenn man seine frühere, bedächtige Art vor Augen hat, in geradezu unerhört rascher Folge eine Reihe von größeren und kleineren Schriften, die sein Ansehen begründen sollten. «Da er als ein literarisch völlig Unbekannter in schon reiferem Alter plötzlich unter eine Menge trat, in welcher das literarische Treiben allgemein war, so mußte er die Stellung, die er einnehmen würde, wenigstens ungefähr bezeichnen.»[37]

In wenigen Monaten verfaßte er seine erste philosophische Schrift: *Differenz des Fichteschen und Schellingschen Systems der Philosophie.* Anlaß dazu war ihm die Verwischung der Unterschiede in beiden Systemen durch Karl Leonhard Reinhold und dessen Voraussetzung völliger Identität. Fichtes Philosophie anerkannte er als *unsterbliches Meisterwerk der Spekulation,* als System genüge es jedoch nicht, weil Fichte *weder den Begriff der Natur, noch den der Sittlichkeit und ästhetischen Kultur* erreiche. Trotz einer begeisterten Zustimmung zu Schellings Natur- und Geistphilosophie machte Hegel in vorsichtiger Weise aber auch auf deren Mängel aufmerksam und stellte seinen eigenen philosophischen Standpunkt daneben.

Zu Ende des Sommersemesters legte Hegel der Fakultät eine zuerst in deutsch niedergeschriebene, dann in lateinischer Sprache verkürzt gefaßte Dissertation vor: *De orbitis planetarum,* die im wesentlichen aus einer Kritik an der Kepler-Newtonschen Methode der Naturwissenschaften besteht. An seinem einunddreißigsten Geburtstag, am 27. August 1801, fand das Habilitationskolloquium statt, worauf ihm die Venia legendi erteilt wurde.

Vom Wintersemester 1801/02 an las Hegel als Privatdozent, durchschnittlich vor zwanzig bis dreißig Hörern, je eine öffentliche und eine private Vorlesung «zum Preis von drei Laubthalern», beide zu je vier Wochenstunden. Im ersten Semester über *Logik und Metaphysik* hatte er nur elf Zuhörer; später las er über Naturrecht ex dictatis, auch über Mathematik und kündigte für das Sommersemester 1803 an, er werde die ganze Philosophie im System darstellen, wozu er wiederholt (im WS 1803/04 und im WS 1804/05) auf sein *Lehrbuch der philosophischen Enzyklopädie* verwies, das in den nächsten Wochen oder während des laufenden Semesters erscheinen sollte, wozu es jedoch nie kam. Außergewöhnlich waren Hegels Vorlesungen über Geschichte der Philosophie (1805), die zeigen, daß er von Anfang an die geschichtliche Entfaltung des philosophischen Bewußtseins als bestimmendes Moment in das werdende System einbezog.

Hegel hatte es nicht leicht, sich durchzusetzen. Außer ihm hielten zwölf andere Professoren, davon sechs Privatdozenten, philosophische Vorlesungen. Schellings Vortrag soll damals hinreißend gewesen sein. «Mit persönlicher Zuversicht verband er rhetorische Leichtigkeit. Überdem fesselte die Zuhörer der Nimbus eines Revolutionärs in der Philosophie, welchen Schelling stets über sein genial vernachlässigtes, vornehm unbestimmtes Wesen verbreitete... dagegen machte die schlichte Manier Hegels einen merklichen Abstich. Seine Darstellung war die eines Menschen, der, ganz von sich abstrahierend, nur auf die Sache gerichtet, zwar keineswegs des treffenden Ausdrucks, wohl aber der rednerischen Fülle entbehrt... Rücksichtslos gegen die rhetorische Eleganz, sachlich durch und durch... wußte Hegel die Studierenden durch die Intensität seiner Spekulation zu fesseln. Seine Stimme hatte Ähnlichkeit mit seinem Auge. Dies war groß, aber nach Innen gekehrt und der gebrochen glänzende Blick von der tiefsten Idealität, welche momentan auch nach Außen hin von der ergreifendsten Gewalt war. Die Stimme war etwas breit, ohne sonoren Klang, allein durch die scheinbare Gewöhnlichkeit drang jene hohe Beseelung hin, welche die Macht der Erkenntnis erzeugte und welche in Augenblicken, in denen der Genius der Menschheit aus ihm seine Zuhörer beschwor, niemanden unbewegt ließ. Der Ernst der edlen Züge hatte zuerst wenn nicht etwas Abschreckendes doch Abhaltendes, aber durch die Milde und Freundlichkeit des Ausdrucks wurde man wieder gewonnen und genähert. Ein eigentümliches Lächeln offenbarte das reinste Wohlwollen, allein zugleich lag etwas Herbes, ja Schneidendes, Schmerzliches oder vielmehr Ironisches darin.»[38]

Im Sommersemester 1806 las Hegel nachmittags von 3 bis 4 und 5 bis 6 Uhr. Als er einmal nach Tisch etwas geschlafen hatte, plötzlich erwachte und eine Uhr schlagen hörte, glaubte er, es sei Zeit, ins Kolleg zu gehen. Er eilte in den Hörsaal, wo tatsächlich Studen-

Friedrich Wilhelm Joseph von Schelling. Zeichnung von G. Klotz

ten den Theologieprofessor Augusti erwarteten, der die Stunde zuvor, von 2 bis 3 Uhr las. Hegel begann seine Vorlesung und war so vertieft, daß er die Versuche eines Studenten, ihn darauf hinzuweisen, es sei erst 2 Uhr, lange nicht bemerkte. Inzwischen war aber Augusti gekommen, hörte an der Tür jemand sprechen, erkannte Hegels Stimme und zog wieder ab in der Meinung, er habe sich um eine Stunde verspätet. Als um 3 Uhr Hegels Zuhörer erschienen, die von der Verwechslung erfahren hatten, begann Hegel seine Vorlesung mit den Worten: *Meine Herren, von den Erfahrungen des Bewußtseins über sich selbst ist die erste die Wahrheit oder vielmehr*

Unwahrheit der sinnlichen Gewißheit. Bei dieser sind wir stehen ge-
blieben und ich habe selbst vor einer Stunde eine besondere Erfah-
rung davon gemacht.[39]

Hegels geselliges Wesen brachte ihm in Jena auch viele Freunde. In Frommanns, Knebels und Seebecks Häusern war er gern gesehe-ner, heiterer, unterhaltsamer Gast. Wohl scheint er des öfteren zu sich eingeladen zu haben. Die Weinbestellungen an die Gebrüder Ramann in Erfurt gehören zur regelmäßigen Korrespondenz. Im Juli 1802 schreibt er: *Ich bitte mir wieder einen Eimer Pontak aus, aber ersuche Sie, ihn aber sobald als möglich so zu verladen, daß er die Nacht durch unterwegs sei, da er bei gegenwärtiger Zeit des Ta-ges zu schaden käme; alsdann mir eine gute Qualität zu schicken, in-dem ich finde, daß von Ihnen zu denselben Preisen Weine hierher kommen von besserer Qualität, als die ich erhalte, da ich durch mei-nen Konsum und Richtigkeit der Bezahlung ebenso guter würdig zu sein glaube; in dieser Hoffnung wende ich mich also um einen Eimer a 26 Thaler an Sie.*[40]

Neben Schelling leben noch andere Landsleute Hegels in Jena, vor allem der aus Beilstein stammende Friedrich Immanuel Niethammer, unter allen Freunden Hegels wohl der treueste und hilfreichste. Als Professor der Philosophie hatte er mit Fichte zusammen das «Philo-sophische Journal» herausgegeben, worin jene Aufsätze erschienen waren, welche für Fichte die Anklage und Verfolgung wegen «Atheismus» hervorriefen. Niethammer trat 1803 in bayerische Dienste und wurde in Würzburg Professor an der «Sektion der für die Bildung der religiösen Volkslehrer erforderlichen Kenntnisse», wie die theologische Fakultät in der Sprache der neuorganisierten Universität eine Zeitlang hieß. Später ging er als Landesdirektions-rat nach Bamberg und erhielt einen ehrenvollen Ruf als Oberschulrat nach München.

Seit dem Atheismusstreit und der Entlassung Fichtes hatte sich, wie Goethe schreibt, ein heimlicher Unmut der Gemüter bemächtigt. Schlegel und Tieck hatten Jena verlassen, Novalis war gestorben, Schiller nach Weimar, Fichte nach Berlin übergesiedelt, Hufeland, Paulus und Schelling folgten 1803 einem Ruf nach Würzburg. Nach Schellings Wegzug kam auch die gemeinsame Arbeit an dem 1802 von beiden Freunden gegründeten «Kritischen Journal der Philoso-phie» zu Ende. Schelling gab zugleich eine neue «Zeitschrift für spe-kulative Physik» heraus, so daß das Journal fast allein als Hegels Werk erschien. Tatsächlich stammten die meisten Artikel aus seiner Feder, so unter anderen derjenige *Über das Wesen der philosophi-schen Kritik.* Er bekämpfte darin den Wahn derer, welche verschie-dene Philosophien nebeneinander fixieren und vergessen, daß die Philosophie nur Eine sei, ebenso wie die Sucht nach Originalität des Denkens und die Verflachung der Spekulation durch falsches Popu-larisieren. Neben Schriften politischen Inhalts muß vor allem die Abhandlung über *Glauben und Wissen oder die Reflexionsphiloso-phie der Subjektivität* hervorgehoben werden, weil sie sich in eindringlicher, wenn auch einseitiger Weise mit der Philosophie Kants, Fichtes und Jacobis auseinandersetzt. Hegel findet, daß die Vernunft in der «Reflexionsphilosophie» der drei genannten Vertreter *nur die Richtung auf das Empirische* habe und, indem sie das Endliche bekämpfen, unmittelbar in seiner Sphäre geblieben sind. *Die Kantische und Fichtesche* (Philosophie) *haben sich wohl zum Begriff, aber nicht zur Idee erhoben ... so ist das, worauf solche Philosophie ausgehen kann, nicht, Gott zu erkennen, sondern, was man heißt, den Menschen. Dieser Mensch und die Menschheit sind ihr absoluter Standpunkt: nämlich als eine fixe unüberwindliche Endlichkeit der Vernunft, nicht als Abglanz der ewigen Schönheit, als geistiger Fokus des Universums, sondern als eine absolute Sinnlichkeit, welche aber das Vermögen des Glaubens hat, sich noch mit einem ihr fremden Übersinnlichen an einer und anderer Stelle anzutünchen. Wie wenn die Kunst aufs Portraitiren eingeschränkt, ihr Idealisches darin hätte, daß sie ins Auge eines gemeinen Gesichts noch eine Sehnsucht, in seinem Mund noch ein wehmüthiges Lächeln brächte, aber ihr die über Sehnsucht und Wehmuth erhabenen Götter schlechthin untersagt wäre darzustellen (als ob die Darstellung ewiger Bilder nur auf Kosten der Menschlichkeit möglich wäre): so soll die Philosophie nicht die Idee des Menschen, sondern das Abstraktum der mit Beschränktheit vermischten empirischen Menschheit darstellen, und den Pfahl des absoluten Gegensatzes unbeweglich in sich eingeschlagen tragen, und, indem sie sich ihre Eingeschränktheit auf das Sinnliche deutlich macht (sie mag dieß ihr Abstraktum analysiren, oder auf die schöngeisterische und rührende Weise ganz lassen), sich zugleich mit der oberflächlichen Farbe eines Übersinnlichen schmücken, indem sie im Glauben auf ein Höheres verweist.*

Aber die Wahrheit kann durch ein solches Heiliges der Endlichkeit, die bestehen bleibt, nicht hintergangen werden; denn die wahre Heiligung müßte dasselbe vernichten.[41]

Inzwischen war man auf Hegel aufmerksam geworden. Im Jahre 1804 ernannten ihn die «Mineralogische Societät» zu Jena einstimmig zu ihrem Assessor und die «Naturforschende Gesellschaft Westphalens» zum ordentlichen Mitglied; drei Jahre später folgte die Ehrenmitgliedschaft der «Physikalischen Gesellschaft in Heidelberg». Als man gegen 1804 daran dachte, Fries zum außerordentlichen Professor zu ernennen, schrieb Hegel am 24. Februar 1804 an die Adresse Goethes im Weimarer Ministerium: *Indem ich höre, daß einige meiner Kollegen der gnädigsten Ernennung zum Professor der Philosophie entgegensehen und hierdurch daran erinnert werde, daß ich der älteste der hiesigen Privatdozenten der Philosophie bin, so wage ich, der Beurteilung Euer Exzellenz es vorzulegen, ob ich nicht durch eine solche, von den höchsten Autoritäten erteilte Ausgleichung in der Möglichkeit, nach meinen Kräften auf der Universität zu wirken, beschränkt zu werden befürchten muß ... Ich weiß zu sehr, daß diese Umstände der Ergänzung durch die gnädigen Gesinnungen Euer Exzellenz bedürfen ... zugleich aber auch, wie sehr da-*

durch, daß die Durchlauchtigsten Erhalter wenigstens diese gnädige Rücksicht auf mich nähmen, mich nicht anderen nachzusetzen, meine Bestrebungen angefeuert würden.[42]

Genau ein Jahr darauf erfolgte die Ernennung zum a. o. Professor, und im folgenden Jahr die Zusage einer jährlichen Besoldung von 100 Talern, was ihm Goethe in einem freundlich gehaltenen Schreiben mitteilt. Die Bezüge waren so klein wie das Land, dessen Kassen erschöpft waren. «Sehen Sie Beikommendes, mein lieber Doktor, wenigstens als einen Beweis an» – schrieb Goethe, «daß ich nicht aufgehört habe, im Stillen für Sie zu wirken. Zwar wünschte ich mehr anzukündigen; allein in solchen Fällen ist manches für die Zukunft gewonnen, wenn nur einmal der Anfang gemacht ist.»[43]

Im Winter 1805/06 entschloß sich Hegel, mit der längst geplanten und oft versprochenen Veröffentlichung ernst zu machen. Das Buch sollte beim Buchhändler Goebhardt in Bamberg gedruckt werden und in einem ersten Teil eine Einleitung und die Logik enthalten. Während der Niederschrift erweiterte er die Einleitung und gab ihr den Titel: *Phänomenologie des Geistes*. Das Werk stellt den Höhepunkt der philosophischen Entwicklung Hegels dar, und alle späteren Schriften sind, abgesehen von ihrer eigenen Bedeutung, im Grunde lediglich eine sorgfältige Ausführung mit strafferer Gliederung und systematischer Vertiefung des in der *Phänomenologie des Geistes* Angelegten.[44]

Für den Bogen sollten 18 Gulden bezahlt werden und das erste Honorar fällig sein nach Drucklegung der Hälfte des Werkes. Wann aber ist ein unter der Feder befindliches Werk «zur Hälfte» fertig! Kant hatte es sich zum Grundsatz gemacht, ein Manuskript erst dann in Druck zu geben, wenn auch der letzte Buchstabe auf dem Papier stand. Der Verleger setzte die vertragsmäßige Zahl von 1000 Exemplaren auf 750 herab und verweigerte jede Zahlung, ehe nicht das vollständige Manuskript in seinen Händen sei. Hegel war in großer finanzieller Not und wandte sich an seinen Freund Niethammer in Bamberg um Hilfe. Durch dessen großzügig geleistete Bürgschaft (er versprach, die ganze Auflage zu kaufen und zwölf Gulden für jedes Exemplar zu bezahlen, wenn Hegel bis zum 18. Oktober 1806 nicht abgeliefert hätte) zahlte der Verleger das Honorar für 24 Bogen. Hegel dankte dem Freund in einem Brief vom 8. Oktober 1806: *Wie freut es mich, daß Sie diese verwirrte Sache so ins Reine gebracht, und wie vielen Dank bin ich Ihnen schuldig ... Die Größe meines Dankes für Ihre Freundschaft könnte ich nur sagen, wenn ich Ihnen beschriebe, in welcher Perplexität ich über diese Sache gewesen bin. Daß sie vollends zum glücklichen Ende geführt worden, wollen wir gleichfalls hoffen; hier erhalten Sie die Hälfte des Manuskripts, Freitag die andere, und dann habe ich getan, was von meiner Seite zu tun war. Ginge ein Teil dieses freilich verloren, so wüßte ich mir kaum zu helfen; ich würde es schwer wieder herstellen können, und dieses Jahr könnte dann das Werk gar nicht erscheinen.*[45]

Hegels Sorge um den Verlust des Manuskripts war nicht grundlos. Napoleon stand vor den Mauern Jenas. Am 13. Oktober 1806 wurde die Stadt eingenommen, und Hegel schrieb an Niethammer *am Tage, da Jena von den Franzosen besetzt wurde, und der Kaiser Napoleon in seinen Mauern eintraf,* folgende berühmt gewordene, von Hegels Bewunderung vor *welthistorischen Individuen* zeugende Sätze: *Den Kaiser – diese Weltseele – sah ich durch die Stadt zum Rekognoszieren hinausreiten; – es ist in der Tat eine wunderbare Empfindung, ein solches Individuum zu sehen, das hier auf einen Punkt konzentriert, auf einem Pferde sitzend, über die Welt übergreift und sie beherrscht ... Von Donnerstag bis Montag sind solche Fortschritte nur diesem außerordentlichen Manne möglich, den es nicht möglich ist, nicht zu bewundern.*[46]

Die Soldaten begannen zu plündern, und Hegel mußte ihren Andrang eine Weile in seiner Wohnung aushalten. Als ihm Schlimmeres drohte, bemerkte er auf der Brust eines Corporals das Kreuz der Ehrenlegion und sagte diesem: er hoffe von einem mit solchem Zeichen beehrten Mann auch für einen einfachen deutschen Gelehrten eine ehrenhafte Behandlung, worauf sich die Horde beruhigte und mit ein paar Flaschen Wein vorlieb nahm. Schließlich mußte Hegel aber doch fliehen; er steckte die letzten für Bamberg bestimmten Seiten in die Tasche, überließ alles übrige seinem Schicksal und suchte im Hause des Prorektors Gabler, wo ein höherer

Napoleon I. Gemälde von Dähling

Offizier Quartier genommen hatte, in einem leeren Studentenzimmer Zuflucht. Als er später wieder in seine Wohnung zurückkehren konnte, mußte er feststellen, daß *die Kerls meine Papiere wie Lotterielose in Unordnung gebracht* hatten und er nicht das Nötigste fand, nur einen Brief zu schreiben.

Hegel befand sich wieder in größter Geldnot. Besorgt schrieb Goethe an die Jenaer Freunde, darunter auch an «Herrn Professor Hegel auf dem alten Fechtboden» und beauftragte Knebel, an Hegel «bis zu zehn Thaler» zu geben. Am 20. Oktober konnte Hegel den Rest des Manuskripts absenden, das er, wie es später bei den Philosophiehistorikern immer wieder in theatralischer Phrase heißt, «unter dem Donner der Schlacht von Jena vollendet» hatte. Die Lebensverhältnisse Hegels drängten jetzt einer Entscheidung zu. Sein kleines Vermögen war längst aufgebraucht, die Einnahmen durch Schriften, Vorlesungen und Besoldung viel zu ge-

Friedrich Immanuel Niethammer.
Scherenschnitt

ring, um davon leben zu können. Die Universität war im Rückgang begriffen, und Hegel, allmählich des Provisoriums und kleinen Untermieterdaseins müde, sehnte sich nach einer Veränderung und wandte sich wieder an Schelling, der einem ehrenvollen Ruf nach München gefolgt war. *Ich hatte ... seit einiger Zeit meine Blicke und Hoffnungen da und dorthin gewandt; man scheint aber überhaupt noch die Überzeugung, daß das Lehramt der Philosophie eigentlich von jedem mehr oder weniger versehen werden könne, sehr allgemein zu haben; – oder vielmehr da man weiß, daß keine Wissenschaft und Fakultät ohne sie bestehen kann, und zugleich auch fühlt, daß diese nichts Philosophisches enthalten und ohne sie es so weit gebracht, so scheint ihnen die Philosophie eigentlich in diesem Nichts zu bestehen ... Da Du näher an der Quelle bist, erfährst Du vielleicht bestimmter, welche Absichten man dort* (in Bayern) *hat und kannst es zugleich beurteilen, ob für mich sich dort Aussichten eröffnen können; ich darf in diesem Falle Deine Freundschaft um Nachrichten, um Rat, selbst um Hülfe ersuchen. Es würde mir höchst wünschenswert* (sein)*, eine etwas äußerlich gesicherte Lage zu finden.*[47]

Schelling versichert ihn postwendend seiner «unverbrüchlichsten und innigsten Freundschaft» und weiß, daß man in Landshut (wohin die spätere Münchner Universität von Ingolstadt übersiedelt war) einen Philosophen suche, bedauert aber, daß er «für seinen Freund zu sprechen nicht einmal versuchen mag» und empfiehlt ihm, sein zu Ostern 1807 angekündigtes Werk an den Minister Graf Montgelas zu schicken. «Was muß entstehen, wenn Deine Reife sich noch Zeit nimmt, ihre Früchte zu reifen! Ich wünsche Dir nur ferner die ruhige Lage und Muße zur Ausführung so gediegener und gleichsam zeitloser Werke.»[48]

Zur rechten Zeit kam von Niethammer das Angebot, die Redaktion der «Bamberger Zeitung» zu übernehmen. Das entsprach zwar nicht ganz Hegels Vorstellung, aber er hatte neben den schon erwähnten noch einen Anlaß, sich fester Einnahmen zu versichern. Am 5. Februar 1807 wurde ihm von der Frau seines Hauswirts in Jena ein unehelicher Sohn geboren, über den nachher noch weiteres zu berichten sein wird. So antwortet er unverzüglich am 20. Februar 1807, daß er den Auftrag anzunehmen entschlossen sei. *Das Geschäft selbst wird mich interessieren, da ich, wie Sie selbst wissen, die Weltbegebenheiten verfolge.* Er stellt nur eine Bedingung, *daß die Natur des Engagements, das ich eingehe, nichts Festes von meiner Seite in Ansehung der Zeit hat; dieser Umstand ist von Ihnen neulich selbst schon angegeben worden. Ganz ohne Hoffnung kann ich nicht sein, daß ich nicht nach Heidelberg förmlich berufen würde oder wenigstens, daß dort ein Journal zustande kömmt, dessen Redaktion ich übernehme und dadurch, sowie meine Arbeit dabei ohne Zweifel mehr gewinnen würde als durch die Redaktion der Bamberger Zeitung — abgesehen von den Verhältnissen, in die ich dadurch mit der Universität komme.*[49]

Aus der Berufung nach Heidelberg wurde vorerst nichts; Hegel galt noch bis Ostern 1808 als beurlaubter Professor in Jena und bezog seine dortige Besoldung. Als die Einkünfte der Zeitung geordnet waren, konnte er in Bamberg mit gut 1300 Gulden jährlich recht und schlecht leben. Bald aber seufzte er unter dem *Zeitungsjoch*, fühlte sich in der *Zeitungsgaleere*, noch mehr aber war ihm die bayerische Pressezensur zuwider! Schon nach einigen Wochen schrieb er an Niethammer, inzwischen Oberschulrat und einflußreiches Mitglied der «Sektion für öffentliche Unterrichts- und Erziehungsanstalten» in München: *Diese Arbeit kann nicht als ein solides Etablissement angesehen werden.* Der Freund half auch diesmal mit einer Empfehlung: «Wie wäre Ihnen ums Herz», meinte er in einem Begleitbrief zu einem im Paket abgegangenen «Küchenpräsent» seiner Frau, «wenn Sie zu einem Rektor eines Gymnasiums vorgeschlagen würden?»[50]

Durch den von Niethammer entworfenen Reformplan «Allgemeines Normativ für die Einrichtung der öffentlichen Unterrichtsanstalten» vom Jahre 1808 wurden Bayerns Schulverhältnisse endlich verbindlich geregelt. Die Grundlage des Gymnasialunterrichts blieb das Studium der alten Sprachen und der Literatur. In den vier obersten Klassen sollten die Schüler in die Philosophie eingeführt werden, an den humanistischen Anstalten «in das spekulative Studium der Ideen», an den Realgymnasien «in das kontemplative Studium der Ideen». Der Rektor eines Gymnasiums sollte möglichst ein Philosoph sein und den Unterricht in der Philosophie wie in der Religionslehre erteilen.

Niethammer war nicht sicher, ob Hegel den Auftrag, als Rektor dem Gymnasium in Nürnberg vorzustehen, nicht als beleidigende Degradierung auffassen würde. Hegel war jedoch höchst befriedigt über die Aussicht, nach dem Bamberger Zwischenspiel eine ordentliche Anstellung zu erhalten, die *ihn mit der Wissenschaft wieder pflichtgemäß in Verbindung setzte.*

Am 15. November 1808 erging die Ernennung «Im Namen Seiner Majestät von Bayern, Durch allerhöchstes Respekt d. d. 4. praes. 14. Novbr. ist von Sr. Königl. Majestät von Bayern der Professor Hegel zu Bamberg zum Rektor des Gymnasiums dahier und zum Professor der philosophischen Vorbereitungswissenschaften bei demselben allergnädigst ernannt. Er hat daher in seine neue[n] Amtsfunktionen nach der von dem Kreisschulrat zu erhaltenden näheren Anweisung ungesäumt einzutreten. Königl. Generalkommissariat des Pegnitzkreises. Thürheim.»[51]

Das Schulamt am Ägidiengymnasium brachte zunächst viel Ärger mit sich. Als Professor erhielt Hegel nur 900 Gulden jährlich, als Rektor 100 Gulden mit freier Wohnung, was der Administrator aber so auslegen wollte, als ob es geheißen hätte: 100 Gulden oder freie Wohnung. Hegel beklagt sich darüber bei Niethammer und schreibt: *In diesem Falle muß ich gestehen, daß ich gerne jedem das Rektorat abtreten möchte.*[52] Die finanziellen Verhältnisse waren so wenig geordnet, daß es immer Besoldungsrückstände gab und Hegel mitunter in die Lage kam, den täglichen Lebensunterhalt nicht bezahlen zu können. Es war kein Pedell vorhanden, kein Kopist, kein Aversum für Schreibmaterialien, eine Schulbuchhandlung verkaufte die Schulbücher teurer als die privaten Buchhändler. Für die Schulräume konnte Hegel endlich Geld zum «Weißnen» erhalten, nicht jedoch für die Amtswohnung; alle Räume waren seit 50 Jahren nicht mehr getüncht worden. Unglaubliche Zustände schuf der Umstand, daß sowohl am Ägidiengymnasium wie an der Sebaldus- und Lorenzschule keine Toiletten vorhanden waren und die Schüler die Häuser der Nachbarschaft aufsuchen mußten.

Als Pädagoge erzielte Hegel beachtliche Erfolge; man darf nicht vergessen, daß das Lehramt ihm, der acht Jahre Hauslehrer gewesen, nicht fremd war. Rosenkranz hat recht, wenn er meint, es sei sehr leicht, zu sagen, «der spekulative Pegasus sei hier aus Not an den Schulkarren gesperrt und in Ermangelung eines Universitäts-auditoriums habe sich Hegel mit Gymnasiasten begnügt». Freilich nahm Hegel sein Amt als etwas Vorübergehendes an und warf seine Hoffnungen einer möglichen Berufung bald auf Tübingen, bald auf Heidelberg, auf Berlin und auf eine Voranfrage aus Holland. Einst-weilen aber widmete er sich zufrieden und mit innerer Freude, wie seine Briefe beweisen, seiner jetzigen Aufgabe. Das Rektorat ent-hielt ja die ausdrückliche Bestimmung zum Vortrag der Philosophie. Hegel war fern aller falschen Genialität, welche sich zu gut hält, sich mit dem einfachen Verstand eines jungen Menschen einzulassen. Im Gegenteil, man hat den Eindruck, daß Hegel durch seine Tätig-keit am Gymnasium sich größere Klarheit aneignete, und alle ro-mantische Schwärmerei und pseudomystische Einfärbung, die ihm nicht ganz fremd gewesen war, in pädagogischer Zucht zurück-drängte. Neben seiner immer stärker hervortretenden Überzeugung, daß Philosophie lehrbar sei, scheint auch der zunehmende Gebrauch selbstgeprägter Begriffe in der philosophischen Terminologie eine Frucht der Gymnasialjahre zu sein.[53]

Als Hegel sich 1816 wieder um einen Lehrstuhl in Jena bewarb, schrieb er an Frommann: *Mein erster dortiger Versuch in Vorlesun-gen hat, wie ich sonst vernehme, ein Vorurteil daselbst gegen mich zurückgelassen. Ich war freilich Anfänger, hatte mich noch nicht zur Klarheit durchgearbeitet und war im mündlichen Vortrag an den Buchstaben meines Heftes gebunden. Eine bald 8jährige Übung auf dem Gymnasium, wo man in der beständigen Wechselwirkung der Unterredung mit seinen Zuhörern ist und gefaßt zu werden und deutlich zu sein sich zur ersten Notwendigkeit von selbst macht, hat mir seitdem eine vollkommene Freiheit verschafft.*

Hegel war im übrigen der Ansicht, daß es besser sei, auf dem Gymnasium überhaupt keine Philosophie vorzutragen, einerseits des-halb, weil unter den späteren Studierenden oft die Meinung auf-komme, man könne der Weltweisheit durch bloßes Belegen einiger philosophischer Kollegs Genüge tun, da man ja auf dem Gymna-sium ohnehin mehr als genug philosophiert habe, andererseits der mangelnden philosophischen Bildung vieler Lehrer wegen, deren Un-terricht oft mehr Widerwillen als Interesse für die Philosophie hin-terlasse.

Die mitunter derbe, bildhafte Anschaulichkeit machte den Unter-richt recht lebendig. Als Beispiele für *krankhafte Einbildung* brachte Hegel etwa: Jemand glaubt, *wenn er pisse, eine ganze Stadt zu überschwemmen; ein Anderer, er sei ein Gerstenkorn und die Hüh-ner würden ihn fressen; ein Dritter, er habe Füße von Glas, ein Glöckchen im Leibe u.s.f.*[54] Wer jedoch meint, Hegel habe sich eine konkrete Philosophie für den Schulgebrauch zurecht gemacht, wird durch folgende Ausführungen aus seinem *Amtlichen Gutachten über den Philosophie-Unterricht* von 1812 überrascht sein: *Was den*

Vortrag der Philosophie auf Gymnasien betrifft, so ist erstens die a b s t r a k t e F o r m zunächst die Hauptsache. Der Jugend muß zuerst das Sehen und Hören vergehen, sie muß vom konkreten Vorstellen abgezogen, in die innere Nacht der Seele zurückgezogen werden, auf diesem Boden sehen, Bestimmungen festhalten und unterscheiden lernen. Ferner, a b s t r a k t l e r n t m a n d e n k e n durch abstraktes Denken. Man kann nämlich entweder vom Sinnlichen, Konkreten anfangen wollen, und dieses zum Abstrakten durch Analyse heraus und hinaufpräparieren, so, – wie es scheint, – den n a -turgemäßen Gang nehmen, wie auch so vom Leichtern zum Schwerern aufsteigen. Oder aber man kann gleich vom Abstrakten selbst beginnen, und dasselbe an und für sich nehmen, lehren und verständlich machen. E r s t l i c h, was die Vergleichung beider Wege betrifft, so ist der erste gewiß n a t u r g e m ä ß e r, aber darum der u n w i s s e n s c h a f t l i c h e Weg... Z w e i t e n s ist es ein völliger Irrthum, jenen naturgemäßen, beim k o n k r e t e n Sinnlichen anfangenden und zum Gedanken fortgehenden Weg für den l e i c h t e r e n zu halten. Er ist im Gegentheil der schwerere; wie es leichter ist, die Elemente der Tonsprache, die einzelnen Buchstaben, auszusprechen und zu lesen, als ganze Worte. – Weil das Abstrakte das Einfachere ist, ist es leichter aufzufassen. Das konkret sinnliche Beiwesen ist ohnehin wegzustreifen; es ist daher überflüssig, es vorher dazu zu nehmen, da es wieder weggeschafft werden muß, und es wirkt nur z e r s t r e u e n d.[55]

Im Unterricht diktierte Hegel nach Paragraphen und interpretierte anschließend. Zwar las er nicht ab, was er vortrug, hatte aber vorbereitete Manuskripte daliegen und blickte, links und rechts reichlich Tabak verstreuend, vor sich hin. Das Diktat mußten die Schüler noch einmal sauber abschreiben. Aus den Nachschriften und Originalheften entstand die von Rosenkranz dann mitsamt seinen Rektoratsreden herausgegebene *Philosophische Propädeutik*. Von Zeit zu Zeit rief er den einen oder anderen auf, seine Nachschrift vorzulesen, auch hatte zu Anfang jeder Stunde ein vorher nicht bestimmter Schüler den Vortrag der letzten Stunde mündlich kurz zu wiederholen. Jeder durfte fragen, ihn auch unterbrechen; in seiner Gutmütigkeit brachte Hegel oft den größten Teil der Stunde «mit Auskunftgeben» zu.

Bei aller Freundlichkeit und Milde war seine Autorität unbestritten. Die Schüler, die er in der Oberstufe mit «Herr» anredete, hatten eine gewisse Distanz zu überwinden, um sich ihm zu nähern. Der Gedanke, daß Hegel früher schon an der Universität Philosophie vorgetragen hatte, daß er ein bekannter Schriftsteller war und mit vielen berühmten Männern verkehrte, imponierte gewaltig. «Aber auch der tiefe Ernst, der aus allem, was Hegel sagte und tat, nachhaltig hervorblickte, die sachliche Gravität, die ihn umschwebte, hielt die Schüler in großer Ehrfurcht vor ihm. Wenn ein Lehrerkollege erkrankte, sprang Hegel nicht selten ein und übernahm ohne weiteres den Unterricht in Griechisch, deutscher Literatur, aber auch in Inte-

Hegel. Stich von Bollinger nach Xeller

gral- und Differentialrechnung. Wollte sich jemand näher mit der Philosophie einlassen, so verwies er gewöhnlich auf Platon und Kant, versäumte jedoch nicht, vor einer Zerstreuung in der Lektüre der Popularphilosophen zu warnen. Die Abiturienten ließ er zu sich kommen, um mit ihnen väterlich über ihre Zukunft zu sprechen und hilfreiche Hinweise für das Universitätsstudium zu geben.» Einer seiner früheren Schüler berichtete aber dem Biographen Rosenkranz, wie Rektor Hegel «alles Studentenspielen» mit herbem Tadel verfolgte und – nicht ohne dabei viel Tabak zu schnupfen – gegen die lästerliche Unsitte des Rauchens eiferte.[56]

Hegel war inzwischen 40 Jahre alt und nichts deutete darauf hin, daß er sich zu verheiraten gedachte. Sein philosophischer Beruf war zugleich sein Lebensinhalt. Er hatte wie Moses eine schwere Zunge und pflegte zu sagen, daß Gott ihn dazu verdammt habe, Philosoph zu sein. Die intellektuelle Unruhe mochte ihn zweifeln lassen, ob er für ein rein irdisches Lebensglück geschaffen sei, noch dazu, einen anderen Menschen in der Ehe glücklich zu machen. Tatsächlich disponiert der ständige Umgang mit Problemen der Welt und des Menschen nicht gerade für ein bürgerliches Wohlleben. Die Liebe zur Weisheit verpflichtet zu absoluter Wahrhaftigkeit; die Wahrheit jedoch will in kritischer Prüfung gefunden sein, eine Akzentverschiebung führt schon zur Verfehlung. Diese kritische Einstellung wirft den Philosophierenden aus der Bahn des normalen oder naiven Standes und macht ihn unter Umständen für seine Umgebung ungenießbar. Bis zum ausgehenden Mittelalter waren die Philosophen fast ausnahmslos Priester und Mönche, aber auch Descartes, Malebranche, Spinoza, Leibniz, Wolff, Locke, Hume und Kant blieben ehelos. Nur Fichte war verheiratet, Schelling folgte ihm durch die Vermählung mit Caroline Schlegel, und nun sollte sich auch Hegel den Ehemännern zugesellen.

In einem Brief vom 18. April 1811 erfuhr Niethammer als erster die Überraschung: *Ich vernehme, daß, wenn Sie bleiben, Sie für das Universitätswesen werden tätiger sein können als in den bisherigen Verhältnissen. Da die Sache noch im Unbestimmten hängt, so wäre dies mein Schreiben eigentlich doppelt überflüssig. Aber ich habe eine nähere Aufforderung dazu, nämlich – die Verbindung mit einem lieben, lieben, guten Mädchen. Mein Glück ist zum Teil an die Bedingung gebunden, daß ich eine Stelle auf der Universität erhalte. Seit vorgestern habe ich die Gewißheit, daß ich dies liebe Herz mein nennen darf. – Ich weiß, Sie wünschen mir herzlich Glück dazu. Ich habe ihr auch gesagt, daß ich zuerst Ihnen und der besten Frau schreiben werde. – Sie heißt – Marie von Tucher.*[57]

Marie war die Tochter des Senators der Reichsstadt Nürnberg, Jobst Wilhelm Karl Freiherr Tucher von Simmelsdorf und der Mutter Susanna, geb. Freiin Haller von Hallerstein. Sie war gerade zwanzig Jahre alt geworden und die älteste von sieben Geschwistern. Die Verlobung scheint im April stattgefunden zu haben; was vorausging, wissen wir nicht. Hegel feiert seine junge Braut in schwärmerischen Gedichten:

> *Du mein! solch Herz darf mein ich nennen,*
> *In deinem Blick*
> *Der Liebe Wiederblick erkennen,*
> *O Wonne, o höchstes Glück!*

Wie ich Dich lieb', ich darf's jetzt sagen;
Was in gepreßter Brust
So lang geheim entgegen Dir geschlagen
Es werd', ich darf nun, laute Lust!

Doch armes Wort, der Lieb' Entzücken,
Wie's innen treibt und drängt
Zum Herz hinüber, auszudrücken
Ist Deine Kraft beschränkt.

Ich könnte, Nachtigall, Dich neiden
Um Deiner Kehle Macht,
Doch hat Natur die Sprache nur der Leiden
Mißgünstig so beredt gemacht!

Doch wenn durch Rede sie dem Munde
Der Liebe Seligkeit
Nicht auszudrücken gab, zum Bunde
Der Liebenden verleiht

Sie ihm ein innigeres Zeichen;
Der Kuß die tiefre Sprache ist,
Darin die Seelen sich erreichen,
Mein Herz in Deins hinüberfließt.[58]

Es schienen ihm aber auch Bedenken gekommen zu sein, ob er für das Eheglück tauge. In einem Brief Maries an Hegels Schwester hatte er folgende Zusätze gemacht, die seine Braut zutiefst verletzten. *Als ich die Worte geschrieben, die ich vor mir habe und deren Sinn mir so teuer ist: «Du siehst daraus, wie glücklich ich für mein ganzes übriges Leben mit ihr sein kann und wie glücklich mich solcher Gewinn einer Liebe, auf den ich mir kaum noch Hoffnung in der Welt machte, bereits schon macht?» – so fügte ich, gleichsam als ob dieser meiner glücklichen Empfindung und deren Ausdruck zu viel gewesen wäre gegen das, was wir gesprochen, noch hinzu: «i n s o f e r n Glück in der Bestimmung meines Lebens liegt.» Ich meine nicht, daß Dir dies hätte weh tun sollen! – Ich erinnere Dich noch daran, liebe Marie, daß auch Dich Dein tieferer Sinn, die Bildung Deines Höheren in Dir, es gelehrt hat, daß in nicht oberflächlichen Gemütern an alle Empfindung des Glücks sich auch eine Empfindung der Wehmut anknüpft! Ich erinnere Dich ferner daran, daß Du mir versprochen, für das, was in meinem Gemüt von Unglauben an Zufriedenheit zurück wäre, meine Heilerin zu sein, d. h. die Versöhnerin meines wahren Innern mit der Art und Weise, wie ich gegen das Wirkliche und für das Wirkliche – zu häufig – bin; daß dieser Gesichtspunkt Deiner Bestimmung eine höhere Seite gibt; daß ich Dir die Stärke dazu zutraue; daß diese Stärke in u n s e r e r Liebe liegen muß.*[59]

Die Familie der Braut hatte Sorgen hinsichtlich des unregelmäßi-

Aber wisset daß Trübsal Geduld bringet - Geduld aber bringet Erfahrung
Erfahrung aber bringet Hoffnung, Hoffnung aber lasset nicht zu Schanden -

Röm. 5

Marie Hegel

Marie Hegel in späteren Jahren

gen Einkommens der künftigen Eheleute, denn Marie konnte außer der Aussteuer nur eine jährliche Zuwendung von hundert Gulden erhalten. Die Hochzeit sollte daher erst stattfinden, wenn Hegel auf den Lehrstuhl einer Universität berufen sein würde. Da sprang wiederum der Freund Niethammer in die Bresche und schrieb an Hegel einen offensichtlich zur Vorlage bei der Familie Tucher gedachten Brief, worin es heißt, die Ernennung für Erlangen sei so gut wie sicher. Im übrigen solle sich Hegel auch als Professor und Rektor eines der angesehensten königlichen Gymnasien angesehen und würdig genug dünken. Persönliches Verdienst und selbsterworbener Rang adle heutzutage mehr als alle Ahnen, und Hegel solle sich durch eitle Besorgnisse, die den Philosophen schlecht kleiden, ja nicht abhalten lassen, die Verbindung so bald als möglich zu vollziehen.[60]

Am 16. September wurde in Nürnberg zwischen dem einundvierzigjährigen Philosophen und dem zwanzigjährigen Mädchen der Ehebund geschlossen, der bis zum Tode Hegels 1831 in ungetrübtem Glück und gegenseitiger Liebe dauern sollte. Ihr erstgeborenes Kind, eine Tochter, starb bald nach der Geburt. Dann folgten zwei Söhne: der ältere, nach dem Großvater Karl genannt, wurde Professor der Geschichte an der Universität Erlangen und starb im Alter von 85 Jahren; der jüngere, nach dem Paten Niethammer auf den Namen Immanuel getauft, starb siebenundsiebzigjährig als Konsistorialpräsident der Provinz Brandenburg.

Hegels ältester Sohn aber war jenes schon erwähnte uneheliche Kind Ludwig, über dessen Lebensgeschichte lange Zeit mehr Vermutungen als Tatsachen bekannt wurden. Auch nachdem Georg Lasson die auffindbaren Quellen veröffentlicht hatte, kursieren immer noch verschiedene Versionen über Hegels Verhältnis zu seinem Erstgeborenen, je nachdem, ob man sich an dessen briefliche Beschwerden über seinen Vater hält oder die Äußerungen des Diplomaten und Schriftstellers Varnhagen dazunimmt.

Nach Varnhagen hatte sich folgendes abgespielt: Hegel ließ sich in Jena mit der Frau seines Hauswirts, einer Christiana Charlotte Burkhardt, geb. Fischer, in ein Verhältnis ein. Am 5. Februar 1807 wurde ihr drittes uneheliches Kind, eben jener Ludwig, geboren. Als Pate standen, nach dem Jenaer Taufbuch, der Buchhändler Friedrich Frommann und Hegels Bruder, der Leutnant Georg Ludwig Hegel. Als der Ehemann der Frau kurz darauf starb, soll Hegel der Witwe die Ehe versprochen, nach seinem Wegzug aus Jena dies aber vergessen haben. Nach der Heirat mit Marie von Tucher erschien die Mutter Ludwigs und bestand «in gemeinster, niedrigster Weise» auf einer Abfindung. Hegels Gattin, von allem unterrichtet, traute ihrer Liebe viel zu und nahm Ludwig ins Haus. Als der Knabe größer wurde, litt er unter dem Übelstand seiner Anwesenheit, wurde verschlossen, scheu und durchtrieben. Endlich beschloß Hegel, ihn zu einem Kaufmann nach Stuttgart in die Lehre zu geben. Dort veruntreute der Junge einen Betrag von nur 8 Groschen, aber dies gab Anlaß, die Sache auf die Spitze zu treiben und ihn «für unwürdig» zu erklären. Er mußte fortan den Namen Fischer tragen, was er als tödliche Schmach empfand. Hegel kaufte ihm ein Offizierspatent im holländischen Kolonialdienst. Nach den Eintragungen im niederländisch-ostindischen Militärquartier starb Ludwig Fischer am 28. August 1831 in Djakarta an den Folgen einer «febris inflammatoria»[61].

Liest man Ludwigs Briefe, so erfährt man, daß er sich von der Stiefmutter zurückgesetzt fühlte, immer in Furcht, nie in Liebe zu seinen Eltern lebte, in der Schule eine große Begabung für Sprachen entwickelte, in Latein und Griechisch sogar einige Zeit Primus der Klasse war, gerne Medizin studiert hätte, unter Drohungen aber zum Kaufmannsberuf gezwungen worden sei. Nach einem Wortwechsel mit seinem willkürlich verfahrenden Prinzipal habe er um seine Entlassung gebeten. Er sei sich keiner Verfehlung bewußt, außer der, sich nicht in einen Stand zu schicken, zu dem er keine Neigung besaß. Hegel – Vater wolle er ihn nicht mehr nennen – habe ihm bei seinem Eintritt ins Militär noch nicht einmal zum Abschied geschrieben und ihm sogar seine Wäsche und seine Bücher vorenthalten.[62]

Die Wahrheit ist schwer zu ermitteln. Immerhin bleibt bestehen, daß Hegel für seinen Sohn allzeit gesorgt hatte. Er hatte ihn keineswegs verleugnet, sonst wäre es nicht möglich, daß Goethe sich in Jena für den «kleinen Hegel» interessierte und dem Zehnjährigen ins Stammbuch schrieb:

Als kleinen Knaben hab' ich dich gesehn
Mit höchstem Selbstvertraun der Welt entgegen gehn;
Und wie sie dir im Künftigen begegnet,
So sei getrost, von Freundes Blick gesegnet.

Daß Hegel das Kind nicht nach Bamberg und später nach Nürnberg mitnahm, ist nicht unbedingt nur der eigenen Rücksichtnahme zuzuschreiben. Als Junggeselle hatte Hegel keine Möglichkeit, das Kind ordentlich zu versorgen. Nach Heidelberg berufen, nahm er ihn ins Haus und schickte ihn auf gute Schulen. Aus den Briefen der Maria Hegel ist zu entnehmen, daß sie sich alle Mühe mit dem schwierigen Jungen gegeben hat und im Streit zwischen ihm und den legitimen Halbbrüdern zu vermitteln suchte. Freilich zeigen die Einträge des Haushaltsbuches von 1819 aber auch, daß beispielsweise zum 12. Geburtstag Ludwigs nur ein paar Groschen ausgegeben wurden, während zum 5. Geburtstag des Jüngsten, Immanuel, erheblich größere Aufwendungen gemacht wurden.

Im Winter nach seiner Heirat lagen die ersten beiden Teile der *Wissenschaft der Logik* vor. An Niethammer meldet Hegel erleichtert: *Meine Arbeit über die Logik hoffe ich nächste Ostern ans Licht treten lassen zu können; später wird dann meine Psychologie folgen ... Auf den Herbst mögen auch meine Arbeiten für meine Lektionen eine populärere und herablassendere Form gewonnen haben und sich zum Tone eines allgemeinen Lehrbuchs und des Gymnasialunter-*

Hegel. Kreidemanierblatt von Friedrich Jügel

richts mehr qualifizieren, denn ich fühle mich jedes Jahr herablas-
sender, vollends dies Jahr, seit ich Ehemann bin.[63] Zum Tone eines
allgemeinen Lehrbuchs hatte sich die *Logik* wahrlich nicht herabge-
lassen. Ihr Inhalt gehört im Gegenteil zu den schwierigsten Texten

der Philosophie überhaupt, und Hegel wußte das selbst zu gut. Ein paar Monate später schrieb er wiederum an Niethammer: *An meiner Logik sind 9 Bogen gedruckt. Vor Ostern sollen vielleicht noch 20 mehr gedruckt werden. Was kann ich vorläufig davon sagen, als daß 25–30 Bogen nur der e r s t e Teil sind, daß sie von der gewöhnlichen sogenannten Logik noch nichts enthalten, daß sie die metaphysische Logik sind: erstes Buch vom Sein, zweites vom Wesen, wenn anders das 2. noch in den ersten Teil kann. Ich stecke bis über die Ohren darin. Es ist keine Kleinigkeit, im ersten Semester seiner Verheuratung ein Buch des abstrusesten Inhalts von 30 Bogen zu schreiben. – Aber injuria temporum! Ich bin kein Akademikus; zur gehörigen Form hätte ich noch ein Jahr gebraucht, aber ich brauche Geld, um zu leben.*[64]

Daß Hegels zweites bedeutendes Werk, die *Wissenschaft der Logik* in drei Bänden also keine leicht lesbare Gestalt erhielt, hängt, wie man sieht, bis zu einem gewissen Grade mit der Tatsache zusammen, daß der Rektor Hegel seit sechs Monaten kein Gehalt bekommen hatte. Freilich ist die Materie selbst denkbar schwierig. Die *Logik* sollte *dem unwürdigen Schauspiel ein Ende bereiten, daß ein gebildetes Volk ohne Metaphysik, wie ein sonst mannigfaltig ausgeschmückter Tempel ohne Allerheiligstes sei.*

Logik ist für Hegel etwas anderes, als was das herkömmliche Verständnis annimmt. Er sagte selbst einmal, was in seiner Logik entwickelt würde, das seien *die Gedanken Gottes vor der Schöpfung.* Die von Aristoteles geprägte Logik als Lehre von den Formen und Gesetzen des Denkens in Begriffen, Urteilen und Schlüssen bilden nur einen Teil von Hegels Logik. Als Ganzes betrachtet sie nicht Formen oder Inhalte menschlichen Denkens, sondern den Geist, die Idee im reinen raum- und zeitlosen Zustand des An-sich-Seins. Begriffe und logische Sätze sind also nicht Denkformen, sondern Wesenheiten. Die Selbstentfaltung des Geistes stellt zugleich den gesamten Weltprozeß dar, der nach dialektischem Gesetz in drei Entwicklungsstufen erfolgt. Damit ergibt sich zugleich der Aufbau der Philosophie:

Auf der ersten Stufe ist der Weltgeist im Zustand des *An-sich-Seins*; dem entspricht als philosophische Disziplin die *Logik*. Auf der zweiten Stufe ist der Geist im Zustand der *Entäußerung*, der *Selbstentfremdung*, des *Anders-Seins*; jene Entäußerung des Geistes ergeht in die an Raum und Zeit gebundene Natur; daher entspricht diesem Zustand die *Naturphilosophie.* Auf der dritten und höchsten Stufe kehrt der Geist aus der Selbstentfremdung zu sich selbst zurück und befindet sich im Zustand des *An-und-für-sich-Seins*; ihm korrespondiert die *Philosophie des Geistes.*[65]

Kaum war der erste Teil der *Logik* erschienen, hörte Hegel vom nachbarlichen Erlangen aus kritische Stimmen «über die undenkbaren Widersprüche», besonders über die von Hegel vertretene Identität von Sein und Nichtsein. Vor allem tat sich ein Landsmann Hegels hervor, der Mathematiker Pfaff, ein origineller, witziger und scharf-

sinniger Mann, der mit hart-
näckigem Verstand die Logik
bis ins einzelnste analysierte.
In seinen recht humorvollen
Briefen an Hegel bekannte
sich Pfaff zu denen, die nie
von den Philosophen bekehrt
werden. «Mathematisch be-
trachtet, haben alle Unrecht,
wenn sie etwas beweisen wollen.»

Hegel war 1813 zum Schul-
rat ernannt worden, wodurch
sich seine finanzielle Misere
etwas gebessert hatte. Aber
die Sehnsucht, auf den Katheder einer Universität zurück-
zukehren, war immer größer
geworden. Ihm sei zumute,
schrieb er an Niethammer, *wie
dem Adam in der geistlichen
Komödie, der morgens früh
am sechsten Schöpfungstage,
ehe der Aktus der Schöpfung*

*Friedrich Ludwig Georg von Raumer.
Holzschnitt von Hugo Bürkner*

*an ihm verrichtet ist, mit einer Arie auftritt, anfangend: O wenn i nu
au geschaffen wär!*[66]

Von Tübingen hörte er, daß bei der Besetzung eines Lehrstuhls
auch sein Name gefallen sei; nach Heidelberg wandte er sich um Fürsprache bei der dortigen Universität an Kirchenrat Paulus, seinen
Vorgänger im Nürnberger Amt. Aus Erlangen kam eine Anfrage
an Hegel, wer seiner Ansicht nach für eine Professur der Philologie
geeignet sei. Um nur auf irgendeine Weise wieder am Universitäts-
leben teilzuhaben, setzte sich Hegel selbst auf die Liste der Kandidaten, und tatsächlich ging das Ministerium auf sein Anerbieten ein.
Wie Hans Joachim Schoeps aber in seinem Erlanger Jahrhundertbericht
(«Das war Christian-Erlang», Erlangen 1950, S. 55) bemerkt, war
dann das Berufungsschreiben «geradezu beleidigend kühl und ge-
schäftsmäßig abgefaßt worden, da Mehmel [G. E. A. Mehmel war
Ordinarius für Philosophie und Kantianer. D. A.] dafür gesorgt
hatte, daß die Fakultät dem Münchner Wunsch in der Form des lei-
denden Gehorsams nachkam».

Da trafen fast gleichzeitig im Juli und August 1816 zwei Angebote
ein: eine herzliche Einladung nach Heidelberg und eine vorsichtig
zurückhaltende aus Berlin. Prorektor Daub schrieb aus Heidelberg:
«In einem gestern aus Karlsruhe erhaltenen Schreiben ist mir der mir
und Ihren hiesigen Freunden höchst erfreuliche Auftrag geworden,
Sie zu fragen, ob Sie geneigt seien, die Stelle eines ordentlichen Professors der Philosophie bei der hiesigen Universität anzunehmen.

49

Die Besoldung besteht in 1300 fl. an Geld, 6 Maltern Korn und 9 Maltern Spelz. Das ist freilich wenig, allein leider weiß ich, daß vorerst nicht mehr bewilligt werden kann. Und so würde denn meine Hoffnung einer bejahenden Antwort auf obige Frage sehr schwach sein, wenn ich nicht aus mehrjähriger, an mehreren meiner Kollegen und an mir selbst gemachten Erfahrung hinzusetzen dürfte, daß die Regierung, wenn Professoren mit einigem Fleiß und einigem Beifall lehrten, ihre Gehalte nach und nach ansehnlich vermehrt habe und so auch künftig tun werde. Nun würde aber Heidelberg an Ihnen, wenn Sie den Ruf annähmen, zum erstenmal (Spinoza wurde einst, aber vergebens hierher gerufen, wie Sie vermutlich wissen) seit Stiftung der Universität einen Philosophen haben. Den Fleiß bringt der Philosoph mit, und der Philosoph, der Hegel heißt, bringt noch vieles andre mit, wovon freilich die wenigsten hier und – überall bis jetzt eine Ahnung haben, und was durch bloßen Fleiß nicht errungen werden kann. An Beifall wirds nicht fehlen, wenn sie nur endlich auch einen Philosophen zu vernehmen bekommen. Darauf, verehrungswürdiger Mann, und auf Ihren Edelmut im Interesse für die Wissenschaft und für Ihre Wiederbelebung (sie ist ja jetzt auf den deutschen Universitäten wie versteint oder verholzt) gründen sich meine Hoffnungen ...

Erleb' ichs, daß Sie der Universität Heidelberg angehören, die ich wie meine Pflegemutter liebe und bis ans Lebensende lieben werde, so ist ein reiner und erquickender Lichtstrahl in mein Leben gefallen.»[67]

In Berlin war durch den Tod Fichtes der zweite Lehrstuhl für Philosophie (der eigentlich erste, den zweiten hatte Solger inne) frei geworden und schon seit zwei Jahren unbesetzt. Der Historiker Friedrich von Raumer hatte Hegel in Nürnberg besucht und an den Minister von Schuckmann und seine Kollegen nach Berlin berichtet; Niebuhr, Link und Solger traten für Hegel ein und brachten im Senat eine Liste durch, auf der Hegels Name primo loco zu stehen kam. Der Dekan de Wette richtete jedoch ein Sondervotum an den Minister von Schuckmann, der Kantianer und Gegner der Naturphilosophie Schellings war. Hegel sei, schrieb de Wette, im Grunde nur ein Nachtreter Schellings. Die Hegelsche Logik sei eine obskure Geheimwissenschaft, sein Kathedervortrag verworren, ängstlich, verlegen und entbehre jeder Klarheit und Flüssigkeit, und es dürfe wohl nicht angenommen werden, daß Hegel diesen Mangel durch seine Vorträge am Gymnasium behoben habe. Dagegen sei Fries ein Philosoph der Richtung Kants ... usw.

Auf diese Weise erklärt sich die merkwürdige Anfrage des Ministers, die Hegel am 24. August 1816 empfing: «Aus einem Schreiben des Herrn Geheimen Staatsrates Niebuhr hat das Ministerium des Innern ersehen, daß Sie wünschen, bei der hiesigen Universität angestellt zu werden. Die Lehrstelle der Philosophie ist auch vakant; und in Hinsicht des Rufes und der Achtung, die Sie sich durch Ihre philosophischen Schriften erworben haben, wird das Ministerium gern bei

Besetzung dieser Stelle auf Sie Rücksicht nehmen. Jedoch glaubt es, zum Besten der Anstalt und Ihrer selbst ein Bedenken zuvor beseitigen zu müssen, welches Ihnen als einem redlichen Manne zur Prüfung und Beantwortung offen dargelegt wird. Da Sie nämlich nun schon seit einer bedeutenden Reihe von Jahren nicht akademische Vorträge gehalten haben, auch vorher nicht lange akademischer Lehrer gewesen sind, so ist von mehreren Seiten der Zweifel erregt worden, ob Ihnen auch die Fertigkeit, über Ihre Wissenschaft lebendigen und eindringlichen Vortrag zu halten, noch völlig zu Gebote stehe, die, wie Sie selbst überzeugt sein werden, so sehr nötig ist, weil gerade zu dieser Wissenschaft jetzt, wo das leidige Treiben in den Brotstudien überall bemerkbar ist, der Geist der jungen Leute besonders durch lebendigen Vortrag aufgeregt und hingeleitet werden muß. Mit Vertrauen auf Ihre eigene Einsicht von den Pflichten eines Lehrers der Philosophie und von den Bedürfnissen der Wissenschaft überläßt das Ministerium Ihnen daher, sich zu prüfen, ob Sie den hier zu übernehmenden Verbindlichkeiten auch völlig zu genügen sich für tüchtig halten und erwarten Ihre Erklärung, um darauf das Weitere zu beschließen.»[68]

Obwohl im bayerischen Regierungsblatt die Ernennung Hegels für Erlangen schon angezeigt war und der dortige Rektor ihm gratuliert hatte, gab es für Hegel keine andere Wahl mehr: Heidelberg erhielt den Vorzug vor Berlin und Erlangen.

HEIDELBERG

Der Abschied von Nürnberg wurde dadurch erleichtert, daß Hegel in Heidelberg mit Paulus, Daub und Georg Friedrich Creuzer zusammen leben konnte. Als er am 19. Oktober 1816 ohne seine Frau eintraf, die durch Anstrengungen beim Einpacken frühzeitig niedergekommen war, nahmen sich neben dem Landsmann Eschenmayer besonders die Familie Paulus seiner an. Zum drittenmal traf er mit ihnen in einer Stadt zusammen. Frau Paulus, deren freimütige, geistreich humorvolle Natur Hegel besonders gefiel, pflegte ihn bei einer Unpäßlichkeit wie eine Mutter, saß mit ihm Karten spielend an seinem Bett und sprach alle Angelegenheiten mit ihm durch. Als der Gedanke aufkam, Hegel könne einen Ruf nach Berlin annehmen, versuchte sie ihm das gründlich auszureden und meinte scherzhaft, was er denn in einer Stadt wolle, wo man den Wein aus Fingerhüten trinke. Politischer Ansichten wegen zerwarf sich Hegel indessen mit Paulus, und die fünfzehnjährige Freundschaft zerbrach.

In seiner Antrittsvorlesung am 28. Oktober 1816 knüpfte er an die durch Napoleons Verbannung nach St. Helena und den Abschluß des Wiener Kongresses eingetretene Befriedung an: *Weil der Weltgeist in Wirklichkeit so sehr beschäftigt war, konnte er sich nicht nach innen kehren und sich in sich selber sammeln. Nun, da dieser Strom*

Heidelberg

der Wirklichkeit gebrochen ist, da die deutsche Nation sich aus dem Gröbsten herausgehauen, da sie ihre Nationalität, den Grund alles lebendigen Lebens gerettet hat: so dürfen wir hoffen, daß ... dem politischen und sonstigen an die gemeine Wirklichkeit gebundenen Interesse auch die Wissenschaft, die freie vernünftige Welt des Geistes wieder emporblühe ... Der Mut der Wahrheit, der Glaube an die Macht des Geistes ist die erste Bedingung der Philosophie. Der Mensch, da er Geist ist, darf und soll sich selbst des Höchsten würdig achten, von der Größe und Macht seines Geistes kann er nicht groß genug denken; und mit diesem Glauben wird nichts so spröde und hart sein, das sich ihm nicht eröffnete. Das zuerst verborgene und ver-

schlossene Wesen des Universums hat keine Kraft, die dem Mute des
Erkennens Widerstand leisten könnte; es muß sich vor ihm auftun,
und seinen Reichtum und seine Tiefen ihm vor Augen legen und
zum Genusse geben.[69]

Die Vorbereitung der Vorlesungen nahm ihn ganz in Anspruch.
Er holte nicht etwa die Kollegmanuskripte der Jenaer Zeit über Logik,
Metaphysik und Staatsrecht hervor, sondern las nun auch über Ästhetik, Anthropologie, Psychologie und häufiger als zuvor über Geschichte der Philosophie. Für das Wintersemester 1816/17 kündigte
er *Die Enzyklopädie der philosophischen Wissenschaften* an, wozu
er seine Unterrichtstexte aus der Tätigkeit am Nürnberger Gymna-

sium benützen konnte; ab Sommer 1817 legte er sein unter diesem Titel erschienenes Buch den Vorlesungen zugrunde.

Hegel hielt zwei, später drei Kollegs, so daß er wöchentlich sechzehn Stunden zu lesen hatte. Das Angebot war groß, nur die Studenten blieben aus. Etwas enttäuscht schrieb er an seine Frau: ... *Gestern habe ich meine Vorlesungen angefangen, aber freilich sieht es mit der Zahl der Zuhörer nicht so glänzend aus, als man vorgestellt und vorgemacht hatte. Ich war darüber, wenn nicht perplex und ungeduldig, doch verwundert, es nicht so zu finden, als man gemacht hatte. Zu einem Kollegium hatte ich nur 4 Zuhörer. Paulus tröstete mich aber, daß er auch nur für 4 oder 5 gelesen habe ... Das erste Halbjahr beim ersten Auftreten muß man einstweilen zufrieden sein, wenn man sich nur produzieren kann. Die Studenten müssen erst warm mit einem werden ...*[70]

Im Laufe des Semesters brachte er es dann in der Vorlesung über Enzyklopädie auf zwanzig, in der über Philosophiegeschichte auf dreißig Hörer. Hegel war guten Muts, das *stille, liebe Leben* in der von Natur durch Schönheit ausgezeichneten Stadt gefiel ihm sehr. Vor allem genoß er die herrlichen Spazierwege; aber auch von seinem Haus in der Friedrichstraße konnte er auf die Hügel und Kastanienwälder blicken. Die Studenten hielten sich fern, in jugendlicher Scheu wagten sie kaum, ihn anzusprechen. Aber bald gingen Anekdoten umher über den merkwürdigen geistesabwesenden Spaziergänger, der oft, anscheinend alles um sich herum vergessend, stehenblieb, um, wie man annahm, über den Weltgeist, über Ideen und das Sein nachzudenken. Im Sommer 1817 sei er, so heißt es, in seine Gedanken verloren über den Platz vor der Universität gegangen, nachdem ein tüchtiger Regen die Erde aufgeweicht hatte. Ein Schuh blieb dabei im Schmutz stecken, Hegel aber sei, ohne es zu bemerken, strümpfig weitergeschritten. So etwas wie einen Kult um Hegel, wie später in Berlin, gab es in Heidelberg jedoch nicht. Dazu war auch sein Aufenthalt über eine Zeit von zwei Jahren zu kurz.

Durch Victor Cousin wurde Hegels Philosophie auch in Frankreich bekannt. Dieser junge Professor der Philosophiegeschichte an der Faculté des lettres und der École normale zu Paris kam im Juli 1817 nach Deutschland, um die deutsche Philosophie kennenzulernen. In Heidelberg traf er einen der ersten Anhänger Hegels, F. W. Carové aus Koblenz, der französisch sprach und Cousin in das geheimnisvolle, neu erschienene Werk Hegels einzuweihen versprach. Im Schloßgarten und auf dem Philosophenweg sah man dann auch beide, die Enzyklopädie in der Hand, die Carové nach Wort und Sinn zu verdolmetschen suchte. Gegen Abend trafen sie bei Hegel ein «und fragten das Orakel, da Carové, wie Cousin bald bemerkt hatte, von der eigentlichen Sache kaum mehr verstand als er selbst»[71]. Als ihn immer mehr Probleme bestürmten und ungelöste Fragen bedrängten, machte sich Cousin nach München auf, um von jenen «drei eminentesten Philosophen der Gegenwart» die beiden anderen kennenzulernen: Jacobi und Schelling.

Die Heidelberger Universität

Eine reizvolle Erinnerung an Hegels Heidelberger Zeit besitzen wir auch in den Aufzeichnungen des Barons Boris d'Yxkull (Uxkull)*. Als Garderittmeister hatte der estnische Gutsbesitzer den russischen Feldzug gegen Frankreich mitgemacht und sehnte sich, der Strapazen müde, nach einer tiefen Erfrischung des Geistes durch wissenschaftliche Bildung. Von Hegels Ruf angezogen, machte er sich auf, bei ihm in kurzer Zeit die Quintessenz menschlichen Wissens erlernen zu können. Im Frühjahr 1817 traf er in Heidelberg ein: «Kaum angekommen, war mein erstes Geschäft, nachdem ich mich etwas umgesehen, den Mann zu besuchen, von dessen Persönlichkeit ich mir die abenteuerlichsten Bilder entworfen hatte. Mit ausstudirten Phrasen, denn ich war mir meiner völligen Unwissenschaftlichkeit wohl bewußt, ging ich nicht ohne Scheu aber äußerlich zuversichtlich zu dem Professor hin und fand zu meiner nicht geringen Verwunderung einen ganz schlichten und einfachen Mann, der ziemlich schwerfällig sprach und nichts Bedeutendes vorbrachte. Unbefriedigt von diesem Eindruck, obschon heimlich angezogen durch Hegels freundlichen Empfang und einen gewissen Zug gütiger und doch ironischer Höflichkeit, ging ich, nachdem ich die Collegia des Professors

---

* «Armeen und Amouren». Ein Tagebuch aus napoleonischer Zeit von Boris Uxkull. Hg. von Jürgen-Detlev Freiherr von Uexküll. Reinbek b. Hamburg (Rowohlt) 1965

angenommen, zum ersten besten Buchhändler, kaufte mir die schon erschienenen Werke Hegels und setzte mich Abends bequem in meine Sophaecke, um sie durchzulesen. Allein je mehr ich las, und je aufmerksamer ich beim Lesen zu werden mich bemühte, je weniger verstand ich das Gelesene, so daß ich, nachdem ich mich ein paar Stunden mit einem Satze abgequält hatte, ohne etwas davon verstehen zu können, das Buch verstimmt weglegte, jedoch aus Neugierde die Vorlesungen besuchte. Ehrlicherweise aber mußte ich mir sagen, daß ich meine eigenen Hefte nicht verstand und daß mir alle Vorkenntnisse zu diesen Wissenschaften fehlten. Nun ging ich in meiner Noth wieder zu Hegel, der, nachdem er mich geduldig angehört, mich freundlich zurechtwies und mir verschiedene Privatissima zu nehmen anrieth: Lateinische Lectüre, die Rudimente der Algebra, Naturkunde und Geographie. Dies geschah ein halb Jahr hindurch, so schwer es dem sechsundzwanzigjährigen ankam. Nun meldete ich mich zum drittenmal bei Hegel, der mich denn auch sehr gütig aufnahm und sich des Lächelns nicht erwehren konnte, als ich ihm meine propädeutischen Kreuz- und Querzüge mittheilte. Seine Rathschläge waren nun bestimmter, seine Theilnahme lebendiger und ich besuchte seine Collegia mit einigem Nutzen. Ein Conversatorium des Doctor H i n r i c h s, worin sich Disputierende aus allen vier Fakultäten einfanden und bei welchem die Erklärung der Phänomenologie des Geistes den Leitfaden ausmachte, unterstützte mich. Bisweilen sah ich in den folgenden beiden Semestern Hegel bei mir; öfter war ich bei ihm und begleitete ihn auf einsamen Spaziergängen. Oft sagte er mir, daß unsere überkluge Zeit allein durch die Methode, weil sie den Gedanken bändige und zur Sache führe, befriedigt werden könne. Die Religion sei die geahnte Philosophie, diese nichts Anderes als die bewußtvolle Religion; beide suchten, nur auf verschiedenem Wege, dasselbe, nämlich Gott. Nie sollte ich einer Philosophie trauen, die entweder unmoralisch oder irreligiös sei. Er klagte auch wohl, nicht verstanden zu sein, wiederholte, daß das logische Wissen nun abgeschlossen sei und ein jeder jetzt in seiner Disciplin aufzuräumen habe, da des Materials nur schon zu viel sei, aber die logische Beziehung und Verarbeitung noch fehle; daß nur der Dünkel der Unreife, die Hartnäckigkeit des einseitigen Verstandes, die Hohlheit und Weinerlichkeit kopfhängerischer Scheinseligkeit wie der enghergige Egoismus privilegirter Dunkelmacherei gegen den anbrechenden Tag sich wehren könnten.»[72]

Jener Doktor Hinrichs, bei dem Uxkull auf Hegels Rat ein philosophisches Konversatorium besuchte, war Hermann Friedrich Wilhelm Hinrichs aus Oldenburg, der Hegels enthusiastischer Schüler wurde. Er habilitierte sich 1810 in Heidelberg, wurde später Professor in Breslau und Halle und darf als der erste bezeichnet werden, der die von Hegel empfangene Lehre auf dem akademischen Katheder vorgetragen und somit den Anfang der Hegelschen Schule begründet hat. Ein großer Bewunderer Hegels blieb aber auch der Theologe Karl Daub, der als Prorektor Hegel nach Heidelberg berufen hatte. Im

Baron Uxkull

Sommersemester 1821 las er vor zahlreicher Zuhörerschaft über die *Phänomenologie des Geistes*, in der er die eigentliche Begründung der Wissenschaft, auch der Theologie, sah.

Auf die Einladung Creuzers hin übernahm Hegel die Redaktion der philosophischen und philologischen Abteilung der «Heidelberger Jahrbücher für Literatur» und lieferte als ersten Beitrag eine Kritik des soeben erschienenen dritten Bandes der Werke Jacobis. Gleich darauf brachten die Jahrbücher seine *Beurteilung der im Druck erschienenen Verhandlungen in der Versammlung der Landstände des Königreiches Württemberg im Jahre 1815 und 1816*, die Bülow eine der besten politischen Flugschriften nennt, die es je in Deutschland gab. Hier war Hegel nach längerer Unterbrechung wieder in seinem Element: der staatsrechtlichen oder politischen Philosophie.

Hatte sich Hegel 1798 noch gegen den fürstlichen Absolutismus gewandt, so ergriff er nunmehr die Partei des Königs, der seinem Volk eine zeitgemäße Verfassung geben wollte, die von den Ständen abgelehnt wurde. Hegel hielt den Landständen vor, sie hätten sich bisher für offenbares Nichtstun stets aufs reichlichste bezahlen lassen und gerade das Umgekehrte von dem getan, was die Französische Revolution wollte, nämlich einen Staat aus der Vernunft heraus

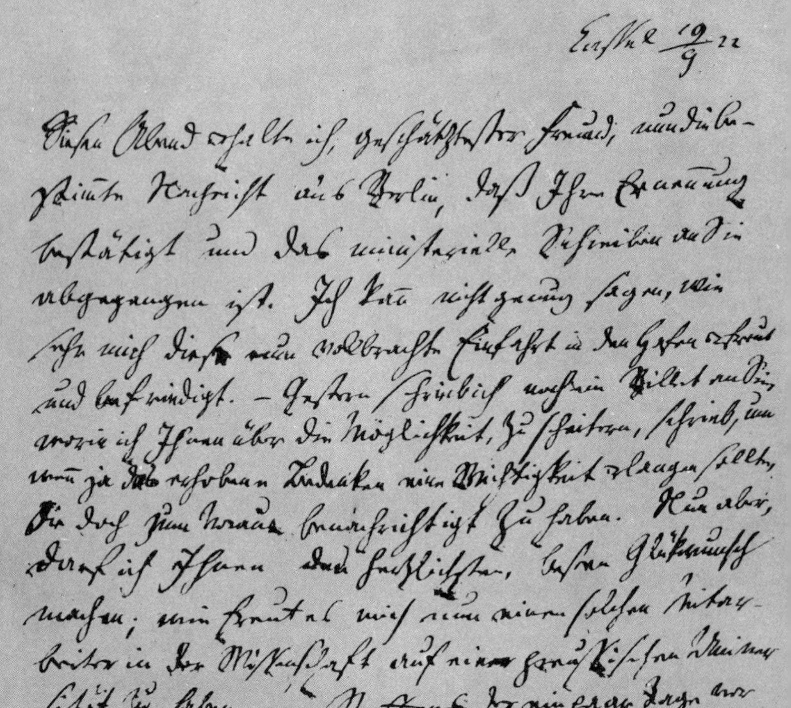

Cassel 19/9 22

Diesen Abend erhielt ich, geschätztester Freund, nun die bestimmte Nachricht aus Berlin, daß Ihre Ernennung bestätigt und das ministerielle Schreiben an Sie abgegangen ist. Ich kann nicht genug sagen, wie sehr mich diese nun vollbrachte Entscheidung in den Hofnungen erfreut und befriedigt. — Gestern schrieb ich noch ein Billet an Sie, worin ich Ihnen über die Möglichkeit, zu scheitern, schrieb, um wenn je die erhobenen Bedenken eine Wichtigkeit erlangen sollten, Sie doch zum voraus benachrichtigt zu haben. Nun aber darf ich Ihnen den herzlichsten, besten Glückwunsch machen; es freut es mich nun einen solchen Mitarbeiter in der Wissenschaft auf einer preußischen Universität zu haben. — Steffens, der einige Tage vor meiner Abreise in Berlin ankam, äußerte sich sehr zufrieden, einen Philosophen Ihrer Weise neben sich in Breslau zu haben.

Ich schreibe Ihnen obige Nachricht auf den Fall, daß diese Zeile Sie noch früher erreichen könnte, als das ministerielle Schreiben bey Ihnen ankommt.

Brief Hegels an Hinrichs

zu schaffen. Sie hätten nur das Historische im Sinne, gleichviel, ob es vernünftig oder unvernünftig sei.

Hier nun scheiden sich die Wege Hegels von denen seines Freundes Paulus, und zwar für immer, ja, die herzlichen Beziehungen beider Familien arten in solch offene und gehässige Feindschaft aus, wie sie zwischen Paulus und Schelling schon in Würzburg entstanden war. Paulus schrieb für die Sache der alten Landstände, Hegel schrieb dagegen, und beide waren in bezug auf den württembergischen Verfassungsstreit für die Öffentlichkeit ausgemachte Gegner. Eine «Philosophische Beurteilung» der Sache aus der Feder von Paulus nannte Hegel in einem Brief an Niethammer *höchst philisterhaft und gemeinen-Menschenverstands-mäßig*[73]. Paulus hatte sich, auch persönlich agierend, so sehr in die Verfassungshändel seines Heimatlandes eingelassen, daß König Wilhelm I. ihn 1819 bei einem Besuch seines kranken Sohnes in Stuttgart festnehmen und ausweisen ließ.

Das Hauptereignis der Heidelberger Jahre aber blieb die Veröffentlichung der *Enzyklopädie der philosophischen Wissenschaften im Grundriß* von 1817. Mit ihr lag nun, wenn auch als Grundriß, ein wirklich fertiges System von Hegels gesamter Philosophie vor. Noch zweimal, 1827 und 1830, gab Hegel dieses Werk neu heraus, jeweils bedeutend erweitert und verbessert. Vergleicht man die drei Ausgaben miteinander, so stimmt man zwar mit Rosenkranz überein, der in der ersten Ausgabe «den schöpferischen Hauch der ersten Produktion» spürt, jedoch wiegt der Zuwachs der Rechtsphilosophie und die Weiterbildung des Abschnittes *Staat und Religion* jenen Verlust durch Überarbeitung auf. Hermann Glockner sagt im Vorwort zur Neuausgabe der Heidelberger Enzyklopädie zu Recht: «Der ‹politische› Mensch ist ja immer frisch und lebendig in ihm geblieben: ohne Zweifel bedeutet die Rechtsphilosophie als umfassende Darstellung seiner Lehre vom objektiven Geist einen nochmaligen Gipfel seines Schaffens.»[74]

So schön es in Heidelberg war, auf die Dauer wollte sich Hegel dort nicht festhalten lassen. Zwar fühlte er sich durch seine Rückkehr in den akademischen Raum und die wachsende Anerkennung seiner Philosophie in seinem Selbstgefühl gestärkt, aber er wartete auf eine Gelegenheit, seine gereifte Wirksamkeit auch äußerlich von einer breiten Basis aus entfalten zu können. Das liebliche Badener Land schien ihm nicht die nötige Resonanz für seine Lehre zu bieten.[75] Der Gedanke, daß man sich in Berlin immer noch für ihn interessiere, war ihm sehr lieb. Der Berliner Sand, so äußerte er sich gelegentlich, sei für die Philosophie eine empfänglichere Sphäre als Heidelbergs romantische Umgebung. Als dann die Berufung in sehr ehrenvoller Weise an ihn ergangen war, schrieb er an die Schwester: *Es sind freilich schöne Gegenden, die ich verlasse, aber es ist nicht die Gegend, der man andere, für seine Bestimmung wesentliche Umstände aufopfern kann. Berlin ist ein großer Mittelpunkt für sich, und die Philosophie war von jeher mehr im nördlichen Deutschland Bedürfnis und zu Haus als im südlichen.*[76]

Vielleicht dachte Hegel noch an eine andere Wirksamkeit als die des akademischen Lehrers. Schon der junge Hegel hatte sich gefragt, *welche Hoffnung da sei, neben der Beschäftigung mit theoretischen Arbeiten, in das Leben der Menschen einzugreifen?* Seine Begabung zur politischen Philosophie ist bekannt; aber eine Bemerkung in seinem Entlassungsgesuch an das Großherzogliche Badische Innenministerium läßt darauf schließen, daß Hegel noch anderes im Sinne hatte. Zu dem Entschluß, nach Berlin zu übersiedeln, bestimmte ihn, so schreibt er, *vornehmlich die Aussicht zu mehrerer Gelegenheit in weiter vorgerücktem Alter von der prekären Funktion, Philosophie auf einer Universität zu dozieren, zu einer anderen Tätigkeit übergehen und gebraucht werden zu können* [77].

AUF DEM HÖHEPUNKT IN BERLIN

In Berlin hatte man Hegel tatsächlich nicht aus den Augen verloren. Am 3. November 1817 hatte Friedrich Wilhelm III. ein besonderes «Ministerium für die Geistlichen-, Unterrichts- und Medizinalangelegenheiten» geschaffen. Zu seiner Leitung bestimmte er den Freiherrn von Altenstein, der unter Minister von Stein ein Memorandum zur Neugestaltung des Erziehungswesens verfaßt hatte. Altenstein wurde somit preußischer Kultusminister, der erste, der diesen Titel in Preußen führte. Boisserée nennt ihn einen «philosophierenden Minister» und einen «Idealisten, wie mir unter Geschäftsmännern der höheren Klasse noch keiner vorgekommen» ist. Schleiermacher sagt über ihn: «Altenstein hat offenbar mehr Eifer für die Unterrichtsabteilung als für die geistliche, indeß besser scheint doch alles zu gehen als bei Schuckmann.» [78]

Altenstein war mit Hegel nicht nur literarisch, sondern auch durch gemeinsame Bekannte vertraut. Welches Interesse er schon in den ersten Wochen nach seiner Amtsübernahme in den Plan legte, Hegel nach Berlin zu ziehen, ist aus der sorgfältigen Abfassung des Berufungsschreibens ersichtlich. Nach drei Entwürfen, die er wieder verwarf, schrieb er am zweiten Weihnachtstag des Jahres 1817 eigenhändig an Hegel: «Euer Wohlgeboren werden sich gefälligt erinnern, wie sehr ich es im vorigen Jahre bedauerte, daß Sie uns für Berlin durch einen unglücklichen Zufall entgangen sind, indem Sie, als der Ruf hieher an Sie erfolgte, gerade Ihre jetzige Stelle in Heidelberg angenommen hatten. Euer Wohlgeboren mündliche Äußerung gegen mich und gegen unsere gemeinschaftlichen Freunde erlaubten mir aber gleich damals die Hoffnung, daß es noch möglich sein werde, Sie nach einiger Zeit dennoch für die Universität Berlin zu gewinnen. Bei dem aufrichtigsten Wunsche, daß es Ihnen in Ihrer jetzigen Lage recht gut gehen möge, hoffe ich doch, daß Ew. Wohlgeboren Ihre frühere Ansicht nicht geändert haben.

Bei meiner Übernahme der obersten Leitung des öffentlichen Un-

Karl Freiherr zum Altenstein

terrichts ist es für mich eine der wichtigsten Angelegenheiten, den durch den Tod des Professors Fichte erledigten Lehrstuhl der Philosophie auf eine würdige Art zu besetzen. Ich lade Sie daher hierdurch ein, die Lehrstelle bei der hiesigen Königlichen Universität als ordentlicher Professor in der philosophischen Fakultät anzunehmen. Es würde mit dieser Stelle ein Gehalt von jährlich zweitausend Talern preuß. Courant verbunden werden, und ich würde Ihnen gerne eine angemessene Entschädigung für die Reisekosten bewilligen. Ich mißkenne die Verpflichtungen nicht, welche Sie an Heidelberg zurückhalten können, allein Sie haben noch größere Verpflichtungen für die Wissenschaft, für die sich Ihnen hier ein ausgebreiteterer und wichtigerer Wirkungskreis eröffnet. Sie wissen, was Ihnen Berlin in dieser Hinsicht gewähren kann. Ihre Erwartungen sollen aber, wie ich hoffe, noch übertroffen werden, wenn sich verschiedene Pläne näher entwickeln, deren Verfolgung für mich Pflicht ist. Euer Wohlgeboren werden mich durch eine baldgefällige Erklärung sehr verpflichten, und erlaube ich mir die Hoffnung, daß solche dem allgemeinen, gewiß aufrichtigen Wunsche, Sie hier zu besitzen, entsprechen möge.»79

Das Antwortschreiben Hegels vom 24. Januar 1818 zeigt Hegel als erfahrenen Unterhändler im Umgang mit Ministerien, indem er vor allen Bedenken die Sorge des verantwortlichen Familienvaters hervorkehrt. Wer aber wollte dem siebenundvierzigjährigen Professor verübeln, daß er daran denkt, endlich von den Lasten einer kleinlichen Haushaltsführung befreit zu werden? Dreißig Jahre seines Lebens, äußerte er einmal Creuzer gegenüber, habe er in dem unruhevollen Zustand des *Fürchtens und Hoffens* zugebracht.

Euer Excellenz

gnädiges Schreiben vom 26. vor. Mon., empf(angen) den 6. dieses, hat die lebhaftesten Gefühle Derselben mir so gütig erhaltenen huldvollen Gesinnungen in mir erwecken, die Wichtigkeit des Standpunktes aber, den mir Euer Excellenz bestimmen, sowie die Veränderung meiner gegenwärtigen Lage, in der ich soeben einheimisch geworden, hat mich zu einer umso ernsthafteren Überlegung auffordern müssen. Das Glück, Euer Excellenz an der Spitze des Studienwesens in den Königl. Preußischen Staaten zu sehen und Derselben in mich gesetztes Zutrauen hat mich darin vornehmlich unterstützt und zur Erklärung der Bereitwilligkeit entschieden, dem gnädigen Auftrage Euer Excellenz, die Lehrstelle der Philosophie an der Universität zu Berlin mit dem zugesicherten Gehalt von 2000 Thlrn. pr. Cour. zu übernehmen, mich zu unterziehen. Indem Euer Excellenz zugleich die Zusicherung einer angemessenen Entschädigung der Kosten der Reise hinzufügen, so ist es zwar wenig, worüber mir weitere Wünsche blieben; meine Verantwortlichkeit als Hausvater dringt mich aber, dieselben Euer Excellenz offen vorzulegen und eine gnädige Berücksichtigung dafür zu erbitten.

Die allgemeinen Nachrichten von dem so äußerst bedeutenden Unterschiede des Preises der Lebensmittel in Berlin und insbesondere von dem exorbitanten Preise der Hausmieten ließen es mich als eine wesentliche Vergünstigung betrachten, wenn unter dem Gehalte ein Quantum Naturalien, wie bei meiner hiesigen Besoldung, die dadurch dermalen eine namhafte Erhöhung gegen ihren Nominalwert hat, noch mehr wenn eine Wohnung darunter begriffen sein könnte. Indem mir jedoch unbekannt ist, inwiefern die dortigen Einrichtungen ein solches Arrangement zulassen, stelle ich dies gänzlich dem Ermessen Euer Excellenz anheim, und beschränke meine Wünsche hierüber auf die Ansprüche, die mir ähnliche Verhältnisse anderer Professoren geben könnten.

Dringender aber muß mir die Rücksicht auf das Schicksal meiner Frau und Kinder auf meinen Todesfall sein. Die Aussicht, die ich für dessen Erleichterung in der Witwen- und Waisenkasse hiesiger Lande hatte und die geleistete namhafte Eintrittssumme und Beiträge gehen mit meinem Austritte aus hiesigen Diensten verloren. Über diesen Gegenstand, wegen dessen ich bei meiner Vermögenslosigkeit einer Beruhigung nicht zu entsagen vermöchte, nehme ich mir daher die Freiheit, Euer Excellenz um die Erwirkung einer allerhöchsten verhältnismäßigen Bestimmung gehorsamst nachzusuchen.

Indem ich noch die Bestimmung der zugesicherten Entschädigungssumme für die Kosten der Reise zwar ganz dem gnädigen Ermessen Euer Excellenz überlassen zu können glaubte, erlaube ich mir jedoch in Erwägung zu bringen, daß ich soeben erst eine neue häusliche Einrichtung mit großem Verluste machen zu müssen im Falle gewesen und nach kurzem Zwischenraume einen abermaligen Aufwand dieser Art bevorstehend haben sollte. Dieser Umstand legt mir auf, mich nicht in der Ungewißheit von Aufopferungen zu sehen, die meine Kräfte übersteigen würden und sogleich eine Summe namhaft zu machen, daher, wenn ich dieselbe jedoch nur nach der von hiesiger Regierung zugestandenen Entschädigung und der größern Entfernung bei einem bevorstehenden Umzuge nach Berlin bemesse, Euer Excellenz um gnädige Aussetzung von 200 Friedrichsd'or gehorsamst zu ersuchen...[80]

Die Entscheidungen des Ministers fielen recht großzügig aus. Hegel sollte 2000 Taler Gehalt und 1000 Taler Vergütung der Reise-, Umzugs- und Einrichtungskosten erhalten: «In Ansehung Ihrer übrigen Wünsche wird es Ihnen zuvörderst Beruhigung gewähren, daß hier eine solide begründete und wohl eingerichtete Witwenkasse für die Professoren der Universität besteht, die auch der Staat durch einen bedeutenden Zuschuß unterstützt und wozu der Beitritt Ihnen offen steht. Eine freie Wohnung Ihnen auszumitteln, ist aber nicht möglich, teils weil dies Emolument nur Professoren, mit deren anderweitigen amtlichen Beziehungen es verbunden sein muß, erteilt zu werden pflegt, teils auch, weil es an Gelaß dazu fehlt. Das Ministerium glaubt aber, daß Sie, da Ihre hiesige Subsistenz gut begründet sein und Frequenz an Zuhörern Ihren Vorlesungen gewiß nicht fehlen wird, keine Besorgnis in Hinsicht auf jene hegen dürfen. Sollte indeß künftig sich ein Grund dazu entwickeln, so schätzt es den Gewinn eines so tiefen, mit gründlicher Wissenschaft ausgerüsteten und von so ernstem und richtigem Streben beseelten Denkers und akademischen Lehrers zu hoch, als daß es nicht gern alles beitragen sollte, was zur Erheiterung Ihres hiesigen Aufenthalts nötig sein dürfte.

Für jetzt wünscht es nichts mehr als das Verlangen so vieler, die auf die Besetzung des Lehrstuhls der Philosophie schon lange geharrt haben, recht bald vollkommen befriedigt zu sehen...» [81]

Das Wohlwollen des Kultusministers hat sich treu bewährt, Hegel wurde ständig auf außerordentliche Weise unterstützt, bald durch ansehnliche «Remunerationen», bald durch freizügig gewährte Reisezuschüsse, später durch die Anstellung von Carové und L. v. Henning als Repetenten seiner Vorlesungen.

Im sicheren Vorgefühl einer nahen und erfolgreichen Zukunft las Hegel noch im Sommer 1818 sein viertes und letztes Semester in Heidelberg und schrieb vergnügte Briefe an seine Frau, die sich zur Kur in Bad Schwalbach aufhielt, über die frohen Aussichten in Berlin.

Die Schwester des Ministers, Fräulein zum Altenstein, bemühte sich selbst bei der Suche um eine geeignete Wohnung. Zunächst wurde ein Haus in der Leipziger Straße, Ecke der Friedrichstraße gefunden. Später wohnte Hegels Familie in dem Haus, wo Hegel sterben sollte: «Am Kupfergraben Nr. 4», an einem Arm der Spree, unweit der Universität, dem Lärm der Hauptstraßen entzogen. In seiner Begeisterung schrieb Rosenkranz die von Kuno Fischer bemängelte «nichtige Parallele»: Der Kupfergraben war «durch ihn so weltberühmt geworden, wie Sanssouci durch seinen königlichen Philosophen»[82].

Auch von seiten der Universität konnte Hegel eines freundlichen Empfanges sicher sein. Sein nächster Amtskollege war der Philosoph Karl Wilhelm Ferdinand Solger, der Übersetzer des Sophokles, Verfasser des «Erwin» und intimer Freund Ludwig Tiecks. Sein Willkommenschreiben nach Heidelberg atmet den Geist freudiger Bereitschaft zur Zusammenarbeit: «... Möchte es mir gelingen, mir, wenn Sie hier sein werden, Ihre Freundschaft zu erwerben! Ich will keine lange[n] Vorreden machen über die innige und tiefe Verehrung, die mir von jeher Ihre Schriften eingeflößt haben. Ich habe das Werk auf meine Weise und auf einem anderen Wege versucht und wünsche, daß Ihnen dies auch nicht ganz mißfiele. Vielleicht ist es möglich, daß wir nicht nur in Eintracht, sondern auch im Einverständnis arbeiten, und dies Glück würde ich um so höher schätzen, da man dessen so wenig gewohnt ist.»[83]

Zu Ludwig Tieck spricht Solger von seinen Erwartungen, die er sich von Hegels Auftreten in Berlin macht: «Meine Collegia sind nun auch wieder im Gange: der Zuhörer sind aber wieder nur wenige. Ich bin begierig, was Hegels Gegenwart für eine Wirkung machen wird. Gewiß glauben viele, daß mir seine Anstellung unangenehm sei, und doch habe ich ihn zuerst vorgeschlagen, und kann überhaupt versichern, daß, wenn ich etwas von ihm erwarte, es nur eine größere Belebung des Sinnes für Philosophie, also etwas Gutes ist. Als ich noch neben Fichte stand, hatte ich zehnmal so viel Zuhörer als jetzt. Ich verehre Hegel sehr und stimme in vielen Stücken höchst auffallend mit ihm überein. In der Dialektik haben wir beide

unabhängig von einander fast denselben Weg genommen, wenigstens die Sache ganz von derselben und zwar neuen Seite angegriffen. Ob er sich in manchem anderen, was mir eigentümlich ist, eben so mit mir verstehen würde, weiß ich nicht. Ich möchte gern das Denken wieder ganz in das Leben aufgehen lassen, gern das aussprechen und als gegenwärtig darstellen, was durch alles Konstruieren und Demonstrieren doch nicht geschaffen, sondern nur gereinigt und entwickelt werden kann...» [84]

In seiner Antrittsvorlesung am 22. Oktober 1818 wiederholte Hegel mehr oder weniger seine aus gleichem Anlaß in Heidelberg gesprochenen Worte, modifizierte sie aber im Hinblick auf die politische Bedeutung Preußens. «So sehr er früher in Preußen ein Hindernis für die Wiederaufrichtung des alten Deutschen Reiches gesehen hatte und so hart sein Urteil über den preußischen Staat nach der Schlacht bei Jena und Auerstedt gewesen war, so rückhaltlos bewunderte er jetzt die Art, wie die preußische Regierung in schwerster Zeit den Staat vor dem Untergang bewahrte, die politischen Kräfte zum Wohl des Ganzen mobil gemacht hatte und an die Staatsform herangegangen war, wie Preußen damals zu geschichtlichem Selbstbewußtsein erwachte und sich seiner nationalerzieherischen und kulturellen Sendung bewußt wurde.» [85]

Nach der Anrede an die Zuhörer sagte Hegel:

Was den Zeitpunkt betrifft, so scheinen diejenigen Umstände eingetreten zu sein, unter denen sich die Philosophie wieder Aufmerk-

Hegel bei der Vorlesung. Lithographie von F. Kugler

samkeit und Liebe versprechen darf – wo diese beinahe verstummte Wissenschaft ihre Stimme wieder erheben mag. Denn vor kurzem war es einesteils die Not der Zeit, welche den kleinen Interessen des täglichen Lebens eine so große Wirksamkeit gegeben, andererseits waren es die hohen Interessen der Wirklichkeit, das Interesse um die Kämpfe, um zunächst das politische Ganze des Volkslebens und des Staats wiederherzustellen und zu retten, welche alle Vermögen des Geistes, die Kräfte aller Stände, sowie die äußerlichen Mittel so sehr in Anspruch genommen, daß das innere Leben des Geistes nicht Ruhe gewinnen konnte; der Weltgeist, in der Wirklichkeit so sehr beschäftigt, nach außen gerissen, war abgehalten, sich nach innen und auf sich selbst zu kehren und in seiner eigentümlichen Heimat sich zu ergehen und zu genießen. Nun, nachdem dieser Strom der Wirklichkeit gebrochen und die deutsche Nation überhaupt ihre Nationalität, den Grund alles lebendigen Lebens, gerettet hat, so ist dann die Zeit eingetreten, daß in dem Staate neben dem Regiment der wirklichen Welt auch das freie Reich des Gedankens selbständig emporblühte ... Und es ist insbesondere dieser Staat, der mich nun in sich aufgenommen hat, welcher durch das geistige Übergewicht sich zu seinem Gewicht der Wirklichkeit und im Politischen emporgehoben, sich an Macht und Selbständigkeit solchen Staaten gleichgestellt hat, welche ihm an äußeren Mitteln überlegen gewesen wären.

Hier ist die Bildung und die Blüte der Wissenschaften eines der wesentlichen Momente selbst im Staatsleben; auf hiesiger Universität, der Universität des Mittelpunktes, muß auch der Mittelpunkt aller Geistesbildung und aller Wissenschaft und Wahrheit, die Philosophie, ihre Stelle und vorzügliche Pflege finden.

Nicht nur ist es aber auch das geistige Leben überhaupt, welches ein Grundmoment in der Existenz dieses Staates ausmacht; sondern näher hat jener große Kampf des Volkes in Verein mit seinen Fürsten um Selbständigkeit, um Vernichtung fremder gemütloser Tyrannei und um die Freiheit im Gemüte seinen höheren Anfang genommen: es ist die sittliche Macht des Geistes, welche sich in ihrer Energie gefühlt, ihr Panier aufgesteckt und dies ihr Gefühl als Gewalt und Macht der Wirklichkeit geltend gemacht hat. Wir müssen es für unschätzbar achten, daß unsere Generation in diesem Gefühle lebt, gehandelt und gewirkt hat, einem Gefühle, worin sich alles Rechtliche, Moralische und Religiöse konzentriert. – In solchem tiefen und allumfassenden Wirken erhebt sich der Geist in sich zu seiner Würde, und die Flachheit des Lebens und die Schalheit der Interessen geht zugrunde, und Oberflächlichkeit der Einsicht und Meinungen steht in ihrer Blöße da und verfliegt. Dieser tiefere Ernst, der in das Gemüt überhaupt gekommen ist, ist denn auch der wahrhafte Boden der Philosophie. Was der Philosophie entgegensteht, ist einerseits das Versenktsein des Geistes in die Interesse(n) der Not und des Tages, andererseits aber die Eitelkeit der Meinungen; das Gemüt, von ihr eingenommen, läßt der Vernunft, als welche nicht das Eigne sucht, keinen Raum in sich. Diese Eitelkeit muß sich in ihrem Nichts verflüchtigen, wenn es dem Menschen zur Notwendigkeit geworden, sich um substantiellen Gehalt zu bemühen, wenn es so weit gediehen, daß nur ein solcher sich geltend machen kann...

Was die Auszeichnung der Deutschen in der Kultur der Philosophie betrifft, so zeigt nämlich der Zustand dieses Studiums und die Bedeutung dieses Namens bei den andern Nationen, daß der Name sich noch bei ihnen erhalten, aber seinen Sinn verändert hat, und daß die Sache verkommen und verschwunden ist, und zwar so, daß kaum eine Erinnerung und Ahndung von ihr zurückgeblieben ist. Diese Wissenschaft hat sich zu den Deutschen geflüchtet und lebt allein noch in ihnen fort; uns ist die Bewahrung dieses heiligen Lichtes anvertraut, und es ist unser Beruf, es zu pflegen und zu nähren und dafür zu sorgen, daß das Höchste, was der Mensch besitzen kann, das Selbstbewußtsein seines Wesens, nicht erlösche und untergehe. Aber selbst in Deutschland ist die Flachheit der frühern Zeit vor seiner Wiedergeburt so weit gekommen, daß sie gefunden und bewiesen zu haben meinte und versicherte, es gebe keine Erkenntnis der Wahrheit, Gott, das Wesen der Welt und des Geistes sei ein Unbegreifliches, Unfaßbares; der Geist müsse bei der Religion stehen bleiben, und die Religion beim Glauben, Gefühl und Ahnden, ohne vernünftiges Wissen, das Erkennen betreffe nicht die Natur des Absoluten, – Gottes, und dessen, was in Natur und Geist wahr und absolut ist, sondern vielmehr allein teils nur das Negative, daß nichts Wahres erkannt, sondern daß allein Unwahres, Zeitliches und Vergängliches gleichsam den Vorzug genieße, erkannt zu werden ... So ist das, was von jeher für das Schmählichste, Unwürdigste gegolten hat, der Erkenntnis der Wahrheit zu entsagen, von unseren Zeiten zum höchsten Triumphe des Geistes erhoben worden. Die Verzweiflung der Vernunft war, wie es bis zu ihr gekommen war, noch mit Schmerz und Wehmut verknüpft; aber bald hat der religiöse und sittliche Leichtsinn, und dann die Plattheit und Seichtigkeit des Wissens, welche sich Aufklärung nannte, frank und frei seine Ohnmacht bekannt und seinen Hochmut in das gründliche Vergessen höherer Interessen gelegt; – und zuletzt hat die sogenannte kritische Philosophie diesem Nichtwissen des Ewigen und Göttlichen ein gutes Gewissen gemacht, indem sie nämlich versichert hat, bewiesen zu haben, daß vom Ewigen und Göttlichen, vom Wahren nichts gewußt werden (könne); diese vermeinte Erkenntnis hat sich sogar den Namen Philosophie angemaßt und nichts ist der Seichtigkeit des Wissens sowohl als Charakter willkommener gewesen, nichts so willkommen von ihr ergriffen worden, als diese Lehre, wodurch eben diese Unwissenheit, diese Seichtigkeit und Schalheit für das Vortreffliche, für das Ziel und Resultat alles intellektuellen Strebens ausgegeben worden ist. Das Wahre nicht zu wissen, und nur Erscheinendes, Zeitliches und Zufälliges, – nur das Eitle zu erkennen, diese Eitelkeit ist es, welche sich in der Philosophie breitgemacht hat und in unseren Zeiten noch breitmacht und das große Wort führt. Man kann wohl sagen, daß, seitdem sich die Philosophie in Deutschland hervorzutun angefangen hat, es nie so schlecht um diese Wissenschaft ausgesehen hat, daß eine solche Ansicht, ein solches Verzichttun auf vernünftiges Erkennen, solche Anmaßung und solche Ausbreitung erlangt hätte, – eine Ansicht, welche noch von der vorhergehenden Periode sich herübergeschleppt hat und welche mit dem

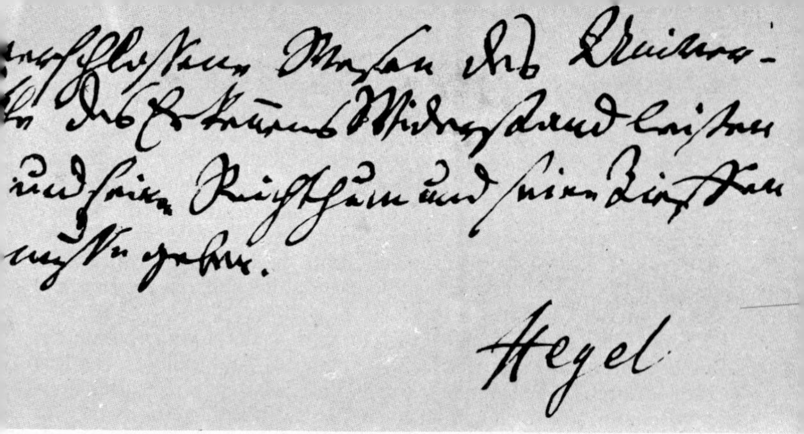

[handschriftlicher Text]

Hegel

gediegenen Gefühle, dem neuen substantiellen Geiste so sehr in Widerspruch steht. Diese Morgenröte eines gediegeneren Geistes be-
grüße ich, rufe ich an, mit ihm nur habe ich es zu tun, indem ich be-
haupte, daß die Philosophie Gehalt haben müsse, und indem ich diesen Gehalt vor Ihnen entwickeln werde; überhaupt aber rufe ich den
Geist der Jugend dabei an, denn sie ist die schöne Zeit des Lebens,
das noch nicht in dem Systeme der beschränkten Zwecke der Not be-
fangen und für sich der Freiheit einer interesselosen wissenschaftlichen Beschäftigung fähig ist; – ebenso ist sie noch unbefangen von
dem negativen Geiste der Eitelkeit, von dem Gehaltlosen eines bloß
kritischen Abmühens. Ein noch gesundes Herz hat noch den Mut,
Wahrheit zu verlangen, und das Reich der Wahrheit ist es, in welchem die Philosophie zu Hause ist, welches sie erbaut, und dessen wir
durch ihr Studium teilhaftig werden. Was im Leben wahr und groß
und göttlich ist, ist es durch die Idee; das Ziel der Philosophie ist, sie
in ihrer wahrhaften Gestalt und Allgemeinheit zu erfassen...

Ich darf wünschen und hoffen, daß es mir gelingen werde, auf dem
Wege, den wir betreten, Ihr Vertrauen zu gewinnen und zu verdienen; zunächst aber darf ich nichts in Anspruch nehmen, als dies, daß
Sie Vertrauen haben zu der Wissenschaft, Glauben an die Vernunft,
Vertrauen und Glauben zu sich selbst mitbringen. Der Mut der Wahrheit, Glauben an die Macht des Geistes ist die erste Bedingung des
philosophischen Studiums; der Mensch soll sich selbst ehren und
sich des Höchsten würdig achten. Von der Größe und Macht des Geistes kann er nicht groß genug denken; das verschlossene Wesen des
Universums hat keine Kraft in sich, welche dem Mute des Erkennens Widerstand leisten könnte; es muß sich vor ihm auftun und
seinen Reichtum und seine Tiefen ihm vor Augen legen und zum Genusse bringen.[86]

Vom Wintersemester 1818/19 an las Hegel wöchentlich vor vier-
zig bis sechzig Hörern im Durchschnitt zehn Stunden, und zwar ne-

ben seinem bisherigen Repertoire erstmalig auch über Religionsphilosophie und Philosophie der Weltgeschichte; ab dem Winter 1821
über *Naturrecht und Staatswissenschaften oder Philosophie des
Rechts nach meinem Lehrbuch: Grundlinien der Philosophie des
Rechts, 5 mal von 5–6.* Mit beiden Vorlesungen waren Repetitionen
verbunden, die L. v. Henning zu halten hatte. Aus der wachsenden
Zahl seiner Schüler traten immer wieder andere hervor, die unter
den Augen des Meisters die neue Lehre verbreiten und ausbilden
durften. Hegels Lehre wurde so als Schulphilosophie angesehen und
aufgenommen.

Seine Vorlesungen gehört zu haben, galt als besondere Empfehlung, nicht nur für künftige Dozenten und Lehrstuhlinhaber, sondern
auch für preußische Beamte, vor allem für Juristen. So besuchte etwa
der Referent für Unterrichtsfragen im Kultusministerium, Dr. Johannes Schulze, der Herausgeber der Werke Winckelmanns, regelmäßig Hegels Vorlesungen und erfüllte damit nicht nur einen Wunsch
seines Ministers, vielmehr gab er seiner eigenen freundschaftlichen
Zuneigung nach. Professor Hegel, so erinnert er sich später, «scheute
die Mühe nicht, mir den Inhalt sämtlicher Vorlesungen durch sorgfältige, von mir nachgeschriebene Hefte nur noch mehr anzueignen.
Nach Beendigung seiner Vorlesungen pflegte er mich durch den Besuch in meiner Wohnung zu erfreuen oder bei einem gemeinschaftlichen Spaziergang auf die weitere Erörterung einzelner von mir
aufgeworfener Fragen über Gegenstände seines Vortrages einzuge-
hen.»[87] Es hatte also damit seine Richtigkeit, wenn Hegel schon nach
dem ersten Jahr seiner Berliner Lehrtätigkeit an Creuzer berichten
konnte: *Hier kommt man sogar dazu, Majores, Obristen, Geheime
Räte unter seinen Zuhörern zu haben.*[88]

Der junge Arthur Schopenhauer habilitierte sich 1820 in Berlin.
Als höchst selbstbewußter Dozent («Ein Denkmal wird die Nachwelt
mir errichten!») bat er darum, seine Stunden so zu legen, daß sie mit
Hegels Hauptvorlesung kollidierten, damit es sich erweise, zu wem
die Studenten kommen werden: zu ihm oder zu Hegel. Die Probe
verlief sehr enttäuschend für Schopenhauer. Gereizt und des Wett-
kampfes überdrüssig, zog er sich zurück: «Den Winter wieder in
Berlin? Was hab ich da? – nicht einmal Zuhörer, in einer Zahl, die
die Mühe lohnt. Ich lebe teuer und schlecht und liebe das Nest überhaupt nicht!»[89]

Wenn Solger noch anfangs an Tieck schreiben konnte, daß niemand von Hegel spreche, der sich still und fleißig verhalte – man
hatte offensichtlich einen anderen Hegel erwartet, denn Solger meinte, daß «wohl einer der dümmsten Nachbeter hergekommen sein»
müßte, der «großen Lärm geschlagen, die Studenten zu Heil und
Rettung ihrer Seelen in seine Collegia gewiesen» –, so hatten sich
die Erwartungen rasch geändert. Hegel wurde berühmt; die führenden Männer seiner Zeit besuchten, wenn sie nach Berlin kamen,
seine Vorlesungen oder sprachen am Kupfergraben vor.

Das Zusammenleben mit Schleiermacher gedieh jedoch wenig er-

freulich. Schon nach ein paar Wochen nach Hegels Ankunft hatte er geschrieben: «... man muß sehen, wie er sich auf die Länge hält; Klagen über seine Unverständlichkeit werden freilich schon gehört, aber vielleicht gibt sich das. Mir ist es lieb, daß ich nun meine philosophischen Segel wenigstens einziehen kann.»[90] Schleiermacher hatte als damaliger Rektor die Pflicht, dem Ministerium den Wunsch des Senats mitzuteilen, daß Hegel berufen werden sollte. Gerne hätte er jedoch diese Berufung verhindert, weil ein starker Philosoph seiner philosophisch-theologischen Vormachtstellung hinderlich sein würde. Um so mehr war er darauf bedacht, Hegels Einfluß von der Berliner Akademie der Wissenschaften fernzuhalten. Der Grund, weshalb Hegel nicht in die Akademie aufgenommen werden sollte, wurde von Schleiermacher dahin benannt, daß man keinen Philosophen wolle, der Schule machen könne, weil dies Streit errege und man ja auch

schon Fichte ausgeschlossen habe. Aber das war ein allzu durchsichtiger Vorwand. Hegel zahlte mit der Münze des kleinen Mannes heim. Als bei einer Sitzung der Redaktion der Vorschlag eingebracht wurde, man solle Schleiermacher zur Mitarbeit an den «Berliner Jahrbüchern für wissenschaftliche Kritik» einladen, sprang Hegel zornig auf, ging mit heftigen Schritten auf und ab und murmelte vor sich hin, daß dies nichts anderes heiße, als ihn selber vertreiben. «Nachdem hin und her, für und wider gestritten und geschrien worden war, wurde endlich der immer stärker werdende Lärm dadurch beseitigt, daß man darauf aufmerksam machte, es sei geratener, Schleiermacher nicht einzuladen, weil dieser der Aufforderung nicht Folge leisten und somit die Gesellschaft sich etwas vergeben möch-

Friedrich Schleiermacher. Blatt in Kreidemanier, um 1820

te.»[91] Die Folge des Streites war, daß Hegel den Kurs der Jahrbücher allein bestimmte und man scherzhaft tadelnd von der «Hegelzeitung» sprach.

Bei aller Gespanntheit brachten es beide jedoch fertig, bei öffentlichen Gelegenheiten ihre Antipathie niederzuhalten, ja sogar einmal «in freundschaftlichem Gespräch Arm in Arm im Tivoli eine Rutschpartie zu machen».

Wie der Geist über die groben Formen triumphiert, läßt sich an zwei Briefen Schleiermachers und Hegels aufzeigen. Vorausgegangen war folgendes: Nach dem Mord an Kotzebue hatte de Wette an die Mutter des Täters, des Theologiestudenten Sand, einen Trostbrief geschrieben: die Tat sei durch einen reinen frommen Jüngling geschehen, der nach seiner besten Überzeugung gehandelt habe usw. Dafür wurde de Wette scharf getadelt und mußte seinen Lehrstuhl zur Verfügung stellen. Bei einer Abendsitzung der «Gesetzlosen Gesellschaft», der Hegel und Schleiermacher angehörten, hatte sich Hegel für das Recht des Staates erklärt, einen Lehrer (hier de Wette) abzusetzen, wenn man ihm nur sein Gehalt belasse. Schleiermacher war über diese Äußerung Hegels empört, worauf Hegel ebenso gereizt erwiderte. Einige Tage später schrieb Schleiermacher an Hegel, indem er sehr geschickt Hegels Bitte erfüllte, ihm die Adresse einer von ihm gesuchten Weinhandlung zu nennen: «Um nicht Eines über dem Anderen zu vergessen, wertester Herr Kollege: der Beauftragte des Hauses Hesse in Bordeaux heißt Rebstock und wohnt Alexanderplatz No. 4.

Übrigens muß ich Ihnen eigentlich sehr verbunden sein, daß Sie das unartige Wort, welches mir neulich nicht hätte entwischen sollen, sogleich erwiderten, denn dadurch haben Sie den Stachel wenigstens gemildert, den die Heftigkeit, welche mich überraschte, in mir zurückgelassen hat. Ich wollte demnächst wohl, es fügte sich, daß wir die Disputation da fortsetzen könnten, wo sie stand, ehe jene ungehörigen Worte fielen. Denn ich achte Sie viel zu sehr, als daß ich nicht wünschen sollte, mich mit Ihnen über einen Gegenstand zu verständigen, der in unserer gegenwärtigen Lage von so großer Wichtigkeit ist.»

Nicht weniger elegant erwidert Hegel: Ich d a n k e Ihnen, werte-

Kotzebues Ermordung. Stich von Joseph Hutter

*ster Herr Kollege, zuvörderst für die in Ihrem gestern erhaltenen Bil-
lette gegebene Adresse der Weinhandlung, – alsdann für die Äußerungen, welche, indem sie eine neuliche unangenehme Vorfallenheit
zwischen uns beseitigen, zugleich auch die von meiner Aufregung
ausgegangene Erwiderung vermittelt und in mir nur noch eine entschiedene Vermehrung meiner Achtung für Sie zurückläßt. Es ist, wie
Sie bemerken, die gegenwärtige Wichtigkeit des Gegenstandes, welche mich in einer Ges(ellschaft) eine Disputation herbeizuführen
verleitet hat, die mir mit Ihnen fortzusetzen und zur Ausgleichung
unserer Ansichten zu bringen nicht anders als interessant sein
kann.*[92]

Einen weiteren Anlaß zur Kontroverse bot Hegels Polemik gegen
die «Gefühlstheologie» Schleiermachers. Zu Hinrichs' Buch «Über die
Religion im inneren Verhältnis zur Wissenschaft» hatte Hegel 1822
ein empfehlendes Vorwort geschrieben, von dem Rosenkranz ent-
waffnend einfach sagt, es sei unter der Herrschaft des Affekts geschrieben, wodurch es «zum Teil eine große Schönheit der markig-
sten Zornsprache erhalten hat». Das Gefühl dürfe, schreibt Hegel,
überhaupt nicht, also auch nicht für die Religion, zum Prinzip erhoben werden. Noch weniger könne die Wissenschaft selbst, also auch
nicht die Theologie, insofern sie Wissenschaft sein will, durch das
Gefühl begründet werden.

Dann folgen die Sätze, die Sturm erregten: *Selbst daß jenes natürliche Gefühl ein Gefühl des Göttlichen sei, liegt nicht im Gefühl
als natürlichem. Das Göttliche ist nur im und für den Geist, und der
Geist ist dies, wie oben gesagt worden, nicht ein Naturleben, sondern ein Wiedergeborener zu sein. Soll das Gefühl die Grundbestim-
mung des Wesens des Menschen ausmachen, so ist er dem Thiere
gleichgesetzt, denn das Eigene des Thieres es ist, das, was seine Bestimmung ist, in dem Gefühle zu haben und dem Gefühle gemäß zu
leben. Gründet sich die Religion im Menschen nur auf ein Gefühl, so
hat solches richtig keine weitere Bestimmung, als das G e f ü h l
s e i n e r A b h ä n g i g k e i t zu sein, und so wäre der Hund der
beste Christ, denn er trägt dieses am stärksten in sich, und lebt vornehmlich in diesem Gefühle. Auch Erlösungsgefühle hat der Hund,
wenn seinem Hunger durch einen Knochen Befriedigung wird. Der
Geist hat aber in der Religion vielmehr seine Befreiung und das Gefühl seiner göttlichen Freiheit; nur der freie Geist hat Religion, und
kann Religion haben; was gebunden wird in der Religion, ist das
natürliche Gefühl des Herzens, die besondere Subjektivität; was in
ihr frei wird, und eben damit wird, ist der Geist. In den schlechtesten
Religionen, und dies sind solche, in welchen die Knechtschaft und damit der Aberglaube am mächtigsten ist, ist für den Menschen in der
Erhebung zu Gott der Ort, wo er seine Freiheit, Unendlichkeit, Allgemeinheit, d. i. das Höhere, was nicht aus dem Gefühle als solchem,
sondern aus dem Geiste stammt, fühlt, anschaut, genießt . . .*

*Die Religion befreit den Menschen von der Last seiner selbst; sie
befreit ihn aber auch von dem Wahne, in Gott ein ihm fremdes We-*

sen sich gegenüber zu haben. Sich durch Gott bestimmen lassen, ist eben so viel, als sich durch sein eigenes, nicht zufälliges, sondern nothwendiges Wesen bestimmen. Die Theologen reden so gern von der W ä r m e des Herzens. Aber die Religion ist nicht blos ein Erwärmen der Individualität, welche in ihrer Particularität sich noch immer außer Gott hält, vielmehr ist sie das absolute Feuer, in welchem das Herz, insofern es nach Christi eigener Bezeichnung das Princip der natürlichen Gefühle ist, verbrennt und der Geist aus solcher Vernichtung dessen, was an ihm nichtig, zur Einheit mit Gott als dem heiligen Geiste aufersteht. Wir sind es von den Theologen gewohnt, daß sie sich noch mehr, als die Philosophen, selbst widersprechen. Sie predigen oft so schön von der Versöhnung mit Gott, von der Einheit der Menschen mit Gott und dadurch unter einander. Soll

Friedrich Carl von Savigny.
Porträtskizze von Franz Krüger

aber mit der Einigung des Göttlichen und Menschlichen Ernst und die Wahrheit des Christenthums zur Wirklichkeit gemacht werden, so erklären sie dies Streben geschwind für eine pantheistische Verirrung, erblicken darin den Umsturz von Staat und Kirche und verwandeln die Ehrfurcht vor dem Göttlichen in einen Terrorismus der Furcht.[93]

Hegel setzte seine polemischen Bemerkungen über Schleiermachers Theologie auch in seinen Vorlesungen fort. Bitter beklagt sich jener in einem Brief an de Wette: «Hegel seinerseits fährt fort, wie er schon gedruckt in der Vorrede zu Hinrichs Religionsphilosophie getan so auch in den Vorlesungen, über meine tierische Unwissenheit über Gott zu schimpfen und Marheinekes Theologie ausschließend zu empfehlen. Ich nehme keine Notiz davon; aber angenehm ist es doch auch nicht.»[94]

Auch der Ordinarius des römischen Rechts, Friedrich Carl von Savigny, fühlte sich mehr und mehr in die Opposition gegen Hegel gedrängt. In zwei Briefen an Creuzer macht er seinem Ärger Luft:

«Ein Hauptanhänger von Hegel, Henning, der auch Ihr Schüler ist, hat in diesen Tagen als Philosoph promoviert. Seine Schrift de systematis feudalis notione müssen Sie ja lesen. Er zeigt darin, daß die Sueven und Sachsen bloß philosophische Ideen sind, jene die Idee der generalitas, diese der singularitas: weil aber doch jedes Ding wieder eine totalitas sein müsse, so seien auch die Sueven nicht ganz

75

ohne singularitas gewesen (die Verheerung der Grenzländer) und die Sachsen nicht ohne generalitas (ihre Auswanderungen). Überhaupt wird mir die ganze Wirksamkeit von Hegel immer bedenklicher. Fichte hatte und erzeugte nicht weniger Anmaßung, aber es war doch in ihm und seinen Erzeugnissen mehr frischer lebendiger Geist, hier kommt es mir weit philisterhafter vor, was auch von der sonderbaren versöhnenden Weltklugheit gilt, womit er, wenn von den unangenehmen Ereignissen und Einrichtungen der neueren und neuesten Zeit die Rede ist, auftritt...

Der philosophische Enthusiasmus unsrer Studenten scheint sich doch schon etwas gemildert zu haben. Was ich an Hegel tadle, ist keineswegs bloß sein hochmütiges und oberflächliches Absprechen über manche fremde Wissenschaften... sondern daß derselbe Dünkel sich auf alles in der Welt erstreckt, so daß seine eifrigen Schüler sich auch von allem religiösen Zusammenhang lossagen, und daß darin Fichte von ihm weit übertroffen wird; ferner sein durchaus schiefes, verkehrtes, verworrenes Benehmen und Reden in allen nicht wissenschaftlichen Dingen, besonders in den ziemlich schwierigen Verhältnissen der Universität zur Regierung, worüber er nur eine Stimme unter den übrigen Professoren ist.»[95]

Im Juni 1820 ernannte das Ministerium Hegel zum ordentlichen Mitglied der «Königlichen wissenschaftlichen Prüfungskommission der Provinz Brandenburg». In dieser Eigenschaft hatte Hegel die Kandidaten für das Höhere Lehramt, aber auch Abiturienten auf ihre Aufnahmefähigkeit zur Universität zu prüfen, und, was besonders zeitraubend war, die Protokolle der Gymnasiasten über die Abiturprüfungen und die Examensarbeiten in Deutsch durchzusehen. Dieses Amt brachte ihm einigen Einfluß mit, andererseits aber fühlte er in fortgeschrittenem Alter die Last solcher Arbeit, die ihn wieder in die Sphäre zurückversetzte, die verlassen zu können er beim Übergang von Nürnberg nach Heidelberg so froh gewesen war. Er hatte andere Vorhaben und bat nach zwei Jahren das Ministerium, ihn von diesem Amt zu entbinden, was dann auch geschah.

Hegel arbeitete in Berlin zunächst an der Ausgabe seiner Rechtsphilosophie unter dem Doppeltitel: *Naturrecht und Staatswissenschaft im Grundriß* und *Grundlinien der Philosophie des Rechts;* sie erschien 1821 im Verlag der Nicolaischen Buchhandlung. Der Vermerk *Zum Gebrauch für die Vorlesungen* darf nicht darüber hinwegtäuschen, daß es sich um den Versuch handelt, die gesamte praktische Philosophie als geschlossenes Ganzes vorzutragen. Das Buch enthält tatsächlich «das ganze System Hegels in dem bestimmten Element der praktischen Vernunft»[96].

Die Vorrede zu diesem Werk erlangte eine traurige Berühmtheit. In seinem Widerwillen gegen die demagogische Richtung verflocht er in seine Polemik den Namen eines Mannes, dessen Kollege er in Jena und dessen Nachfolger er in Heidelberg gewesen war: Jakob Friedrich Fries, der wegen seiner Teilnahme am Wartburgfest 1817 suspendiert wurde. Er nannte ihn den *Heerführer aller Seichtigkeit* und

Das Wartburgfest am 10. Oktober 1817.
Die Burschenschaftler verbrennen mißliebige Bücher

verwarf in den bittersten Ausdrücken dessen Begeisterung für das
Vaterland, den Geist der Gemeinschaft und der Freundschaft als den
Brei des Herzens.

Diese Äußerungen wären besser unterblieben. Auch Rosenkranz,
der Hegel sonst immer in Schutz zu nehmen versteht und dafür hält,
daß «große Menschen die Kraft haben, das, worauf es ankommt, in
schlagender Weise auszudrücken, welche Ärgernis erregt», muß hier
zugeben: «Wehe dem, durch welchen Ärgernis kommt. Dieses Wehe
müssen sie in vollstem Maße genießen.» Tatsächlich mußte Hegel
schwer dafür büßen. Eine bis zur Unversöhnlichkeit sich steigernde
Antipathie setzte sich bei allen fest, sei es, daß sie der Richtung
Kants, Jacobis, de Wettes oder Schleiermachers angehörten.

Rudolf Haym, der zweite Biograph, nennt die Vorrede sogar eine
«wissenschaftlich formulierte Rechtfertigung des Karlsbader Polizei-
systems und der Demagogenverfolgung» und fährt dann fort: «In
Ausdrücken, deren Gereiztheit und grobes Kaliber an die gleichzeiti-
gen Ausfälle Stein's gegen Männer und Lehren erinnern, die Stein
nicht kannte, polemisirt [die Vorrede] gegen alle diejenigen, die
sich erlaubten, über die Vernünftigkeit des Staates eigene Ansichten
zu haben, und diese Ansichten in Wünsche und Forderungen zu verwandeln. Zum Repräsentanten dieser theoretisirenden und postuli-
renden Politiker nimmt sie einen Mann, den nicht bloß sein Charak-

ter, den noch viel mehr und den unbedingt der Umstand vor allen Angriffen von Seiten der Philosophie hätte schützen sollen, daß er ein von der Polizei bereits Geächteter war. Nicht genug jedoch, daß auf die Fries'sche Lehre alle Vorwürfe gehäuft werden, die Hegel sonst in getheiltem Angriff gegen die Romantiker und gegen die Aufklärer, gegen die Jacobi'sche und gegen die Kant'sche Richtung zu schleudern pflegte, nicht genug, daß Fries zum ‹Heerführer› der grassierenden ‹Seichtigkeit› und zum ‹Rabulisten der Willkür› gestempelt, und daß in diesem Sinne ein karrikirtes Bild seiner Lehre entworfen wird: geradezu vielmehr macht die Philosophie mit der Polizei gemeinschaftliche Sache, und von Angriff und Anschuldigung schreitet sie zu persönlicher Denunciation und zur Aufhetzung der öffentlichen Gewalten fort. Es ist nicht sowohl Fries der Philosoph, als Fries der Wartburgredner, mit welchem es unsere Vorrede zu thun hat; ausdrücklich wird es gebilligt, daß ‹die Regierungen auf solches Philosophiren endlich Aufmerksamkeit gerichtet haben› und hoffentlich, so wird hinzugefügt, wird nicht etwa Amt und Titel zum Talisman für Principien werden, ‹aus welchen die Zerstörung ebenso der inneren Sittlichkeit und des rechtschaffenen Gewissens, als die Zerstörung der öffentlichen Ordnung und der Staatsgesetze folgt›. Ja, zum Beweise recht, wie rasch sich das Gift der bureaukratischpolizeilichen Anschauung derzeit in die Gemüther einfraß, so ließ Hegel diesem ersten Schritt einen zweiten, der Unwürdigkeit die Albernheit folgen.»[97]

Jener zweite alberne Schritt, von dem Haym sprach, bezieht sich auf folgendes: Ein Rezensent der Rechtsphilosophie hatte in der «Halleschen Allgemeinen Literaturzeitung» vom Februar 1822 die nicht sehr faire Weise gerügt, in welcher Hegel in der Vorrede über Fries gesprochen hatte. «Warum nun geflissentlich die schlimme Auslegung wählen und die Worte verdächtigen? Herr Fries, so viel wir wissen, hat kein glückliches Los und das Benehmen des Verfassers gegen ihn gleicht dem Hohne und absichtlicher Kränkung eines ohnehin gebeugten Mannes. Edel ist ein solches Betragen nicht.»

Hegel geriet darauf ganz außer sich. Er schrieb sich den Schluß der Rezension und ging in seinem Verdruß so weit, vom Ministerium Schutz gegen diese «Denunziation» zu fordern. Er finde es unerträglich, daß ein preußischer Beamter in einem von der preußischen Regierung unterstützten, in Preußen selbst erscheinenden Blatt sollte so verdächtigt werden können. Das sei ein Beispiel, wohin zu große Pressefreiheit führen könne. Schließlich forderte er vom Kultusminister Genugtuung.

Altenstein ließ sich tatsächlich dazu bewegen, der Redaktion der «Halleschen Literaturzeitung» eine strenge Zensur der aufgenommenen Rezensionen zu empfehlen, und zwar unter Androhung des Entzugs der Lizenz im Nichtbeachtungsfalle. Wenn er jedoch Genugtuung suche, so schrieb der Minister an Hegel, dann müsse er sich an die Gerichte wenden.[98]

Zurück zur Vorrede der Rechtsphilosophie und einem weiteren

Anstoß, der Hegel «die Herzen abwendig» machte. «Alle», gesteht Rosenkranz, «welche Preußens Zukunft vor Augen hatten, [wandten sich] mißtrauisch von Hegel als einem Manne ab, dessen Politik zu beschränkt und von der Beziehung auf Preußen, wie er es eben fand, zu abhängig sei.»[99] Was war an Hegels Worten so anstößig?

Hegel ging davon aus, daß die Philosophie das Gegenwärtige zu erfassen, nicht aber ein Jenseitiges zu postulieren habe. Der Staat als Gegenwärtiges herrsche als ein Reich der Freiheit, nicht der Willkür, durch Gesetze. Wo aber Gesetzlichkeit herrscht, da ist Vernünftigkeit, das heißt erkennbare und zu erkennende Vernunft. Nichts wäre falscher und törichter, als die politische Erkenntnis und Wissenschaft durch sogenannte Volksfreundschaft ersetzen zu wollen. Da nun das Gesetz allein in der Welt Bestand, Dauer und Wirksamkeit hat und zugleich das Vernünftige ist, so gilt auch der Satz: *Was vernünftig ist, das ist wirklich, und was wirklich ist, das ist vernünftig.*

Wie Bacon die «Wahrheit die Tochter der Zeit» genannt hatte, so meint Hegel, daß *die Philosophie ihre Zeit in Gedanken erfaßt.* Die Philosophie hat den Beruf, nicht die Wirklichkeit zu machen, sondern die gegebene und gegenwärtige Wirklichkeit zu erkennen. *Das, was ist, zu begreifen, ist die Aufgabe der Philosophie.* Sie setzt die Wirklichkeit voraus zu einem Zeitpunkt, wo die Entwicklung zur Höhe bereits abgeschlossen ist. So schließt das Vorwort der Rechtsphilosophie mit dem berühmten Satz: *Wenn die Philosophie ihr Grau in Grau malt, dann ist die Gestalt des Lebens alt geworden, und mit Grau in Grau läßt sie sich nicht mehr verjüngen, sondern nur erkennen; die Eule der Minerva beginnt erst mit der eintretenden Dämmerung ihren Flug.*

Aber nicht dieser Satz forderte die Kritik heraus, sondern jener: Was vernünftig ist, das ist wirklich, und was wirklich ist, das ist vernünftig. Es hilft nicht viel, wenn Hegel in der zweiten Auflage der Enzyklopädie (1827) die Einschränkung versucht: unter Wirklichkeit verstehe er nicht bloß das Empirische, mit dem Zufall, also auch mit dem Schlechten und dem Nicht-sein-Sollenden gemischte Dasein, sondern die mit dem Begriff der Vernunft identische Existenz. Denn wenn unter dem Wirklichen die gemeine Erscheinung, die unmittelbare Realität subsumiert werde, dann sei es keine Frage, daß diese nicht auch höchst unvernünftig sein könne.

Ebensowenig überzeugt Hermann Glockners Apologie: «Weder der augenblicklich bestehende Preußische Staat, noch der vorübergehende geschichtliche Moment überhaupt war gemeint, sondern jene ‹ewige Gegenwart›, welche ‹immer da› ist und alle Vergangenheit in sich aufgehoben enthält.» Er selber gibt zu, daß der fragliche Satz vom Vernünftigsein des Wirklichen eine Schwierigkeit darstelle, «welche auch von orthodoxen Hegelianern niemals völlig aufgelöst worden sei»[100].

Der schärfste Kritiker ist wieder Rudolf Haym in seiner Biographie von 1857. In «antidemagogischem und antisubjektivistischem Eifer» habe Hegel «das klassische Wort des Restaurationsgeistes, die

Berlin: Blick auf die Charlottenburger Chaussee

absolute Formel des politischen Konservatismus, Quietismus und Optimismus» gesprochen. Dann fährt Haym fort: «Es war in der Ordnung, dünkt mich, daß eine auf der schiefen Ebene der Reaction begriffene und doch auf die Beschützung der Wissenschaft eitle Regierung begierig die von der Philosophie ihr so unbedingt gebotene Hand ergriff. Vollkommen, so viel ich sehe, verdiente Hegel das Zeugniß, welches Altenstein ihn gleichsam zum officiellen Restaurations- und preußischen Staatsphilosophen erklärte. Soviel ich sehe, ist gegen jenes famose Wort von der Vernünftigkeit des Wirklichen im Sinne der Hegel'schen Vorrede Alles, was jemals die Hobbes und Filmer, die Haller oder Stahl gelehrt haben, eine verhältnismäßig freisinnige Lehre. Die Gottesgnadentheorie und die Theorie von der oboedientia absoluta ist unschuldig und gefahrlos im Vergleich mit der furchtbaren Doctrin, welche d a s B e s t e h e n d e a l s B e s t e - h e n d e s h e i l i g s p r i c h t.»[101]

So wahr es ist, daß der perfide verfährt, der nur den einen Satz aus der Vorrede herausgreift, «um ihn allen Vorübergehenden als Abmachung vor dem Eingehen in das Werk selbst aufzuzeigen» (Gans), so falsch ist auch, jene der Borniertheit zu zeihen, die das Diktum nehmen, wie es dasteht. Wohl nicht zufällig machte die preußische Regierung Hegels Philosophie zur Grundlage ihrer Staatsauffassung, und zwar nicht nur die Rechtsphilosophie, sondern auch die Religionsphilosophie. Staat und Philosophie treten nämlich, der gemeinsamen Natur des Wissens wegen, zum innigen Bund gegen die Religion zusammen. Denn der Staat ist, wie die Philosophie, was die Religion nicht ist: sich wissende Vernünftigkeit. Es ist daher wohl keine Verleumdung, wenn Hegel als «offizieller preußischer Staatsphilosoph» bezeichnet wurde. Er selbst sieht sich als Professor der Professoren und nennt sich in einem Brief an seine Frau (!): *Und ich, Königlicher Professor publ. ordin. an der Königlichen Universität zu Berlin (und zwar Professor vom Fach, nämlich der Philosophie, als des Faches aller Fächer –) ...*[102]

Robert Heiss bezweifelt, ob Hegel den Vorwurf Hayms in vollem Umfange verdiene («die Hegelsche Philosophie habe sich zur Restaurationsphilosophie konstituiert»). Wer Hegels Rechtsphilosophie an dem einen berühmten und berüchtigten Satz: *Was wirklich ist, das ist vernünftig* messe, der begreife nicht, welch neue Perspektiven die Rechtsphilosophie eröffne. So müsse man bedauerlicherweise konstatieren, daß sich ausnahmslos alle Kritiker getäuscht haben, «weil sie von der billigen Annahme ausgingen, daß Hegel aus äußeren Gründen und zur Verteidigung des damaligen preußischen Staates dieses Werk geschrieben habe». Es ist jedoch merkwürdig, daß Heiss selbst zu keiner anderen Stellungnahme gelangt. Seine Interpretation der Vorrede gipfelt in dem Vorwurf, Hegel sei durch die Anwendung seines dialektischen Prinzips auf das Verhältnis von Theorie und Wirklichkeit zweideutig geworden, denn er widerrufe seine früheren Ansichten. «Der Berliner Hegel desavouiert, was der jüngere Hegel gesagt hatte.» Wenn Hegel in jungen Jahren an Schelling schrieb, die Theorie sei der Sturmbock, mit dem man die Wirklichkeit bewegen könne, so wendet er sich jetzt eifernd gegen diejenigen, welche den Staat belehren wollen, wie er sein soll. Zum Belehren, wie die Welt sein soll, komme die Philosophie immer zu spät. «Hegel kapituliert vor der Wirklichkeit, die Theorie leuchtet der Wirklichkeit nicht voran, sie hinkt hinterher.»[103]

Im letzten Jahrzehnt seines Lebens veröffentlichte Hegel nur noch einzelne Abhandlungen neben der Ausarbeitung von zwei großen neuen Vorlesungen: *Religionsphilosophie* und *Philosophie der Weltgeschichte.* Damit lag in den Werken und Vorlesungen Hegels ein vollständiges System vor. Dieses System war vorwiegend geschichtsphilosophisch. Man kann sagen, daß «Hegels Geschichtsauffassung metaphysisch und seine Metaphysik historisch» ist. Dazu muß bedacht werden, welch große Rolle das Historische in der Religionsphilosophie und in der Ästhetik spielt, und daß Hegel jedes weitere Jahr sein Kolleg über Geschichte der Philosophie las und weiter ausbaute.

Diese Feststellung des Historischen ist wichtig, denn damit begann der Hegelianismus eigentlich erst für weitere Kreise verständlich zu werden. Erst durch die Anwendung auf die Geschichte wurde die dialektische Methode bekannt. Bisher konnten sich die meisten unter dem logischen Dreischritt von These, Antithese und Synthese kaum etwas vorstellen. Jetzt wurde vieles, was Hegel vorgetragen hatte, anschaulich; die Vorlesungen füllten sich. Aber damit war auch eine Gefahr gegeben: auch die Streitigkeiten, welche für oder gegen Hegel geführt wurden, bewegten sich großenteils auf einer Ebene, welche durch die mehr oder weniger populäre Auffassung seiner Geschichtsphilosophie geschaffen worden war.[104]

Den Vorlesungen über die Philosophie der Weltgeschichte liegt das Prinzip zugrunde, *daß die Vernunft die Welt beherrscht, daß es also auch in der Weltgeschichte vernünftig zugegangen ist.* Der Gang der Weltgeschichte ist ein sinnvolles, zweckgerichtetes Geschehen. Sinn und Zweck in der Geschichte sehen, heißt sie sinnvoll begreifen. *Das Ziel der Weltgeschichte ist also, daß der Geist zum Wissen dessen gelange, was er wahrhaftig ist, und dies Wissen gegenständlich mache, es zu einer vorhandenen Welt verwirkliche, sich als objektiv hervorbringe.* Das Mittel, dessen sich der Weltgeist zur Verwirklichung seiner Zwecke bedient, sind die Handlungen der einzelnen Menschen. Über den ungeschichtlichen Individuen aber stehen die welthistorischen Persönlichkeiten, deren sich der Weltgeist als Werkzeuge bedient. *Die neuen Weltverhältnisse, die Taten, die sie hervorbringen, erscheinen als ihre Hervorbringungen, ihr Interesse und ihr Werk. Aber sie haben das Recht auf ihrer Seite, denn sie sind die Einsichtigen: sie wissen, was die Wahrheit ihrer Welt, ihrer Zeit, was der Begriff ist, das nächst hervorgehende Allgemeine, und die anderen, wie gesagt, sammeln sich um ihr Panier, weil sie aussprechen, was an der Zeit ist. Sie sind in der Welt die Eindrucksvollsten und wissen am besten, um was es zu tun ist; und was sie tun, ist das Rechte. Die Andern müssen ihnen gehorchen, weil sie das fühlen. Ihre Reden, ihre Handlungen sind das Beste, was gesagt, getan werden konnte.*

Doch sie wähnen nur, ihre individuellen Zwecke zu verfolgen, in Wahrheit bedient sich die *List der Vernunft* ihrer für die allgemeinen Ziele. Sie sind nur die *Geschäftsführer des Weltgeistes.* Daß sie aus Leidenschaften auf ihrem Weg manche unschuldige Blume zertreten, vieles zertrümmern, das stört nach Hegel nur die Kammerdiener oder Schulmeister, denen ein Verständnis für wahre Größe abgeht. Die Individuen werden preisgegeben und aufgeopfert. Ihre Freiheit besteht nur in der Vernichtung der willkürlichen Vereinzelung und ihrer Eingliederung in ein allgemeines sittliches Ganzes. Es geht nicht um das Glück des Einzelnen: *Die Weltgeschichte ist nicht der Boden des Glücks. Die Perioden des Glücks sind leere Blätter in ihr.*

Kritische Bemerkungen zu diesen Sätzen erübrigen sich. Man lese die ironischen Kommentare Kierkegaards, der zwar zugibt, daß ein Geschick über der Geschichte waltet, aber hartnäckig leugnet, Professor Hegel sei der Einblick in die Pläne der Vorsehung gestattet worden. Hegel war aber auch der Ansicht, daß seine eigene Philosophie nicht wie die seiner Vorgänger Descartes bis Fichte nur eine Etappe, eine Entwicklungsstufe auf dem wer weiß wohin führenden Weg der Geschichte der Philosophie, sondern als der vollendete, alle frühere Erkenntnis in sich vereinigende und aufhebende endgültige Abschluß dieser Geschichte zu verstehen sei. Nach ihm gebe es, so meint

Goethe. Kreidezeichnung von Ferdinand Jagemann

er, zwar noch ein Weiterschreiten, aber wie beim Weg auf einer Hochebene kein Höherstreben mehr. Darin erwies sich, gegen Hegel selbst, die *List der Vernunft*; sie ließ aus Hegels Ansatz etwas ganz anderes werden, als der «subjektive Geist Hegel» wähnte.

In den Jahren 1835 bis 1838 gab Hotho die *Vorlesungen Hegels über die Ästhetik* heraus. Die Kunstphilosophie Hegels zeugt von einem erstaunlichen Kunstverständnis. Schon 1805 hatte er Voß gegenüber geäußert, er würde in Heidelberg, wenn ihm dort zu dozieren vergönnt sein sollte, über die Ästhetik im Sinne eines cours de littérature lesen. Erst dreizehn Jahre später erfüllte er dieses Versprechen. Die in Heidelberg gehaltenen Vorlesungen stattete er in Berlin immer reicher aus, wozu ihm die Kunstschätze der Hauptstadt, Ausstellungen und Theateraufführungen, aber auch Ferienreisen und Galeriebesuche in Dresden, Wien, Paris und den Niederlanden reichlich Anschauungsmaterial boten. Die *Ästhetik* wurde so zu der anziehendsten und populärsten Vorlesung Hegels in Berlin. Die Heiterkeit und Klarheit der Kunst diente vielleicht dazu, die Schwerfälligkeit seiner Geistphilosophie zu mildern. Mit Bestimmtheit spricht Hegel aus, daß die Kunstschönheit ein anderes Gebiet hat als der Gedanke, daß die Auffassung ihrer Tätigkeit und ihrer Produkte ein anderes Organ erfordert als das wissenschaftliche Denken. Es liegt nach Hegel in der Natur der Kunst, sich in objektives Dasein zu übersetzen; sie ist nicht – wie die Religion – genötigt, bei ihrem Heraustreten aus der Innerlichkeit in andere Gebiete hinüberzugreifen, sich anderer als ihrer eigenen Mittel zu bedienen. Das innere Wesen der Religion kann im Kultus und im Dogma verdunkelt werden; das eigenste Wesen der Kunst dagegen kann sich in der Objektivität des Kunstwerkes nur reiner und vollständiger enthüllen. Daher kommt es, meint Haym, daß Hegel das Spezifische der Religion mißkannte und herabsetzte, während er das der Kunst anerkennt.[105]

Hegels Religionsphilosophie kulminiert in dem Satz: *Der Inhalt der christlichen Religion als der höchsten Entwicklungsstufe der Religion überhaupt fällt ganz und gar zusammen mit dem Inhalt der wahren Philosophie.* Die ganze Philosophie ist nichts anderes als der Beweis der Wahrheit, um die sich das Christentum dreht: daß Gott Liebe, Geist, Substanz, Subjekt und ewig in sich zurückkehrender Prozeß sei. Die Religionsphilosophie sieht ihr Spezifisches darin, daß sie die durch die allgemeine Philosophie hindurchziehende Wahrheit in eine Spitze und Summe zusammendrängt. Sie erhebt sich zur Einsicht in das korrespondierende Verhältnis Gottes zum Menschen. Oder präziser: *Der Mensch weiß nur von Gott, insofern Gott im Menschen von sich selbst weiß; dies Wissen ist Selbstbewußtsein Gottes, aber ebenso ein Wissen desselben vom Menschen, und dies Wissen Gottes vom Menschen ist Wissen des Menschen von Gott; der Geist des Menschen, von Gott zu wissen, ist nur der Geist Gottes selbst.*

In dieser Bestimmung ist die Wahrheit des religiösen Gehaltes zu einem Schatten verflüchtigt und um ihr eigenes Interesse betrogen. Der panlogische Charakter der Hegelschen Philosophie feiert Triumphe, er entpuppt sich, wie selbst Glockner zugesteht, «als doktrinärer Rationalismus, der das Wesen des Irrationalen durchaus verkennt»[106].

Das wichtigste Kapitel über den *Kultus* rückt denn auch nur in die Religionsphilosophie ein, um am Ende gänzlich hinausgeschafft zu werden. *Die religiöse Vorstellung findet erst Anerkennung, sofern sie sich zum philosophischen Dogma umgebildet hat. Der Kultus gelangt zu seiner vollen Wahrheit erst in seiner Gestaltung zur Sittlichkeit. Erst der Staat ist der vollendete Gottesdienst. Wie sich die Philosophie zur Religion, so verhält sich der Staat zur Kirche; auch diese zwei stehen «nicht im Gegensatz des Inhalts der Wahrheit und Vernünftigkeit, aber im Unterschiede der Form».* Die Philosophie, heißt es, ist insofern *ein abgesondertes Heiligtum, und ihre Diener*

bilden einen isolierten Priester-
stand, der mit der Welt nicht
zusammengehen darf und das
Besitztum der Wahrheit zu hü-
ten hat. Wie sich die zeitliche
empirische Gegenwart aus ihrem Zwiespalt herausfinde, ist
ihr zu überlassen, und ist nicht
die unmittelbar praktische Sache und Angelegenheit der Philosophie.[107]

Die Philosophie ist für Hegel
nicht nur absolutes Wissen für
den Menschen, sondern die Vollendung der Wirklichkeit Gottes. So steht die Philosophie der
Philosophie, die Selbsterkennt-
nis des menschlichen und des
göttlichen Geistes am Ende des
Hegelschen Systems vor der
höchsten Aufgabe, die ihr je ein
Philosoph zugesprochen hat.

Von allen, die Hegel freundlich gesinnt waren und an sei-

Friedrich Wilhelm Riemer

nem Wirken Anteil nahmen, ist noch Goethe zu nennen. Das freund-
schaftliche Verhältnis reicht bis in die Jenaer Jahre zurück, gründet
sich aber auch auf eine Übereinstimmung der Weltbilder in allen
wesentlichen Zügen. Boisserée hatte 1817 diejenigen Paragraphen
der Enzyklopädie an Goethe geschickt, in denen sich Hegel gegen
Newton und für Goethes Theorie der Farben ausgesprochen hatte.
Goethe war sehr erfreut darüber und schrieb am 8. Juli 1817: «Ew.
Wohlgeboren so willkommene und entschiedene Art, sich zugunsten der uralten, nur von mir aufs neue vorgetragenen Farbenlehre
zu erklären, fordert meinen aufrichtigen Dank doppelt und drei-
fach, da mein Entschluß über diese Gegenstände mich wieder öffentlich vernehmen zu lassen, sich nach Freunden und Teilnehmern um-
sieht.»[108]

In der Berliner Zeit erneuert sich der Gedankenaustausch. Goethe
hatte Hegel ein Exemplar seiner Abhandlung über die «Entoptischen
Farben» zukommen lassen, für das der Empfänger in einem langen
Briefe dankt, wobei er vor allem das Naturverständnis Goethes
rühmt und dessen Erfassen des Wesens der Erscheinung als «Urphänomen». Zur Erklärung der folgenden reizenden Geste sei noch bei-
gefügt, daß «entoptische» Farben diejenigen genannt werden, die
«innerhalb gewisser Körper zu schauen sind». Goethe sandte dem
Philosophen ein zierliches, gelb gefärbtes Trinkglas, in dem sich ein
Stück schwarzer Seide befand, die das Gelbe blau durchscheinen ließ –
gewissermaßen ein Symbol seiner Farbenlehre. Dazu die Widmung

Goethes: «Dem Absoluten empfiehlt sich schönstens zur freundlichen Aufnahme das Urphänomen.»

Zu einem Brief an Reinhard schreibt Goethe über «eine wünschenswerte Äußerung des Professor Hegel in Berlin; dieser wundersam scharf und fein denkende Mann ist seit geraumer Zeit Freund meiner physischen Ansichten überhaupt, besonders auch der chromatischen.

Bei Gelegenheit des entoptischen Aufsatzes hat er sich so durchdringend geäußert, daß mir meine Arbeit wirklich durchsichtiger als vorher vorkommt. Da Sie nun auch so treulichen und ununterbrochenen Anteil daran genommen, so wird Ihnen gewiß ein Auszug der hauptrelevanten Stellen angenehm sein ...»

An C. F. L. Schultz äußert sich Goethe am 10. März 1821: «Eine besondere Freude jedoch, die mir in diesen Tagen geworden, darf ich nicht verschweigen. Ich erhielt einen Brief von Professor Hegel, der mir höchst wohltätig zustatten kam. Er bezog sich auf mein letztes naturwissenschaftliches Heft, besonders auf die entoptischen Farben. Dieser merkwürdige geistreiche Mann hat, wie meine Chroagenesie überhaupt, so auch dieses Kapitel dergestalt penetriert, daß meine Arbeit mir nun selbst erst recht durchsichtig geworden. Höchst erwünscht war mir dies gerade in dem Augenblick, da ich meine seit zehn Jahren zusammengetragenen Papiere wieder zu sichten und

Karl August, Großherzog von Sachsen-Weimar-Eisenach, und Goethe

gewissermaßen zu redigieren begann, in Absicht, das nächste Stück damit auszustatten.»[109]

Am 16. Oktober 1827 traf Hegel auf der Rückreise von Paris in Weimar mit Goethe zusammen, der ihn mit Riemer, Zelter und dem zufällig dazukommenden Großherzog Karl August bekannt machte. An seine Frau berichtet Hegel darüber: *Abends, bei sinkender Sonne, kam ich dann gestern hier an. Also nach einigem Zurechtmachen zum Ziele dieses Umweges, dem alten verehrten Freunde geschritten. – Das Haus war illuminiert, der Großherzog hatte sich zum Tee ansagen lassen; ich ließ jedoch einstweilen meine Ankunft melden. Goethe empfing mich aufs Freundlichste und Herzlichste; ich hatte ihm mancherlei zu erzählen. Nach einer halben Stunde kam der alte Großherzog. – Eine Hauptsache muß ich dabei noch nachholen, daß ich außer Riemer – Zelter bei Goethe antraf. Goethe präsentierte mich dem gnädigsten Herrn, zu dem ich mich auf dem Sofa – ich glaube sogar, ich saß ihm zur Rechten – setzte. Er frug nach Paris – er ist etwas taub –... so verging der Abend (Zelter und Riemer setzten sich klüglicherweise in das daranstoßende Zimmer) so gut es mit dem alten Herrn gehen wollte in der Konversation bis $1/2$ 10 Uhr. Goethe stand dabei immer, ich merkte diesem nach und nach ab, daß der Herr etwas taub war, und daß man, wenn es still im Sprechen wird, nicht ihn zu unterhalten suchen, sondern warten solle, bis ihm wieder etwas einfällt. – Sonst ging alles ganz ungeniert, ich mußte ein paar Stunden auf meinem Sofa genagelt aushalten. Der Großherzog hatte mir empfohlen, seinen botanischen Garten in Belvedere zu sehen. Ich fuhr mit Zelter heute früh – Goethe hatte seine Equipage dazu bereit halten lassen – um 10 Uhr hinaus. Es sind in der Tat sehr große, ausgebreitete Anlagen. Der Herzog ist selbst ein großer Botaniker, – es sind schöne Exemplare von Pflanzen da zu sehen, – wir beide waren freilich nicht Kenner genug, um alles gehörig zu schätzen. Mittags waren wir wieder hier. Ich machte Herrn und Frau von Schwendler meinen Besuch, wo ich freilich vielem Bedauern, daß Du nicht dabei seist und daß ich mich von Goethe in Beschlag nehmen lasse etc., zu begegnen hatte. – Dann einen Gang in die alten, bekannten, vor 25 Jahren begangenen Wege des schönen Parks, Begrüßung der Ufer der kleinen Ilm und ihrer leisen Wellen, die manches unsterbliche Lied gehört. Um 2 Uhr zum Mittagessen zu Goethe, das vortrefflich und von bestem Appetit honoriert wurde. – Die Frau v. Goethe, jede Stunde ihre Entbindung erwartend, unsichtbar – war also nicht bei Tische –, die Schwester, Fräulein v. Pogwisch, recht munter, Hofrat Vogel, der Arzt, ein D. Eckermann, Sekretär Goethes, die zwei Enkel, der Sohn, Zelter und ich – ich saß neben Goethe, zu meiner Rechten das erwähnte Fräulein; die Weimaraner Gäste stiller, wir aber gemütlich, gesprächig, tapfer essend und trinkend. Ich mußte Goethe von den politischen und literarischen Ansichten und Interessen in Frankreich viel erzählen, es interessierte ihn alles sehr. Er ist ganz kräftig, gesund, überhaupt der alte, d. h. immer junge, etwas stiller, – ein solches ehrwürdiges, gutes, fideles*

87

August von Goethe. Kreidezeichnung
von Joseph Schmeller

Haupt, daß man den hohen Mann von Genie und von unversiegbarer Energie des Talents darüber vergißt. Wir sind als treue Freunde ohnehin nicht auf dem Fuße der Beobachtung, wie er sich zeige oder was er gesprochen, sondern kordat zusammen, und nicht um des Rühmens und der Ehre willen, dies von ihm gesehen und gehört zu haben u.s.f. – Der Sohn hat mir nach Tisch sehr ausdrücklich gesagt, wie Goethe sich der Hoffnung, daß ich bei ihm auf meiner Rückreise von Paris einspreche, erfreut habe. Er sprach überhaupt ausführlich von seinem Verhältnisse und Empfindung zu seinem Vater in jeder Rücksicht, und man muß Goethe in seinem Alter und Lebweise glücklich preisen, ihn in solcher Liebe und Pflege zu wissen, und den Sohn darum achten und lieb haben. Diesen Abend bin ich dann noch im Theater gewesen und schreibe nun dieses an Dich, und was ich dann vornehmlich hinzuzufügen habe, ist über unsere Pläne oder vielmehr Beschlüsse, endlich nach Hause zu gehen. Goethe möchte also Zeltern und mich noch morgen wenigstens bei sich haben; so reisen wir also übermorgen. Zelter (ist) ebenso satisfaziert, daß ich mit ihm, als ich, daß er mit mir die weitere Reise macht. Aber da wir nachgerade beide alte Herren sind und die Bequemlichkeit uns annehmlich und nützlich ist, so sind wir nicht zur Tapferkeit der Schnellpost aufgelegt ... sondern wir werden mit dem Mietkutscher, den wir bereits gemietet, Freitag abfahren und, so Gott will, Sonntags dann bei Euch eintreffen, wo Dich dann Dein Odysseus nach den vielfarbichten Fahrten wieder zur Einfärbigkeit des häuslichen Lebens (zurückkehrend) umarmen wird.[110]

Goethe bedauerte in einem Brief an Knebel, daß Hegel nicht länger bleiben konnte, «denn, was bei gedruckten Mitteilungen eines solchen Mannes uns unklar und abstrus erscheint, weil wir solches nicht unmittelbar unserem Bedürfnis aneignen können, das wird im lebendigen Gespräch alsobald unser Eigentum, weil wir gewahr werden, daß wir in den Grundgedanken und Gesinnungen mit ihm übereinstimmen und man also in beiderseitigem Entwickeln und Aufschließen sich gar wohl annähern und vereinigen könne»[111]. Zwei Jahre später besuchte Hegel auf der Rückfahrt von Karlsbad nach Berlin Goethe zum letztenmal: *Ich habe mit Schelling in Karlsbad, wohin ich auf einer Tour durch Teplitz, Prag, – dann Weimar zum 80jährigen Jüngling, Jena (wo Eure alten Streiche uns die Fenster einwarfen) kam, 5, 6 Tage in alter kordaler Freundschaft zugebracht.*[112]

Nach dem Sommersemester fühlte sich Hegel immer recht erholungsbedürftig und suchte auf kleineren und größeren Reisen Erfrischung und Abwechslung. Das Ministerium gewährte ihm dazu recht großzügig finanzielle Unterstützung. Im Sommer 1822 schreibt ihm der Kultusminister: «Mit Dank habe ich erkannt, daß Sie im vorigen

Karl Friedrich Zelter. Lithographie nach einem Gemälde von Karl Begas

Jahre auf meine bloße Zusicherung, daß ich dafür sorgen würde, Ihnen einigen Ersatz für die nach meinem Wunsche zur Herstellung Ihrer Gesundheit zu unternehmende Reise zu verschaffen, solche angetreten haben, und es war mir unangenehm, mit der Erfüllung meiner Zusicherung so sehr zu zögern.

Es ist solches bloß durch den Wunsch veranlaßt worden, Ihnen zugleich auch mit für dieses Jahr eine Beihülfe zu gleichem Zwecke zu verschaffen. Ich freue mich herzlichst, Sie durch die offizielle Anlage benachrichtigen zu können, daß es mir geglückt ist, Ihnen nicht nur für das vergangene Jahr eine Remuneration von 300 Th., sondern auch eine gleiche Summe für dieses Jahr und also im ganzen 600 Th[ale]r zu verwilligen. Ich wünsche, daß Sie solches, verbunden mit meiner Zusicherung wegen der Zukunft, vollkommen beruhigen möge und daß Sie imstande sein möchten, wenigstens eine kleine Reise noch in diesem Jahre zu Ihrer Erholung zu unternehmen. Ist es Ihnen möglich, so gönnen Sie sich eine solche Erholung und Stärkung nach angestrengten so erfolgreichen Arbeiten.»[113]

Wäre es nach Hegel gegangen, der sich gar nicht nach Reisen sehnte, so wäre er allein zu Hause geblieben und hätte sich die Ferien zwischen Familie und Studien geteilt. Nun war aber das Geld für Erholungsreisen gedacht und von ihm angenommen, also mußte er fahren. Die Sorge um die Seinen hatte ihn mehr als einmal schon nach der ersten Tagesfahrt fast zur Umkehr bewogen, und obwohl mit den Eindrücken auch sein Unternehmungsgeist wuchs, befand er sich *eigentlich beständig auf der Rückreise* [114].

Am 15. September 1822 begann seine Reise über Köln, Brüssel, Gent, Antwerpen, Amsterdam, Hamburg zurück nach Berlin. In den Niederlanden lebte einer seiner ersten Schüler und dankbarsten Freunde aus der Jenaer Zeit: Peter Gabriel van Ghert, der Referent für Volksbildung und öffentlichen Unterricht im holländischen Kultusministerium. Als er von Hegels Unständigkeit in Jena gehört hatte, schrieb er sogleich einen Brief in deutscher Sprache, voller Fehler, aber zugleich voll Liebe und Dankbarkeit an den verehrten Lehrer. Er wollte sich dafür einsetzen, daß Hegel eine Professur der Philosophie in Holland mit 6000 Gulden Besoldung erhalte; sein Angebot schloß auch Beziehungen zu einer gut zahlenden Verlagsbuchhandlung ein, die bereit sei, Hegels Schriften zu veröffentlichen. Er versicherte Hegel, daß er von den heiligsten Gefühlen der Achtung und Freundschaft erfüllt sei und alles, was Hegel angehe, ihn mehr interessiere als die ganze Welt.

Da Hegels Frau nie an den Reisen teilnahm, besitzen wir in den vielen Briefen an sie vorzügliche, aber auch merkwürdige Reisebeschreibungen, die ihn von einer noch unbekannten Seite zeigen. Von Köln aus schreibt er: *Köln ist sehr weitschichtig – den Dom habe ich gleich aufgesucht; das Majestätische und Zierliche desselben – d. h. dessen, was von ihm existiert, die schlanken Verhältnisse, das Gestreckte in ihnen, daß es nicht sowohl ein Emporsteigen als Hinauffliegen ist – ist sehenswert und bewunderungswürdig vollends als Konzeption e i n e s Menschen und Unternehmen einer Stadt; es kommt einem darin ein anderer Zustand, eine andere Menschenwelt, sowie eine andere Zeit in jedem Sinne recht lebhaft vor Augen. Es ist da nicht eine Brauchbarkeit ein Genuß und Vergnügen, eine befriedigtes Bedürfnis, sondern ein weitmantiges Herumwandeln in hohen, für sich bestehenden Hallen, denen es gleichsam gleichgültig ist, ob Menschen sich ihrer, zu welchem Zwecke es sei, bedienen; – ein leeres Opernhaus wie eine leere Kirche ist ein Mangelhaftes, – hier ist ein Hochwald und zwar ein geistiger, kunstreicher, – der für sich steht und da ist, ob Menschen da drunten herumkriechen und gehen oder nicht, es liegt ihm nichts daran, – er ist für sich, was er ist, er ist für sich selbst gemacht, und was sich in ihm ergeht oder erbetet oder mit dem grünen Wachstuchranzen, die – doch nicht angezündete Pfeife im Munde, ihn berheinreist, verliert sich samt dem Küster in ihm; dies alles ist, wie es in ihm steht und geht, in ihm nur verschwunden.* [115]

Köln: der Dom

In der Gruft Karls des Großen. Fresko von Alfred Rethel

Aus Aachen weiß er zu berichten: *In Aachen sah ich den Dom zuerst, setzte mich auf Kaiser Karls Stuhl; es sind zwei Marmorplatten auf den Seiten ebenso auf dem Rückensitz, glatt, 1¹/₂ Zoll dick; sie waren aber mit Goldblech überzogen, das eingegrabene Geschichten hatte, wovon noch einige Stücke aufbewahrt werden. Auf diesem Stuhle wurde 300 Jahr(e) nach seinem Tode Karl s i t z e n d vom Kaiser Friedrich, glaube ich, mit dem Kaiserornat angetan, die Krone auf dem Haupte, Szepter in der einen, Reichsapfel in der andern Hand, gefunden, diese Sachen zu den Reichskleinodien getan und seine Gebeine beigesetzt. Ich setzte mich auf diesen Stuhl, auf dem*

32 Kaiser gekrönt worden, wie der Küster versicherte, so gut wie ein anderer, und die ganze Satisfaktion ist, daß man darauf gesessen hat.[116]

Und von Den Haag: *Die Kirchen, wie gesagt – in Gent, Antwerpen, muß man sehen, wenn man erhabene, reiche katholische Kirchen sehen will, – groß, weit, gotisch, majestätisch, – gefärbte Fenster (die herrlichsten, (die) ich je gesehen, sind in Brüssel); an den Säulen marmorne Statuen in Lebensgröße, in einiger Höhe gestellt, sonst liegend, sitzend, – zu Dutzenden; – Gemälde von Rubens, van Eyck und ihren Schülern, große Stücke, herrliche darunter zu zwei bis drei Dutzenden in einer Kirche; Marmorsäulen, Basreliefs, Gitter-, Beichtstühle, ein halbes oder ganzes Dutzend in der Antwerpner Kirche – jeder mit vier lebensgroßen, vortrefflichen holzgeschnitzten Bildern geschmückt, – (ich habe an den Englischen Gruß in Nürnberg gedacht); – die Rathäuser ebenso eigentümlich gotisch. Wir sind in Antwerpen 4 Stunden vormittags auf den Beinen gewesen; – ich habe seit acht Tagen viel geschwitzt, bei Waterloo dacht' ich, daß es doch nicht ganz so viel gewesen sei, als die Franzosen und die Alliierten geschwitzt haben. In Antwerpen trennte ich mich von meinem lieben Freund, Herrn van Ghert, er ging nach Brüssel zurück mit dem Auftrag, nachzufragen, ob nicht noch Briefe von Dir angekommen, und sie mir nach Amsterdam zu schicken.*[117]

Über Holland ist er voll des Lobes: *. . . welch schönes Land! Das ist ein Land zum Spazierengehen, überall grüne Wiesen mit frohsattem Vieh, ohne Geißeljungen hinter sich – lange Lustwälder von Eichen, Buchen; Landhäuser – Holland ist das bevölkertste Land von der Welt, doch auf dem platten Lande wenig Dörfer, Brabant, Fruchtland voller Dörfer. Haarlem reinlich, groß und schön wie die andern, hat neben sich das Haarlemer Meer. So viel Schönes ich gesehen und sehe, so viel habe ich nicht gesehen, aber das Schönste und Beste, die Hauptsache habe ich gesehen. Jede Stadt ist reich, niedlich und reinlich. Wo man die gemeinen Leute und Armen, besonders in Haag, hinstellt, kann (ich bis) dato noch nicht einsehen, nirgends ein verfallenes Haus, kein gichtbrüchiges Dach, verfaulte Türen, zerbrochene Fenster. – In Haag und vollends hier sind alle Straßen voll der schönsten Läden, besonders abends alle Straßen hell durch ihre Beleuchtung, unendliche Vorräte, – Gold, Silber, Porzellan, Tabak, Brot, Schuhe, – alles, alles aufs schönste in Läden rangiert.*[118]

Zwei Jahre später unternahm Hegel – wieder allein – während der Herbstwochen 1824 eine Reise über Prag nach Wien. Dort ist ihm alles gefällig und interessant: die herrlichen Kunstschätze und Sammlungen, die Volksgärten und vor allem die Italienische Oper. Sie versetzt ihn in höchstes Entzücken, er kann die Schönheiten gar nicht genug preisen: *Guten Morgen, meine Liebe! – in W i e n – ja Wien; – Du aber bist leider nicht in Wien . . . (um 7 Uhr war ich im Wirtshause angekommen) um $1/2 8$ – in die italienische Oper, denn Mde. Milder, die ich nachher noch einmal nennen muß, hatte mir so befohlen. – Stück von Mercadante, Mde. Fodor tritt nicht darin auf*

93

– aber welche Männerstimmen! Zwei Tenore, *R u b i n i* und *D o n - z e l l i*, welche Kehlen, welche Manier, Lieblichkeit, Volubilität, Stärke, Klang, das muß man hören! – ein Duett derselben von der höchsten Force. Der Bassist *L a b l a c h e* hatte keine Hauptrolle, aber schon hier, wie mußte ich seine schöne, kräftige ebenso als lieb- liche Baßstimme bewundern. Ja, diese Männerstimmen muß man hören, das ist Klang, Reinheit, Kraft, vollkommene Freiheit u. s. f. u. s. f. Sie haben auch eine deutsche Sängerin, sie heißt Eckerlin, die schöne, volle, starke Mitteltöne hat, die mich an die Milder erinner- ten, doch nur Mde. Milder könnte es mit jenen drei Männerstimmen aufnehmen und sie im Zaune halten. Mde. *F o d o r* wird heute in «Othello» spielen. – So lange das Geld, die italienische Oper und die Heimreise zu bezahlen, reicht, – bleibe ich in Wien! Nach der Oper und einem Pas de deux von 2 Parisern – alles so gut als die Berli- ner, – wenn die Berlinerinnen nur einen rechten Winkel ausstrecken, sie bis zum stumpfen – nach Hause, wo ich zu unserem gegenseiti- gen herzlichen Vergnügen Lilli und Klein fand (Partheys junge Frau war unwohl auf ihrem Zimmer); das ist mir nun recht angenehm, sie bleiben diese Woche hier, und wir haben uns schon engagiert, miteinander herumzuziehen; sie waren verwundert, daß ich aus der italienischen Oper komme, sie sind seit drei Tagen alle Abende im Kasperl und deutschen Schauspiel gewesen und haben noch nicht die italienische Oper gesehen!! und noch nicht gehört!![119]
Als die Sommerferien 1827 herannahten, plante Hegel eine Reise nach Paris und schrieb an Cousin, der 1824 politisch verdächtigt wor- den und in Dresden inhaftiert war. Durch eine Intervention Hegels an den preußischen Innenminister von Schuckmann kam Cousin frei,

blieb aber noch einige Zeit unter politischer Aufsicht in Berlin. Als er von den Reiseplänen Hegels hörte, ging er voll feurigen und praktischen Eifers auf die Idee ein und stellte seine Person, seine Wohnung und seine Zeit zur völligen Verfügung.

Der Weg führte Hegel über Trier, Luxemburg und Verdun nach Paris, wo er zuerst im Hôtel des Princes, dann, als es zu teuer wurde, in einer Chambre garni wohnte und täglich mit Cousin zusammen die Sehenswürdigkeiten besuchte. Obwohl er wieder von neuen Eindrücken berichtet, bemerkt seine Frau zu Recht und zu ihrem Befremden, daß seine Briefe aus Paris weniger geweckt, heiter und mitteilsam seien als die drei Jahre zuvor aus Wien. *Nun, meine Liebe, von dieser Hauptstadt der zivilisierten Welt, im Kabinett von Freund Cousin, der mir, um zuerst hievon zu sprechen, Deinen lieben Brief vom 20. v. M. eingehändigt, sodaß ich endlich Nachricht von Dir und den Jungen, deren Brief mich gleichfalls sehr erfreut, erhalten . . .*

. . . Ich bin mit einer Bibliothek umringt, aus der ich die Interessen und die Gesichtspunkte des (französischen) Geistes näher studiere und kennen lerne, – ich habe freilich wenig Zeit dazu; es ist bisher unausgesetzt schön Wetter gewesen, und Regentage sind eben auch nicht zu wünschen . . .

. . . Paris ist eine Stadt von altem Reichtum, in der seit vielen Jahrhunderten kunst- und prachtliebende Könige und zuletzt vollends der Kaiser Napoleon und reiche Große, dann ein tätiges und industriöses Volk auf alle Weise Reichtümer aller Art zusammengehäuft haben; der Paläste, öffentlicher Anstalten – jede Fakultät der Universität z. B. hat einen Palast etwas wie unser Universitätsgebäude – ist eine Menge. Die Halle au vin, Gebäude von lauter Kellern, ist ein grandioses Institut . . . Alles dies ist natürlich drei-, vier-, zehnfach ausgedehnter, weitläufiger, bequemer als bei uns, alles zu der unmittelbaren Benutzung des Publikums, und doch alles so geschützt, daß die Verderbnis abgehalten wird. Besonders wünschte ich Dich ins Palais royal, das Paris in Paris; die unendliche Menge von Boutiquen und der Reichtum der Waren, der schönsten Juwelier- und Bijouterieläden setzt in Erstaunen. Aber jede Straße ist ebenso auf alle Weise des Überflusses und der Pracht garniert; man kann überall alles haben . . . und alles, was man mit den Leuten zu tun hat, geht einfach, verständig und honett zu. Man muß nur keine Quäcke-

Paris: der Louvre, um 1830. Stich von Reiss

leien machen. Die Kirchen, Panthéon oder St. Geneviève – eine neue
Kirche – und die alte Kathedrale Notre Dame sind grandiose Archi-
tekturen...

Die Gemäldegalerie ist im Louvre: ein gerader, langer, oben ge-
wölbter Saal, – die beiden Seiten mit Gemälde behangen, – ein
Gang, fast unabsehbar, eine Viertelstunde lang; ich war ihn mit
Cousin vor einigen Tagen schnell durchgegangen. Gestern wollte ich
die gründlicheren Studien oder Ansichten anfangen, da zeigte es sich,
daß gerade gestern und heute noch Zeit ist, – von morgen (an) ist
das Museum... geschlossen wegen Zubereitung zur Gemäldeaus-
stellung jetziger Meister; – es ist ein großer Reichtum und von den
edelsten Meistern berühmte Stücke, die man hundertmal in Kupfer-
stichen gesehen, vorhanden, von Raphael, Correggio, Leonardo da
Vinci, Tizian u. s. f.

Die Franzosen sind überhaupt ruhiger und bestimmter im Aussprechen ihrer Empfindungen als wir, besonders Du; wie oft sage ich
Dir, Du sollst die Sache ohne Empfindung sagen und behandeln;
doch steht Dir Deine Lebhaftigkeit oft ganz hübsch. Menschen habe
ich sonst hier noch wenig gesehen und gesprochen; es ist in jetziger
Zeit kein Mensch in Paris. Zur Herzogin von Montebello wollte mich
Cousin mitnehmen, wir unterließen es aber; sie ist krank. Es ist alles
auf dem Lande; die alberne deutsche Ehre, auch diesen und diesen
gesprochen zu haben, ist überhaupt hier nicht zu Hause...

...Mein Pariser Lebwesen von dieser Woche wirft nicht viel Man-
nigfaltiges ab, Dir zu erzählen; im Gegenteil, es ist sehr einförmig

gewesen, und es ist über diese Einförmigkeit selbst, daß ich Dir vor-
nehmlich zu schreiben habe, damit Du nicht anderswoher in unnütze
Besorgnis gesetzt werden mögest (und) *Du von mir selbst mein vor-*
übergegangenes Unwohlsein vernehmest . . .

Du bemerkst, daß ich nicht mit solchem Feuer und Enthusiasmus
von Paris schreibe wie aus Wien, und dabei, daß Du den Freunden
Vieles mitgeteilt hast. Dies mag sein; aber es ist doch alles zu flüch-
tig, was ich schreibe, als daß es eben vieler Mitteilung fähig wäre. Du
mußt dazu rechnen, daß mein Unwohlsein mich viel Zeit hat verlie-
ren lassen, und dann, daß alles so ungeheuer weit und weitläufig ist,
daß man äußerlich ganz rüstig sein muß, um mehreres zu umfassen,
und wesentlich auch (sich) *länger hier aufhalten muß, um in gründ-*
lichere Berührungen und Eindringungen zu kommen. Es ist ein höchst
interessanter Boden; aber etliche Wochen reichen nur hin, um aus
der Betäubung hinaus und zur Gewohnheit alles des Glänzenden und
Mannigfaltigen zu kommen . . . kurz, man muß ein Halbjahr in Pa-
ris sein, um einheimischer zu werden mit allem dem, wofür man ein
tieferes Interesse faßt, und wie gesagt, durch Gewohnheit alles In-
teresse an dem zu verlieren, was für die erste Zeit auffallend und
sehenswürdig ist. Cousin hat mich oft ausgelacht, wenn ich das sah
und merkwürdig zu sehen fand, was mir das Gewissen eines Reisen-
den und das Manuel des Etrangers zu sehen auflegte . . .

Doch ich muß hier ebenso abbrechen, wie ich abbreche, in Paris
mehr zu sehen; so wenig ich das Schreiben von dem, was in die Augen
fällt, erschöpfen kann, ebenso wenig könnte ich in noch 4 Wochen
das erschöpfen, was Reisende, die ihre Schuldigkeit tun wollen: die
Merkwürdigkeiten nach der Schnur zu sehen . . .[120]

Die angenehme Rückreise in Gemeinschaft mit Cousin ging über
Brüssel, wo Hegel seinen Freund van Ghert wiedersah, Löwen, Lüt-
tich, Aachen (*Mit Lichtern den Dom gesehen und auf Kaiser Karls
Stuhl abermals gesetzt*) nach Köln, bis wohin Cousin ihn begleitet
hatte. Dieser erzählt einige Jahre später, daß Hegel beim Anblick der
Händler, die vor dem Portal des Domes geweihte Medaillen und
Kerzen zum Verkauf anboten, unwillig ausgerufen habe: *Das ist
eure katholische Religion und der Skandal, den sie uns darbietet!
Werde ich sterben, bevor ich das alles habe fallen sehen?*

In einem Brief aus Elberfeld steht eine bemerkenswerte Äußerung
Hegels, die sich auf eine fatale Berliner Begebenheit bezieht, über die
zu berichten wir nicht unterlassen dürfen. *Von Lüttich nach Aachen
besonders schöne Universitätsgebäude. Wir haben uns auf diesen
Universitäten umgesehen als einem dereinstigen Ruheplatze, wenn
die Pfaffen in Berlin mir selbst den Kupfergraben vollends entleiden.
Die Kurie in Rom wäre auf jeden Fall ein ehrenwerterer Gegner als
die Armseligkeiten eines armseligen Pfaffengeköchs in Berlin.*[121]

Hegel hatte in seiner Vorlesung des Wintersemesters 1826/27
über die *Philosophie der Weltgeschichte* von den unterschiedlichen
Auffassungen der Konfessionen hinsichtlich der Abendmahlslehre
gesprochen und dabei schonungslos gegen das Dogma der Transsub-

Berlin: das Brandenburger Tor

stantiation gewettert. Zum Beweise dafür, wie roh die katholischen Vorstellungen seien und zu welch krassen Konsequenzen sie führen, verirrte sich Hegel zu folgendem Beispiel: wenn eine Maus die konsekrierte Hostie aufgefressen habe, also den «wahren Leib des Herrn» in ihrem Leibe berge, müsse der Katholik vor dieser Maus niederknien und sie anbeten.

Unter den Zuhörern befand sich ein Kaplan der St. Hedwigs-Kirche, der regelmäßig Hegels Vorlesungen besuchte. Nach dem Vorfall beschwerte er sich beim Kultusministerium «wegen öffentlicher Verunglimpfung der katholischen Religion», was ihm allseits übel genommen wurde. Als der Kaplan zur nächsten Vorlesung erschien, mußte er unter dem Scharren der Studenten den Hörsaal verlassen.

Der Minister beauftragte Dr. Schulze, Hegel vertraulich zu bitten, sich zu der erhobenen Beschwerde zu äußern. Dies geschah durch einen *Rechtfertigungsbrief* Hegels vom 3. April 1826, auf den hin sich das Ministerium zufrieden gab. Dieser Brief findet sich zwar nicht in der Ausgabe der Briefe (von und an Hegel), sondern ist abgedruckt bei Haym: *Auf die im Auftrage des Herrn Ministers mir von dem Herrn Geheimen Rath Schulze gemachte vertrauliche Eröffnung in Beziehung auf eine Angabe von Äußerungen, die ich über die katholische Religion in meinen Vorlesungen gemacht haben soll, finde ich mich veranlaßt, folgende Bemerkungen zu mache , deren wesentlichen Inhalt ich bereits öffentlich vom Katheder an meine Zuhörer gerichtet, nachdem ich von jener Klage in Kenntniß gesetzt worden bin:*

a. Daß von mir als Professor der Philosophie, auf einer Königl. Preußischen Universität, in Berlin, und als lutherischem Christen, nicht anders erwartet werden dürfe, als daß ich mich nach diesen Qualitäten über die Lehren und den Geist des Katholicismus aussprechen werde; daß es etwas Neues sei, wenn dies auffallend befunden werde; eine andere Erwartung hätte ich als persönliche Beleidigung, ja als eine Beleidigung der hohen Regierung anzusehen, welche nicht nur tolerant gegen die evangelische Kirche sei, sondern welche ausdrücklich seit langem die erhabene Stellung eingenommen, an der Spitze der evangelischen Staaten Deutschlands zu stehen, und auf welche alle Protestanten immer ihre Augen richten, und in ihr ihre Hauptstütze und festen Haltungspunkt sehen. [. . .]

c. Daß ich im wissenschaftlichen Interesse, welches ich bey meinen Vorträgen allein vor Augen habe, es nicht bey milden und schüchternen, noch bey bloß verdammenden und absprechenden Allgemeinheiten habe bewenden lassen, sondern die katholische Lehre in ihrem Mittelpunkte, der Hostie habe auffassen, von dieser sprechen und mit wissenschaftlicher Bestimmtheit über sie habe sprechen müssen, und daher die Lehre Luther's als die wahrhafte und von der Philosophie ihrerseits für die wahrhaftige erkannte auseinandergesetzt und ausgesprochen habe. Ich würde übrigens hier in dieser Erklärung respectswidrig zu handeln glauben, wenn ich mir das Recht, das mir als lutherischem Christen zukommt, ausdrücklich vorbehalten wissen wollte, die katholische Lehre von der Hostie kurzweg für papistischen Götzendienst und Aberglauben erklären zu dürfen. [. . .]

f. Daß, wenn eine Klage wegen Äußerungen, die ich auf dem Katheder vor katholischen Zuhörern gethan und die ihnen ein Ärgerniß gegeben, geführt wird, sie entweder nur sich selbst anzuklagen hätten, daß sie philosophische Vorlesungen, auf einer evangelischen Universität, bei einem Professor, der sich rühmt, als Lutheraner getauft und erzogen zu seyn, es ist und bleiben wird, besuchen, oder ihren Obern Schuld beizumessen hätten, welche sie nicht davor warnten, oder wie anderwärts wenigstens in Ansehung der katholisch-theologischen Studenten geschehen, es ihnen verboten.[122]

Wenn Heinrich von Treitschke in seiner «Deutschen Geschichte des neunzehnten Jahrhunderts» von Hegel sagt: «In seinen letzten Jahren schloß er sich eng an die Regierung an und benutzte unbedenklich die Gunst Altensteins und Johannes Schulzes, um seine wissenschaftlichen Gegner zu beseitigen»[123] – so fügt er ihm aber Unrecht zu. Falls Treitschke nicht ungenannte Quellen benützte, so kann er sein hartes Urteil nur auf den «Fall Beneke» beziehen; ein anderer ist nicht bekannt geworden. Dem Privatdozenten Eduard Beneke wurde 1822 die venia legendi entzogen, wie es heißt, «auf Wunsch und Veranlassung Hegels». In dieser Sache habe sich Hegel, meint selbst sein treuer Schüler und Verehrer Joh. Ed. Erdmann, so verhalten, daß sein Andenken befleckt sei.

Es gibt keine urkundlichen Zeugnisse über diese Vorgänge. Hält man sich jedoch an die bloßen Fakten, dann erscheint Hegel in hellerem Licht. Nach der damaligen Universitätsordnung stand der Regierung die Machtbefugnis zu, die widerruflich erteilte Lehrerlaubnis zu suspendieren oder aufzuheben, wenn es ihr zweckdienlich erschien. Da ein entlassener Dozent an keiner anderen deutschen Universität angestellt werden durfte, wog die Anwendung einer solchen Maßnahme schwer. Nun hatte sich Beneke 1820 in Berlin habilitiert, zu einem Zeitpunkt also, wo Hegel bereits Mitglied der Fakultät war. Als Beneke durch die Veröffentlichung seiner Schrift «Grundlegung zur Physik der Sitten» und auf Grund seiner abfälligen Katioderäußerungen gegen Hegel die venia legendi entzogen wurde, standen unter dem Gutachten, das die Fakultät der Regierung vorlegte, neben Hegel auch die Namen von Böckh und Bekker. Fünf Jahre später erhielt er die Lehrbefugnis unter demselben Ministerium zurück und wurde voll rehabilitiert. Das war im Jahre 1827, also zu der Zeit, als Hegels Einfluß am größten war. Denn sachlich gesehen wird man sagen müssen: Wenn auch die Entlassung Benekes von Hegel betrieben worden war, so wird die Wiedereinstellung nicht ohne sein Zutun, zumindest nicht ohne sein Einverständnis geschehen sein.[124]

Gehen wir wieder zum Privatleben Hegels über und wechseln die amtlichen Unterlagen gegen ein unverfänglicheres Dokument: das Haushaltsbuch Hegels. Am Ersten jedes Vierteljahres notiert er die Einnahme von 500 Talern Besoldung, wovon 7 Tlr. 20 Gr. zur Witwenkasse abgehen. Was nun die Ausgaben anbetrifft, so hat Hegel *die Frau* mit dem Bedarf für die Wirtschaft regelmäßig versorgt; er schreibt etwa alle Woche den ihr überwiesenen Betrag ein, oft eine Summe Nachzahlung für schon verauslagtes Geld und dann eine runde Summe (10 Tlr.) für die folgenden Tage. Er selbst behält sich die Bezahlung der Miete, die Besoldung der Magd und den Ankauf des Weines vor. – Die Miete war für damalige Verhältnisse ansehnlich genug: 300 Tlr. jährlich postnumerando ... Zu dem Mietpreise kam noch vierteljährlich das «Müllgeld» mit 1 Tlr. und das «Mietsservis» mit 1 Tlr. 9 Gr. 4 Pf. hinzu. – Die Magd erhielt vierteljährlich 7 Tlr. 12 Gr.; Hegel hat ihr am 6. Februar den Lohn gezahlt, bemerkt aber gewissenhaft und vorwurfsvoll gegen sich oder seine Frau dazu: *hätte sollen am Neujahr bezahlt werden.* Das Verhältnis der Herrschaft zur Magd und umgekehrt war übrigens offenbar ganz freundschaftlich; am 11. Juli hat Hegel bei einer größeren Anschaffung sich *von der Anna dazu entlehnt 15 Tlr.*, hat aber schon den Tag darauf eintragen können: *der Anna die 15 Tlr. zurückbezahlt.* – Der Weinkonsum im Hegelschen Haus war nicht unbeträchtlich; in den ersten Monaten des Jahres notiert Hegel alle paar Tage die Anschaffung einiger *Bout. Wein.* Später läßt er quartweise Wein kommen und bezieht schließlich auch Fässer zu 50 Quart. Im Januar waren es 19 Bout., im Februar 17, im März 4 Bout. und 18 Quart, im April 15 Quart und ein Faß zu 50 Quart. Im Durchschnitt war der Preis für die Flasche 18 Gr.; zuerst sind besondere Sorten nicht vermerkt außer Cahors, sonst heißt es Wein, roter Wein und einmal Rheinwein. Im

Mai gibt es dann 25 Bout. Madeira ... und 51 Bout. Haut Sauterne. Während des übrigen Jahres geht es ähnlich weiter, doch ist der Konsum naturgemäß noch geringer als in der «Saison der Gesellschaften».

Am geselligen Leben hat Hegel bekanntlich immer Freude gehabt, und die Berliner Geselligkeit hat er mit Vergnügen mitgemacht. Von förmlichen Gesellschaften, die er in seinem Hause gegeben hat, verzeichnet er wegen erforderlicher Nachschüsse zum Haushaltsgelde der Frau eine, die am 9. Februar, und eine, die vor dem 20. März stattgefunden hat. Anfang Mai erwähnt er von einer bei ihm stattgehabten Gesellschaft die Namen zweier Gäste: Krause und Zelter. Am 12. Juli ist wieder von einer Gesellschaft die Rede, deren Kosten 7 Tlr. betragen haben.[125]

«Ein Zug, der weniger zu dem überlegenen Philosophen als zu dem gemütlichen Berliner [... Bürger] paßt, ist der, daß Hegel getreulich in der staatlichen Lotterie gespielt und das ganze Jahr hindurch sein Los zweimal durch alle vier Klassen hindurch erneuert hat ... Die Ausgaben für Wohltätigkeit hat vermutlich Frau Hegel aus ihrer Kasse bestritten; in seinen Aufzeichnungen finden wir nur einmal ... eine Unterstützung in Höhe von 1 Tlr. und dann den ‹jährlichen Beitrag für Luthers Nachkommen› mit zwei Talern verzeichnet.»

Ein berühmter Universitätsprofessor ist einer bildungssüchtigen Welt, wie sie im letzten Jahrhundert nicht nur in Berlin anzutreffen war, öffentlich ausgeliefert und auf eine harte Probe gestellt. Jedem Besucher soll er sich *in Szene setzen und in jedem Gespräch mit jedweder Gesellschaft seine Eigentümlichkeiten signalisieren*. Es bleibt ihm nur die Wahl, entweder strenge Abgeschlossenheit oder allseitige Ausbreitung. Solger hatte sich fast bis zu Ungenießbarkeit für das erstere entschlossen, Hegel seinem umgänglichen Naturell gemäß für die Geselligkeit. Aber richtig gesagt, er entschloß sich nicht dazu, vielmehr geschah es ohne alle Absicht, und gerade seine Harmlosigkeit wirkte bezaubernd auf die Berliner. Die Folge war, daß Hegel einfach «überlaufen» wurde. Dem einen sollte er zu einer Stellung verhelfen, dem anderen eine Professur «aus dem Boden stampfen». Wenn ihm jemand versicherte, er studiere seine Philosophie oder habe es zumindest vor, ging Hegel schon «mit einer unendlichen Bonhommie» auf alle Zumutungen ein.

Dem Schüler und Biographen Hegels, Karl Rosenkranz, verdanken wir einige farbige Pinselstriche am Porträt seines Meisters:

«Die Berliner Geselligkeit hatte übrigens damals noch viel Ungezwungenes, Offenes:

> Sie saßen und tranken am Theetisch
> Und sprachen von Liebe viel,
> Die Herren, die waren ästhetisch,
> Die Damen von zartem Gefühl.

Seit der Julirevolution ist diese lebenslustige Unbekümmertheit einer bedeutungsvollen inneren Gespanntheit gewichen, deren Charakteristik nicht hierher gehört. Das Ätzende, K a u s t i s c h e aber, was einen Grundzug des Berlinismus ausmacht und im vorigen Jahrhundert durch den encyklopädistischen Gesellschaftskreis Friedrichs des Großen seine erste höhere Bildung empfing, machte sich auch zu Hegel's Zeiten geltend, damals jedoch vorwiegend lächelnder Miene...

Doch fehlte Hegel gänzlich das eigenthümliche Coquette, was im Allgemeinen den Berliner bis zu Nante Strumpf hinunter, oft mit großem Reiz, charakterisirt; die Schwäbische Naivität machte ihm ein solches Bezeigen ganz unmöglich...

Angebetet von den Kindern, vergöttert von der Frau, die, zwei und zwanzig Jahre jünger als er, nicht blos mit der Zärtlichkeit einer Gattin, sondern mit kindlicher Verehrung an ihm hing, sah man ihn in gleichmüthiger Zuthätigkeit bemühet, es seinen Gästen möglichst wohl werden zu lassen in seiner Umgebung. Die Unterhaltung bei Tisch war meistens der Art, daß Jeder der Anwesenden thätig oder doch stillschweigend Theil daran nehmen konnte. Er selbst sprach nicht ohne äußere Schwierigkeit. Sein Organ war ihm nicht günstig zur Rede; der Ausdruck weder leicht noch elegant; der Schwäbische Dialekt war ihm geblieben; er begleitete stets die Rede mit Bewegung der Arme und Hände. Hatte man sich indessen mit diesen Äußerlichkeiten versöhnt, so war der Refrain dessen, was man durchhörte, doch gewöhnlich so gehaltvoll, sinnig oder auch so schlagend witzig, daß man auch an der Form nichts auszusetzen fand. Beim Spiel war er nun gar liebenswürdig, man könnte sagen herablassend gegen seine Mitspieler; immer im gleichen Humor bei Gewinn und Verlust kleidete der lächelnde Zorn den lieben Philosophen gar köstlich, wenn er beim Whist seinem Aide das schlechte Spielen verwies. Er bediente sich dafür gewisser stehender Ausdrücke und Redensarten, die selbst in ihrer Trivialität durch ihn Sinn und Bedeutung erhielten. Er neckte gutmütig gern diejenigen, die er besonders lieb hatte. So war der Professor G a n s, als ein großer Liebling von ihm, oft der Gegenstand seiner scherzhaften Verweise, wenn er während des Spiels etwas zu erzählen begann und dabei die Aufmerksamkeit vom Spiele wandte. ‹Da schwätzt er und schwätzt und gibt nicht Acht!› pflegte er dann heiter scheltend zu rufen. Wenn er dann aber doch die Partie gewann und der Gegner etwa die honneurs in Anspruch brachte, die ihm nichts mehr helfen konnten, sagte er gewöhnlich schadenfroh lächelnd: ‹die können Sie sich jetzt an's Bein binden›, – eine Redensart, die bei ähnlichen Fällen noch jetzt von denen in Anwendung gebracht wird, welche sie von ihm gehört haben...

Aber nicht nur die freundliche Seite muß man in Hegel's geselligen Beziehungen erwägen, sondern auch die herbe, seine Entschiedenheit, Hartnäckigkeit, Widerborstigkeit, seine T y r a n n e i, wie die Berliner es zu nennen pflegten... So hatte auch bei Hegel die heitere Oberfläche eines bunten Genußlebens, der traute Umgang

Hegel in seinem Arbeitszimmer. Lithographie von L. Sebbers, 1828

mit den näheren Freunden ... eine ernste, öfter trübe Kehrseite und
selbst mit den Freunden gerieth der zähe, strenge Charakter zuweilen hart an einander. Gegen solche, die schlechthin widerspruchsvoll
ihm gegenüberstanden, war er ehern und nur in bester Laune vermochte er sich zu überreden, auch mit ihnen persönlich beisammen
zu sein. Er hatte eine große Kraft des Zornes und Grimms, und wo
er einmal glaubte hassen zu müssen, da that er es recht gründlich.
So auch im Schelten war er fürchterlich. Wen er anfaßte, dem schlot-
terten alsbald die Gebeine und zuweilen wies er Manchen, der es
nicht vermuthete, wie einen Schuljungen zurecht, daß ein solcher und
die etwa Anwesenden zusammenschracken.»[126]

Eine meisterhafte Charakteristik Hegels schrieb ein anderer seiner
Schüler, der Kunstschriftsteller und Professor der Ästhetik Heinrich
Gustav Hotho in seinen «Vorstudien für Leben und Kunst» 1835:
«Es war noch der Beginn meiner Studienjahre, als ich eines Morgens,
um mich ihm vorzustellen, scheu und doch zutrauungsvoll zum ersten
Male in Hegels Zimmer trat. Er saß vor einem breiten Schreibtische
und wühlte soeben ungeduldig in unordentlich übereinandergeschich-
teten, durcheinandergeworfenen Büchern und Papieren. Die früh-
gealterte Figur war gebeugt, doch von ursprünglicher Ausdauer und
Kraft; nachlässig bequem fiel ein gelbgrauer Schlafrock von den
Schultern über den eingezogenen Leib bis zur Erde herab, weder von
imponirender Hoheit noch von fesselnder Anmuth zeigte sich eine
äußere Spur, ein Zug altbürgerlich ehrbarer Gradheit war das Nächste, was sich im ganzen Behaben bemerkbar machte. Den ersten Eindruck des Gesichts werd' ich niemals vergessen. Fahl und schlaff hin-
gen alle Züge wie erstorben nieder, keine zerstörende Leidenschaft,
aber die ganze Vergangenheit eines Tag und Nacht verschwiegen
fortarbeitenden Denkens spiegelte sich in ihnen wieder; die Qual
des Zweifels, die Gärung beschwichtigungsloser Gedankenstürme
schien dieses vierzigjährige Sinnen, Suchen und Finden nicht gepei-
nigt und umhergeworfen zu haben; nur der rastlose Drang, den frühen Keim glücklich entdeckter Wahrheit immer reicher und tiefer,
immer strenger und unabweisbarer zu entfalten, hatte die Stirn, die
Wangen, den Mund gefurcht. Schlummerte diese Einsicht, so schienen die Züge alt und welk, trat sie erwacht heraus, so mußte sie jenen vollen Ernst um eine in sich große und nur durch die schwere
Arbeit vollendeter Entwicklung sich genügende Sache aussprechen,
der sich lange in stiller Beschäftigung in dieselbe versenkt. Wie würdig war das ganze Haupt, wie edel die Nase, die hohe wenn auch in
etwas zurückgebogene Stirn, das ruhige Kinn gebildet; der Adel der
Treue und gründlichen Rechtlichkeit im Größten wie im Kleinsten,
des klaren Bewußtseins mit besten Kräften nur in der Wahrheit eine
letzte Befriedigung gesucht zu haben, war allen Formen aufs indivi-
duellste sprechend eingeprägt. Ich hatte ein wissenschaftlich herum-
tastendes oder anfeuerndes Gespräch erwartet und verwunderte mich
höchlich gerade das Entgegengesetzte zu vernehmen. Von einer Reise nach den Niederlanden soeben erst zurückgekehrt wußte der selte-

ne Mann nur von einer Reinlichkeit der Städte, der Anmuth und künstlichen Fruchtbarkeit des Landes, von den grünen weitgestreckten Wiesen, den Herden, Canälen, turmartigen Mühlen und bequemen Chausseen, von den Kunstschätzen und der steifbehaglichen Lebensweise einen breiten Bericht zu erstatten, so daß ich mich nach Verlauf einer halben Stunde schon in Holland wie bei ihm selber ganz heimisch fühlte.

Als ich ihn aber nach wenigen Tagen auf dem Lehrstuhle wiedersah, konnt' ich mich zunächst weder in die Art des äußeren Vortrags, noch der inneren Gedankenfolge hineinfinden. Abgespannt, grämlich saß er mit niedergebücktem Kopf in sich zusammengefallen da und blätterte und suchte immer fortsprechend in den langen Folioheften vorwärts und rückwärts, unten und oben; das stete Räuspern und Husten störte allen Fluß der Rede, jeder Satz stand vereinzelt da, und kam mit Anstrengung zerstückt und durcheinandergeworfen heraus; jedes Wort, jede Silbe löste sich nur widerwillig los, um von der metalleeren Stimme dann in Schwäbisch breitem Dialekt, als sei jedes das Wichtigste, einen wundersam gründlichen Nachdruck zu erhalten. Dennoch zwang die ganze Erscheinung zu einem so tiefen Respect, zu solch einer Empfindung der Würdigkeit, und zog durch eine Naivität des überwältigendsten Ernstes an, daß ich mich bei aller Mißbehaglichkeit, obschon ich wenig genug von dem Gesagten mochte verstanden haben, unabtrennbar gefesselt fand. Kaum war ich jedoch durch Eifer und Consequenz in kurzer Zeit an diese Außenseite des Vortrags gewöhnt, als mir die inneren Vorzüge desselben immer heller in die Augen sprangen, und sich mit jenen Mängeln zu einem Ganzen verwebten, welches in sich selber allein den Maßstab seiner Vollendung trug ...

Wie die ältesten Propheten, je drangvoller sie mit der Sprache ringen, nur um so kerniger was in ihnen selber ringt bewältigend halb und halb überwunden hervorarbeiten, kämpfte und siegte auch er in schwerfälliger Gedrungenheit. Ganz nur in die Sache versenkt, schien er dieselbe nur aus ihr, ihrer selbst willen und kaum aus eigenem Geist der Hörer wegen zu entwickeln, und doch entsprang sie aus ihm allein, und eine fast väterliche Sorge um Klarheit milderte den starren Ernst, der vor der Aufnahme so mühseliger Gedanken hätte zurückschrecken können. Stockend schon begann er, strebte weiter, fing noch einmal an, hielt wieder ein, sprach und sann, das treffende Wort schien für immer zu fehlen, und nun schlug es am sichersten ein, es schien gewöhnlich, und war doch unnachahmlich passend, ungebräuchlich und dennoch das einzig rechte; das Eigentliche schien immer erst folgen zu sollen, und doch war es schon unvermerkt so vollständig als möglich ausgesprochen. Nun hatte man die klare Bedeutung des Satzes gefaßt, und hoffte sehnlichst weiterzuschreiten. Vergebens. Der Gedanke statt vorwärts zu rücken drehte sich mit den ähnlichen Worten stets wieder um denselben Punkt. Schweifte jedoch die erlahmte Aufmerksamkeit zerstreuend ab, und kehrte nach Minuten erst plötzlich aufgeschreckt zu dem Vortrage

zurück, so fand sie zur Strafe sich aus allem Zusammenhange heraus-
gerissen. Denn leise und bedachtsam durch scheinbar bedeutungslose
Mittelglieder fortleitend hatte sich irgend ein voller Gedanke zur
Einseitigkeit beschränkt, zu Unterschieden auseinandergetrieben,
und in Widersprüche verwickelt, deren siegreiche Lösung erst das
Widerstrebendste endlich zur Wiedervereinigung zu bezwingen kräftig war ... Zu welchen Abgründen ward das Denken hinabgeführt,
zu welch unendlichen Gegensätzen auseinandergerissen, immer wieder dünkte alles bereits Gewonnene verloren, und jede Anstrengung
umsonst, denn auch die höchste Macht der Erkenntniß schien an den
Grenzen ihrer Befugniß verstummend stille zu stehn genötigt. Aber
in diesen Tiefen des anscheinend Unentzifferbaren gerade wühlte
und webte jener gewaltige Geist in großartig selbstgewisser Behag-
lichkeit und Ruhe. Dann erst erhob sich die Stimme, das Auge blitzte
scharf über die Versammelten hin und leuchtete in stillauflod'erndem
Feuer seines überzeugungstiefen Glanzes, während er mit nie mangelnden Worten durch alle Höhen und Tiefen der Seele griff. Was er
in diesen Augenblicken aussprach, war so klar und erschöpfend, von
solch einfacher Wahrhaftigkeit, daß jedem, der es zu fassen vermochte, zu Muthe ward, als hätt' er es selber gefunden und gedacht, und
so gänzlich verschwanden dagegen alle früheren Vorstellungswei-
sen, daß keine Erinnerung der träumerischen Tage übrig blieb, in
welchen die gleichen Gedanken noch zu der gleichen Erkenntniß nicht
erweckt hatten.

Nur im Faßlichsten wurde er schwerfällig und ermüdend. Er wandte
und drehte sich, in allen Zügen stand die Mißlaunigkeit geschrieben,
mit der er sich mit diesen Dingen herumplagte, und dennoch, wenn
er das tadiöse Geschäft zu Ende gebracht hatte, lag wieder alles so
klar und vollständig vor Augen, daß auch in dieser Beziehung nur
die lebendigste Eigentümlichkeit zu bewundern war. Dagegen bewegte er sich mit gleicher Meisterschaft in den sinnlichkeitslosesten
Abstractionen wie in der regsten Fülle der Erscheinungen. In einem
bisher unerreichten Grad vermochte er sich auf jeden, auch den individuellen Standpunkt zu versetzen, und den ganzen Umkreis derselben herauszustellen. Als sei es eine eigene Welt schien er damit
verwachsen, und erst nachdem das volle Bild entworfen war, kehrte
er die Mängel, die Widersprüche heraus, durch welche es in sich zu-
sammenbrach oder zu anderen Stufen und Gestalten hinüberleitete.
In dieser Weise Epochen, Völker, Begebnisse, Individuen zu schil-
dern, gelang ihm vollkommen; denn sein tiefer eindringender Blick
ließ ihn überall das Durchgreifende erkennen, und die Energie seiner
ursprünglichen Anschauung verlor selbst im Alter nicht ihre jugend-
liche Kraft und Frische. Bei solchen Schilderungen wurde seine Wort-
fülle sprudelnd, mit treffend malenden Eigenschaftswörtern konnt'
er nicht enden, und doch war jedes nothwendig, neu, unerwartet,
und so kernhaft in sich selber beschlossen, daß sich das Ganze, zu
welchem die einzelnen bunt durcheinander gewürfelten Züge vollständig sich rundeten, um nie wieder entschwinden zu können, dem

Schelling. Zeichnung von Franz Krüger

Gedächtnisse einzwang. Solch ein Bild selbständig umzuändern, blieb unmöglich; in so feste Formen war es ein für allemal ausgegossen.»[127]

Die Verbindung mit Schelling war seit langem abgerissen, oder genauer: es gab keinen Bruch, sondern allmähliche Entfremdung. Der letzte Brief zwischen beiden wurde am 2. November 1807 von Schelling aus München nach Bamberg geschrieben. Hegel hatte ihm ein Exemplar der *Phänomenologie des Geistes* geschickt und Schelling antwortete: «Ich habe also bis jetzt nur die Vorrede gelesen. Inwiefern Du selbst des polemischen Teils derselben erwähnst, so müßte ich bei dem gerechten Maß der eigenen Meinung von mir selbst, doch zu gering von mir denken, um diese Polemik auf mich zu beziehen. Sie mag also, wie Du in dem Briefe an mich geäußert, nur immer auf den Mißbrauch und die Nachschwätzer fallen, obgleich in dieser Schrift selbst dieser Unterschied nicht gemacht ist. Du kannst leicht denken, wie froh ich wäre, diese einmal vom Hals zu bekommen. – Das, worin wir wirklich verschiedener Überzeugung oder Ansicht sein mögen, würde sich zwischen uns ohne Aussöhnung kurz und klar ausfindig machen und entscheiden lassen; denn versöhnen läßt sich freilich Alles, Eines ausgenommen. So bekenne ich, bis jetzt Deinen Sinn nicht zu begreifen, in dem Du den B e g r i f f der Anschauung opponierst. Du kannst unter Begriff doch nichts anderes meinen, als was Du und ich Idee genannt haben, deren Natur es eben ist, eine Seite zu haben, von der sie Begriff, und eine, von der sie Anschauung ist...

Lebe recht wohl; schreibe mir bald wieder und bleibe [mir] gewogen als Deinem aufrichtigen Freunde Schelling.»[128]

Man mag den Ton etwas gereizt finden, es ist auch möglich, daß Schelling auf ein klärendes Wort von Hegel wartete, eines ist sicher: es war kein «Abschiedsbrief». Dergleichen hatte Schelling einige geschrieben, an Röschlaub, an Marcus, an Paulus. Auch sein letzter Brief an Fichte war zornig und zielte bewußt den Bruch an. Ganz anders war der Brief an Hegel gestimmt: «Lebe recht wohl, schreibe bald wieder und bleibe mir gewogen als Deinem aufrichtigen Freunde» – das klingt versöhnlich. Die Antwort Hegels blieb aus. Es ist möglich, daß er auf einen weiteren Brief von Schelling wartete, auf ein anerkennendes Wort zu seinem Buch. Aber auch das unterblieb. Keiner von beiden konnte sich in den folgenden zweiundzwanzig Jahren zu einer Wiederaufnahme des Gesprächs, zu einem Neuanfang der alten Freundschaft entschließen. Man ließ noch einige Jahre über Dritte gelegentlich Grüße bestellen, aber dabei blieb es.[129]

Allerdings trafen sich beide noch einige Male. 1812 kam Schelling zweimal durch Nürnberg, das erste Mal, ohne Hegel zu besuchen (*Schelling ist mit seiner Frau, wie ich nachher hörte, hier durchgekommen, aber nur einige Stunden geblieben und hat wegen eines Rheumatismus niemanden gesehen (!?)*); das andere Mal befand er sich auf einer Dienstreise und suchte Hegel von sich aus auf (*Schelling hat mich hier freundschaftlich besucht; Philosophica haben wir nicht berührt*). Dann fuhr Hegel drei Jahre später nach München und sah wohl auch Schelling, wobei es sicher zu keiner herzlichen Annäherung kam, denn hier traf sich vor allem mit Jacobi, der mit Schelling aufs Äußerste verfeindet war. Im Brief an Frommann vom April 1816 heißt es: *Ich war vorigen Herbst endlich auf 14 Tage dort* (in München) – *vierzehn höchst vergnügte und gemütliche Tage unter meinen dasigen Freunden: Niethammer, der alte Jacobi, den ich sehr liebe und verehre und der gegen mich ... auch sehr liebevoll gesinnt ist, Roth und Schelling usf.*[130]

In den folgenden Jahren wurde die Gegnerschaft öffentlich bekannt. Seit 1821 trat Schelling in seinen Vorlesungen gegen Hegel auf und verschärfte seine Kritik und Polemik von Jahr zu Jahr. Als prominentester Gegner Hegels wurde Schelling 1841 durch König Friedrich Wilhelm IV. nach Berlin gerufen, damit er dort «die Drachensaat des Hegelianismus» ausrotte.

Im letzten Lebensjahr kam es zu einem unerwarteten, rein zufälligen Zusammentreffen in Karlsbad. Hegel war am 3. September 1829 dort angekommen und hatte von Schellings Anwesenheit er-

Karlsbad. Stich von Koch nach Joseph Peter

fahren. Schelling schreibt darüber an seine Frau: «Stell Dir vor, gestern sitz' ich im Bade, höre eine etwas unangenehme, halb bekannte Stimme nach mir fragen. Dann nennt der Unbekannte (dem Wärter) seinen Namen, es war Hegel aus Berlin ... Nachmittags kam er zum zweiten Male sehr empressirt und ungemein freundlich, als wäre zwischen uns nichts in der Mitte; da es aber bis jetzt zu einem wissenschaftlichen Gespräch nicht gekommen ist, auf das ich mich auch nicht einlassen werde, und er übrigens ein sehr gescheiter Mensch ist, so habe ich mich die paar Abendstunden gut mit ihm unterhalten. Noch habe ich ihn nicht wieder besucht; es ist mir etwas zu weit in den Goldenen Löwen.»[131]

Und Hegel berichtete seiner Frau: *... ich habe gestern abends ... ein Zusammentreffen mit einem alten Bekannten – mit Schelling – gehabt, der vor wenigen Tagen hier gleichfalls allein wie ich hier angekommen, um, wie ich nicht, die Kur zu machen. Er ist übrigens sehr gesund und stark; der Gebrauch des Sprudels ist nur ein Präservativ bei ihm. – Wir sind beide darüber erfreut und als alte kordate Freunde zusammen. Diesen Nachmittag haben wir einen Spaziergang miteinander gemacht und dann im Caffeehaus die Einnahme von Adrianopel in dem österr(eichischen) Beobachter offiziell gelesen und den Abend miteinander zugebracht, und so ist für heute das Tagewerk mit diesen Zeilen an Dich und der Erinnerung an Euch geschlossen ...*

Sonntags. – Gestern bin ich im Sprudeltrinken eingeweiht worden, habe mit Schelling zu Mittag gespeist, den 3 Kreuzberg bestiegen und abends ist denn Fr(au) v. Wahl eingetroffen und in meinem mittelmäßigen Gasthof abgestiegen ...[132]

An Daub schreibt er: *...ich lebte in Karlsbad 5 Tage mit Schelling in alter kordater Freundschaft zusammen,* worauf ihm dieser überrascht zurückschreibt: «Daß Sie inzwischen mit Schelling auf die alte kordate Weise zusammen waren, hat mich von Grund der Seele gefreut. Die Schreiber und Parteijünger halten dergleichen etwas für unmöglich.»[133]

Es besteht kein Anlaß, die Schuldfrage am Zerwürfnis überhaupt aufzuwerfen, geschweige denn, gegen den einen oder den anderen Vorwürfe zu erheben, wie das in fast allen Biographien beider Seiten geschieht. Nicht menschliche Abneigung trennte die Freunde, es war letztlich kein persönlicher Zank. Aber die Verschiedenheit von Anlage, Begabung und deshalb ihres Philosophierens führte, von empfindsamer Eitelkeit begünstigt, aus der sachlichen Gegensätzlichkeit eine menschliche Ablehnung herbei. Dergleichen erlebt die akademische Welt zu allen Zeiten.

Hegels Wirksamkeit in Berlin hatte sich von Jahr zu Jahr immer einflußreicher entfaltet. Zu seinem 56. Geburtstag am 27. August 1826 wollten ihm seine Freunde und Schüler ihre Verehrung öffentlich bezeigen. Zwar war der Anlaß nicht groß genug für ein solches Fest, um so überzeugender erscheint jedoch die Anhänglichkeit der Beteiligten. Es bildete sich ein Festkomitee aus etwa zwanzig Personen: Förster als Festredner, Gans, Hotho, der Landschaftszeichner Rösel, Zelter, der Direktor der Singakademie u. a. Hegels Familie war bei der unerwarteten Feier nicht dabei; Frau Hegel hielt sich mit den Söhnen bei ihren Verwandten in Nürnberg auf. Diesem Umstand verdanken wir einen Bericht von Hegel selbst, der am 29. August 1826 an seine Frau schreibt: *Es ist von meinem Geburtstag also, daß ich zu erzählen habe. – Euer hier gegenwärtig gemachtes Angedenken, das Frau Aimée* (von Hartwig) *hinterrücks – recht hübsch vorbereitet, – wie die Schreiben der Jungen, hat mich recht herzlich erfreut, und ich habe Euch im Bilde der Seele recht innig dabei gegrüßt und geküßt. So sehr Frau Aimée früh aufgestanden und das Eurige zum Ersten mir ist vor die Augen zu bringen bedacht gewesen, so war sie doch nicht früh genug aufgestanden. Denn wir hatten diesen meinen Geburtstag bereits vor seinem ersten Ursprunge an, mitternachts um 12 Uhr, zu zelebrieren begonnen gehabt. Bei Herrn Bloch war ich bei einem Whist, das sehr verzögert* (wurde) *und bei einem so verlängerten Nachtessen das Anpfeifen des 27ten durch den Nachtwächter herbeiführte –, und welches durch das Klingen der Gläser erwidert und überboten worden; – Deine Gesundheit hat vorzüglich von mir und allen, – Zelters waren dabei, – insbesondere von Rösel herzlich mit darein geklungen.*

Morgens aber unterschiedene Gratulanten, liebe, treue Seelen und Freunde, außer mehreren Briefen mit Gedichten; – dann eine Geschäftskonferenz, während welcher ein Visite sich bei mir einfand, – wer meinst Du? – Se. Excellenz Herr Geh(eimer) Rat von Kamptz selbst in eigner Person. – Mittags habe ich mich still gehalten und nur mit Euch zu der gesetzten Zeit innigst angestoßen und angetrunken – mich für den Abend sparend. Denn da hat mir große Ehre, Freude und Liebesbeweise bevorgestanden –. In einem neuen Lokal

Hegel. Gemälde von Jack Schlesinger, um 1825

unter den Linden, – das zum erstenmal eingeweiht (wurde), – *großes Souper – so ausführlich, daß es verdient hätte, Dir beschrieben
zu werden, wie das vollständigste exquisiteste Diner. – Förster der
Ordner, Gans, Hülsen, Hotho, Rösel, Zelter u. s. f., etwa 20 Personen. – Dann trat eine Deputation von Studenten ein, überreichte mir
einen köstlichen Becher von Silber – (wie der Silberkaufmann hörte,
daß er für mich sei, hat er auch das Seinige beigetragen, da er ein
Zuhörer von mir gewesen) – auf einem Samtkissen, nebst einer An-
zahl gebundner Gedichte, – noch viel andere wurden mündlich vorgetragen, – auch Rösels seines, der mir am Morgen dasselbe mit
einem antiken Geschenke bereits zugeschickt, kurz, sodaß es Mühe
hatte, – sie vor Mitternacht zu Ende zu bringen. – Daß die Studenten Musik und Tusch mitgebracht, versteht sich so. – Die Gesellschaft behielt sie gleichsam beim Essen. Unter der Gesellschaft der
Gäste befand sich einer, den ich nicht kannte. Es war Prof. Wichmann – es wurde mir eröffnet, daß ihm meine – die viel besproche-
ne – zu der Rauch nicht kommen konnte – Büste übertragen worden.
– Die nächste Woche – die laufende habe ich noch zu lesen – werde
ich ihm sitzen. – Der Frau Schwiegermutter werde ich ein Exemplar
seiner Zeit zu überschicken die Ehre haben. – Willst Du sie über-
raschen, so sag ihr nichts davon. – Auch ich hätte Dich damit über-
raschen können, doch Du weißt, ich für mich liebe Überraschungen
nicht, – und ich hatte Dir die Liebe und Ehre zu erzählen, die mir an
meinem Geburtstag widerfahren, – (eine Blumenvase von Kristall
von Herrn v. Hülsen nicht zu vergessen) – so verknüpften wir dann
um Mitternacht meinen mit Goethes Geburtstag, dem 28ten.*

*Gestern habe ich bis 11 Uhr geschlafen und mich etwas restauriert,
nicht sowohl von den körperlichen Fatiguen – als von den tiefen
Rührungen meines Gemüts – (und noch beim Aufstehen erhielt ich
wieder ein Gedicht, einen Morgengruß von D. Stieglitz). Du kannst
nicht glauben, welche herzlichen, tiefgefühlten Bezeugungen des Zu-
trauens, der Liebe und der Achtung ich von den lieben Freunden –
gereiften und jüngern – erfahre. – Es ist ein – für viele Mühen
des Lebens – belohnender Tag.*

*Jetzt habe ich abzuwehren, daß des Guten nicht zu viel geschieht;
dem Publikum sieht das anders aus, wenn im Freundschafts-Kreise
auch der Mund zu voll genommen werden konnte.*[134]

Der letzte Satz Hegels bezieht sich auf einen Artikel der «Vossischen Zeitung», in dem über die Geburtstagsfeier berichtet worden
war. Von Varnhagen erfahren wir darüber: «Die Gegner Hegels haben ein großes Geschrei erhoben über das am 27. August ihm und
Goethen gewidmete Fest, besonders ärgerte sie die Beschreibung des
Festes, wie sie in der Vossischen Zeitung gegeben worden; der König
hat jetzt durch Kabinettsordre der Oberzensurbehörde aufgetragen,
dafür zu sorgen, daß dergleichen Aufsätze über Privatfeiern nicht
mehr in den Zeitungen Platz finden; es scheint, daß man es für un-
schicklich hält, andre als königliche Familienfeiern oder Beamtenfeste
wenigstens so wichtig zu behandeln. – ‹Die Philosophie, noch gut

Studenten-Trachten um 1825

angeschrieben im Staat, soll sich in Acht nehmen! Der Hof wird ihr schon noch was anhängen, und Hegel steht nicht sicherer als andre!›»[135]

Für das Studienjahr 1829/30 war Hegel zum Rektor der Universität gewählt worden. Während seiner Amtsführung hielt Hegel zwei öffentliche Reden in lateinischer Sprache, die erste anläßlich seines Amtsantritts am 18. Oktober 1829, die zweite im Auftrag des Akademischen Senats zur Dreihundertjahrfeier der Übergabe der Augsburger Konfession am 25. Juni 1830.

In seiner Antrittsrede legte Hegel – nach den herkömmlichen Formalitäten und Artigkeiten seiner Zeit – den Studierenden den richtigen Gebrauch der akademischen Freiheit ans Herz und warnte sie vor Mißbrauch und Zügellosigkeit.

Seine Jubiläumsrede hatte die *christliche Freiheit als Wesen des Protestantismus* zum Thema. Die «Augsburger Konfession» von 1530 ist das symbolische Buch der Lutheraner und wurde oft gegen die Reformierten und gegen eine Einigung mit ihnen herangezogen. Nun hatte aber gerade der preußische Staat nicht ohne Schwierigkeiten die Union der Reformierten und Lutheraner zum Prinzip der kirchlichen Entwicklung Preußens gemacht. Hegels Auftrag war, so betrachtet,

113

Berlin: die neue Königs-Wache und das Universitätsgebäude

ziemlich delikat. Wie gekonnt sich Hegel aus dieser Situation heraus-
wand, beschreibt Rosenkranz folgendermaßen: «Trotz dieser ihm
durch seine Erziehung tief einwohnenden Luther'schen Innigkeit ver-
mied Hegel in seiner Rede Alles, was den Lutheranismus als eine Be-
sonderheit hätte hervorheben und das Glaubensbekenntniß oder die
Kirchenverfassung der Reformirten im Geringsten hätte in Schatten
stellen können . . .

Dagegen betont er das Verhältniß der Reformation zum Romanis-
mus mit großer Emphase. Seinem werkheiligen Pelagianismus gegen-
über pries er die Augsburger Confession wegen des Sola fides justifi-
cat allerdings als die Magna Charta des Protestantismus.
Er schilderte die Verderbtheit der Kirche durch den papistischen
Katholicismus im fünfzehnten und sechszehnten Jahrhundert, und
die Tyrannei, mit welcher die Kirche alle Selbstständigkeit der
Wissenschaft daniedergehalten und in der Freiheit des Glaubens die
Gemüther beeinträchtigt habe. Er schilderte die Verunsittlichung des
Lebens durch die Zerstörung der Familie mittelst des Cöli-
bates, durch die Zerstörung des werkthätigen Fleißes
mittelst der Vergöttung der Armuth und Faulheit und stupiden
Werkheiligkeit, durch die Zerstörung der Gewissenhaftigkeit mittelst eines stumpfen unmündigen Gehorsams, der in
seiner Gedankenlosigkeit die Verantwortung für sein Thun den Prie-
stern überläßt, endlich durch die Zerstörung des Staats nicht
nur mittelst der Verachtung und Verdammniß der Ehe, des Eigen-
thums und der denkenden Selbstgewißheit, sondern auch durch die
Nichtanerkennung der wahren fürstlichen Souveränetät. Mit Begei-

sterung erhob er dagegen den Protestantismus als den Wiederher-
steller der Sittlichkeit des Familienlebens, der bürgerlichen Recht-
schaffenheit, der Gewissenhaftigkeit und Gewissensfreiheit, der Einheit des Göttlichen und Menschlichen, wie sich dies nach ihm besonders auch darin ausdrückte, daß der F ü r s t eines protestantischen
Staats zugleich der o b e r s t e B i s c h o f seiner Kirche sei.»¹³⁶

Hegels letzte politische Schrift ist sein Aufsatz *Über die englische
Reform-Bill*, der 1831 zu zwei Dritteln in den Nummern 115 bis 118
der «Allgemeinen preußischen Staatszeitung» erschien. Der Schluß
wurde als Manuskript gedruckt und unter der Hand verteilt, da man
höchsten Orts Bedenken trug, in einem ministeriellen Blatt solch kritische Äußerungen zu veröffentlichen, wie sie Hegel über die Zustände in England abgegeben hatte. Vor allem tadelte er die Schwäche des
monarchischen Prinzips gegen das Parlament, die Geschwätzigkeit
der politischen Deklamation, die Eigenart des englischen Privatrechts
und – hier schwillt sein Zorn an – die grausame Behandlung Irlands.
In staunenswerter Kennerschaft von Details tritt Hegel einerseits
der blinden Bewunderung Englands, andererseits der blinden Verachtung Deutschlands in politischer Hinsicht entgegen. Hegel hatte
sich, wie er selbst sagt, über die Angelegenheit der englischen Reform-Bill und ihrer Vorlage beim Parlament sehr geärgert, weil er
darin ein *Abgehen von den Prinzipien Englands, ein Ausweichen vor
dem nur positiven Recht* sah. Tag und Nacht war er beunruhigt und
von quälenden Vorstellungen erfaßt.

Zur politischen Aufregung gesellte sich im Sommer 1831 eine andere. Vom Osten her kommend brach in Deutschland die Cholera aus
und griff besonders in Berlin schnell um sich. Hegel hatte das Ende
des Sommersemesters glücklich erreicht und zog sich mit den Seinen
in den oberen Stock eines Gartenhauses, des sogenannten Schlöß-
chens im Grunowschen Garten am Kreuzberg, zurück. Auch der Geburtstag konnte in diesem Jahr nur mit wenigen Freunden gefeiert
werden; die meisten waren der Epidemie wegen verreist. Bei einem
heiteren Mahl in einem der weitläufigen Säle des in der Nähe gelegenen Tivoli entwickelte Rösel seinen feinen Humor: «Z e l t e r war un-
erschöpflich in Mittheilung interessanter Urtheile und Bon mots
Göthe's. Der Maler X e l l e r würzte mit seiner Schwäbischen Gut-
müthigkeit und seinem innigen Lächeln den Genuß der Witze, die
gemacht wurden; M a r h e i n e k e verbreitete über das Ganze eine
wohlthuende, die Jovialität mit ironischer Toleranz nur fördernde
Würde; Hegel's Söhne sympathisierten mit den Frauen in einer stillen und frohen Rührung. Kaum war nach dem Champagner der Kaffee eingenommen, als ein furchtbares Gewitter heraufzog, welches
die meisten zur schnellen Entfernung bestimmte; auch Hegel eilte
nach seiner nahegelegenen Wohnung.»¹³⁷

Als der Spätherbst und das neue Semester nahte, nahm die Epidemie ab. Hegel kehrte mit seiner Familie in seine Wohnung am Kupfergraben zurück. Er hatte für das Wintersemester zwei Vorlesungen
angekündigt: *Rechtsphilosophie von 12–1 und Geschichte der Phi-*

Spottblatt auf die Schutzmaßnahmen vor der Cholera

losophie von 5–6. Bei der Ankündigung geschah eine kleine Unge-
schicklichkeit, über die sich Hegel sehr ärgerte. Gans, Hegels geliebter
Schüler und befreundeter, um ein Menschenalter jüngerer Kollege,
brachte am Schwarzen Brett der Universität einen Anschlag an, worin er den Studierenden der Jurisprudenz Hegels Vorlesung über die
Rechtsphilosophie als sehr nützlich empfahl. Hegel sah das als Be-
vormundung an, der er ganz und gar nicht bedürfe. In einem Billett
an Gans forderte er mit zornigem Ungestüm die sofortige Zurück-
nahme des Anschlags, der ihn bei Studierenden wie bei Dozenten,
bei Kommilitonen wie Kollegen kompromittiere. Er, Hegel, wisse
nicht, wie er dazu komme, empfohlen zu werden. Nur aus freund-
schaftlicher Rücksicht sei er bereit, die Sache beizulegen.

Das waren, von ein paar Anweisungen an eine Buchdruckerei abgesehen, Hegels letzte Zeilen. In völligem Wohlsein hatte er am Donnerstag, den 10. November, seine Vorlesung eröffnet und am folgenden Tag fortgesetzt. Seine Zuhörer erinnerten sich, er habe mit ungewöhnlichem Eifer und Feuer gesprochen. Als er heimkehrte, sagte er noch frohgelaunt zu seiner Frau: *Es ist mir heute besonders leicht geworden.*

Allen unerwartet starb Hegel am Montag, den 14. November 1831, «an Cholera in ihrer concentrirten und darum in den Symptomen nach Außen hin weniger schrecklichen Form». Die Diagnose «Cholera sicca» wurde sofort bezweifelt und läßt sich nach Glockners eingehenden Nachforschungen nicht mehr aufrecht erhalten. Man denkt eher an eine akute Verschlimmerung seines chronischen Magenleidens, das sich auf der Pariser Reise 1827 bemerkbar gemacht hatte. Seitdem war Hegel nie mehr richtig gesund geworden. Im Sommer 1830 lag er ein Vierteljahr, litt häufig an Magenbeschwerden und mußte die Nahrung auf «kräftige Suppen und leichte Fleischspeisen» beschränken. Durch kleine körperliche Anstrengungen ermattete er, Wind und Wetterumschlag setzten ihm in bisher ungekannter Weise zu. Mit der zunehmenden Schwäche stellten sich auch psychische Depressionen ein. Zum Erstaunen seiner Frau war der sonst stets heitere Hegel aus unerklärlichen Gründen verstimmt, unglücklich und ohne Hoffnung, was sich dann ebenso rasch wieder ändern konnte. Man sieht, daß sein Tod nur für Außenstehende unerwartet kam. Hätte die Cholera nicht gerade ihre Schrecken verbreitet, wäre wohl kein Arzt auf die Diagnose «Cholera sicca» verfallen. Über die letzten Tage, das Sterben und die Beerdigung besitzen wir im Brief von Frau Hegel an seine Schwester Christiane einen verläßlichen und ausführlichen Bericht: «Ich will mich fassen und Dir kurz erzählen, wie Alles kam. Mein seliger geliebter Mann fühlte sich vom Sonntag Vormittag an, nachdem er noch ganz heiter mit uns gefrühstückt hatte, unwohl, klagte über Magenschmerz und Übelkeit, o h n e daß ein D i ä t f e h l e r oder eine E r k ä l t u n g vorangegangen war. Er hatte mit voller Kraft und Heiterkeit am Donnerstag vorher seine Vorlesungen begonnen, Sonnabend noch examinirt und für Sonntag Mittag sich einige liebe Freunde gebeten. Diesen ließ ich es sagen und widmete mich ganz seiner Pflege. Der Arzt kam durch ein glückliches Begegnen augenblicklich, verordnete – aber keines von uns fand etwas Bedenkliches in seinem Zustand. Sein Magenschmerz war erträglich. Es kam erst ohne, dann mit Galle Erbrechen. Er hatte schon öfter ähnliche Zufälle gehabt. Die Nacht hindurch brachte er in der größten Unruhe zu. Ich saß an seinem Bett, hüllte ihn mit Betten ein, wenn er im Bett aufsaß und sich umherwarf, obgleich er mich wiederholt auf das Freundlichste bat, ich solle mich niederlegen und ihn mit seiner Ungeduld allein lassen. Sein Magenschmerz war nicht sowohl heftig, ‹aber so heillos, wie Zahnweh, man kann dabei nicht ruhig auf einer Stelle liegen bleiben›. – Montag Morgen wollte er aufstehen. Wir brachten ihn in's anstoßende Wohnzimmer, aber seine

Schwäche war so groß, daß er auf dem Wege nach dem Sopha fast zusammensank. Ich ließ seine Bettstelle dicht nebenan setzen. Wir hoben ihn in durchwärmte Betten hinein. Er klagte nur über Schwäche. Aller Schmerz, alle Übelkeit war verschwunden, so daß er sagte: ‹Wollte Gott, ich hätte heute Nacht nur eine so ruhige Stunde gehabt.› Er sagte mir, er sei der Ruhe bedürftig, ich sollte keinen Besuch annehmen. Wollte ich seinen Puls fassen, so faßte er liebevoll meine Hand, als wollte er sagen, laß dies eigne Sorgen. – Der Arzt war am frühen Morgen da, verordnete, wie Tags vorher, Senfteig über den Unterleib (Blutegel hatte ich ihm am Abend vorher gesetzt). Vormittag setzte sich Schluchzen ein mit Urinbeschwerden. Aber bei alle dem ruhte er ganz sanft, immer in gleicher Wärme und Schweiß, immer bei vollem Bewußtsein, und, wie mir schien, ohne Besorgniß einer Gefahr. Ein zweiter Arzt, Dr. H o r n, wurde herbeigerufen. Senfteig über den ganzen Körper, Flanelltücher, in Cammillenabsud getaucht, darüber. Dies alles störte und beunruhigte ihn nicht. Um 3 Uhr stellte sich Brustkrampf ein, darauf wieder ein sanfter Schlaf; aber über das linke Gesicht zog sich eine eisige Kälte. Die Hände wurden blau und kühl. Wir knieten an seinem Bette und lauschten seinem Odem. Es war das Hinüberschlummern eines Verklärten!

Laß mich abbrechen. Nun weißt Du Alles. Weine mit mir, aber danke auch mit mir Gott für das schmerzensfreie, sanfte, selige Ende. Und nun sage, hättest Du in diesem Allem auch nur e i n Symptom der Cholera erkannt? Mit Schaudern mußt' ich vernehmen, daß sie die Ärzte, Medicinalrath B a r e z und Geheimrath H o r n, als solche erkannt hatten und zwar als die, die ohne äußere Symptome das innerste Leben auf das Gewaltsamste zerstört. W i e er im Inneren aussah, haben sie nicht gesehen.

Trotz dem, daß Hegel als an hinzugetretener Cholera der Commission gemeldet wurde, (welche mir die geliebte Leiche in meinem Wohnzimmer, wo ich verlangte, daß sie bleiben sollte, verschloß, Alles durchräucherte und desinficirte) fürchtete sich keiner von unseren Freunden, selbst die furchtsamsten nicht. Alle eilten in ihrem Schmerze zu mir. Manche hatten ihn die Tage vorher noch im heitersten Wohlsein gesehen, hatten ihn noch Donnerstag und Freitag in seinen Vorlesungen gehört, wo er mit besonderer Kraft und Feuer seine Zuhörer entzückt hatte, so daß er mir noch sagte: ‹Es ist mir heute besonders leicht geworden.› Viele wußten sich kaum zu fassen. Während seiner Krankheit, die Sonntag von 11 Uhr bis Montag um 5 Uhr dauerte, wußten und ahnten seine liebsten Freunde nichts von Ferne. Keiner sah ihn mehr, außer Geheimrath S c h u l z e, den ich in meiner Herzensangst zu seinem Tode berief. Seine himmlische Ruhe und sein seliges Einschlafen wurde durch keine äußere Unruhe, durch keine laute Klage gestört. Mit verhaltenen Thränen und gepreßten Herzen waren wir leis und still, möglichst ruhig scheinend, mit ihm beschäftigt, bis wir seinen letzten Schlaf belauschten, in dem der Hingang zum Tode nicht zu unterscheiden war. Wir konnten nur niederknieen und beten.

Durch die thätigste Vermittelung unserer Freunde wurde als erste und einzige Ausnahme, aus Rücksicht für die Persönlichkeit des Verklärten, nach unsäglichen Kämpfen durch höhere Fürsprache bewilligt, daß er nicht auf dem Choleraleichenwagen, nicht schon nach 24 Stunden bei Nacht und Nebel nach dem Cholerakirchhof gebracht wurde. Er ruht nun an der Stätte, die er sich ausgewählt, und bei Solger's Begräbnis als die seinige bezeichnet hatte, neben Fichte und nahe bei Solger [auf dem Dorotheenstädter Friedhof vor dem Oranienburger Tor]. Gestern Mittwochs Nachmittags um 3 Uhr war sein feierliches Leichenbegängniß. Die Professoren und Studirende aus allen Facultäten, seine älteren und jüngeren Schüler, versammelten sich erst im großen Saal

Philipp Konrad Marheineke.
Porträtskizze von Franz Krüger

der Aula. Hier hielt sein treuer Freund, der jetzige Rektor M a r h e i - n e k e, an die bewegte Versammlung eine Rede. Darauf begab sich der unabsehbar lange Zug der Studenten, die, weil sie ihn nicht mit brennenden Fackeln begleiten durften, die Fackeln mit Trauerflor umwunden trugen, und eine unzählige Reihe von Wagen nach dem Trauerhause, wo sie sich dem vierspännigen Trauerwagen anschlossen. Meine armen tieferschütterten Söhne fuhren mit Marheineke und Geheimrat Schulze der geliebten Leiche nach. Von dem Thor an wurde ein Chor von den Studenten angestimmt. Am Grabe sprach Hofrath F ö r s t e r eine Rede, M a r h e i n e k e als Geistlicher den Segen.»[138]

DIE HEGELSCHEN SCHULEN

Hegel war sanft und auf der Höhe seines Ruhms gestorben; er hatte sich, im Unterschied zu Schelling, nicht selbst überlebt. Es ist zu einfach, wenn man sagt, nach Hegels Tod sei die deutsche philosophische Klassik zusammengebrochen, die Philosophie habe sich in den Niederungen des Positivismus und Materialismus verloren und sei erst nach 1871 wieder aufgestiegen. Die Schüler Hegels genossen

Rudolf Virchow in späten Jahren

noch einige Zeit den Vorzug für die Besetzung der Lehrstühle vor anderen. An den meisten deutschen Universitäten wurde Hegels Philosophie gelehrt, und in der scharfen Antithese seiner Gegner blieb Hegel der heftig umkämpfte und doch unbestrittene Herr der Philosophie des 19. Jahrhunderts.

Für Berlin war die «philosophische Zeit» allerdings bald nach Hegels Tod zu Ende. In seiner Rektoratsrede vom 3. August 1893 stellt Rudolf Virchow «den Übergang aus dem philosophischen in das naturwissenschaftliche Zeitalter» in Beziehung auf Hegel so dar: «... 1818 wurde der schlagfertige Dialektiker für Berlin gewonnen. Alles erwartete seine Vorlesungen mit Spannung. Der Kreis seiner Anhänger wuchs schnell und erweiterte sich jährlich mehr. Bald war sein Einfluß auf die Denk- und Sprechweise der Zeitgenossen so groß geworden, daß in jeder Fakultät Hegelianer zu finden waren. Die ganze Wissenschaft wurde von ihnen neu umgearbeitet und die Terminologie des Meisters bis in die letzten Tiefen jeder Spezial-Disziplin getragen. Als ihn am 14. November 1831 die Cholera bei ihrem ersten Gange durch unser Vaterland hinwegraffte, hinterließ er einen förmlichen Generalstab geschulter Jünger, die es übernahmen, in seinem Sinne weiterzuwirken und die Tradition seiner Lehre auf die kommenden Geschlechter zu übertragen. Nichts schien fester gefügt zu sein, als diese in sich geschlossene Schule. Theologie und Jurisprudenz, Staatswissenschaft und Ästhetik waren in Hegelsche Sprache und Anschauung übertragen; nur in der Medizin und den Naturwissenschaften beschränkte sich die Invasion auf einzelne Vertreter. Obwohl der Meister fehlte, erhielt sich der Nimbus noch ein volles Jahrzehnt, man kann sagen, bis zum Tode König Friedrich Wilhelms III., vorzugsweise getragen durch die Gunst des Ministers Altenstein, der selbst ein begeisterter Hegelianer war. Aber in keinem der Schüler fand sich die schöpferische Initiative, auch nicht die schwärmerische Begeisterung, welche große Kreise von Menschen bewegt; das oft pedantische und gedankenleere Phrasenwerk, welches als Rückstand der einstigen Bewegung übrig blieb, wurde schließlich ein Gegenstand des Spottes, wie es früher ein Gegenstand des Staunens oder gar der Bewunderung gewesen war.

Mit dem Hegelianismus endete für König Friedrich Wilhelm III. die Reihe der philosophischen Schulen, die er eine nach der anderen hatte aufstehen sehen. Die Naturphilosophie in ihrer strengeren oder besser gesagt in ihrer konsequenteren Durchführung war ihm nicht unmittelbar nahegetreten. Ihr Vertreter Schelling, erst Schüler, dann Rival, schließlich Nachfolger Fichtes in Jena, hatte bald seine Wirksamkeit nach Bayern verlegt, und hier war es ihm gelungen, durch kühne Einbrüche in die Physiologie und Pathologie die Aufmerksamkeit der Ärzte auf sich und seine Lehre zu lenken. Aber die leitende Stellung, welche die Naturphilosophie in der Tat einmal in der Medizin erreicht hat, dauerte nicht lange; für Berlin wäre sie vielleicht spurlos vorübergegangen, wenn nicht Hegel vieles aus der Lehre seines alten Freundes Schelling in sein System herübergenommen hätte.

Sonderbarerweise trat ein paar Dezennien nach der eigentlichen Blütezeit der Naturphilosophie, zehn Jahre nach dem Tode Hegels, gleich nach dem Ableben König Friedrich Wilhelms III. unerwartet eine Wendung ein, welche der Naturphilosophie die Anwartschaft auf den vakanten Lehrplatz zu eröffnen schien. Friedrich Wilhelm IV. berief Schelling nicht lange nach seiner Thronbesteigung nach Berlin (1841). Die größten Hörsäle waren nicht genügend, die Masse der Zuhörer, teils Studenten, aber auch zahlreiche Vertreter aller Schichten des gebildeten Volkes, aufzunehmen, welche die, fast einer Offenbarung gleich geachteten, Revelationen des berühmten Denkers aus seinem eigenen Munde vernehmen wollten. Man erfuhr bald, was man ohnehin wissen konnte, daß der alternde Philosoph die Schwächen seiner Lehre durch allerlei mystische Zusätze und durch eine dem entsprechende, verwirrende Phraseologie zu verdecken suchte, daß er aber im Denken weder weiter, noch tiefer vorgedrungen war. Der Versuch wurde daher bald abgebrochen, und mit

Friedrich Wilhelm III.
Lithographie von Friedrich Jentzen

Hegels Grab

dem Autor verschwand auch die Naturphilosophie aus Berlin, wo der Boden durch den Hegelianismus allerdings vorbereitet, aber auch ausgesogen war ...

Das ist jedenfalls sicher, daß mit dem Tode Hegels auch die Universität dauernd aus dem Bann der philosophischen Systeme erlöst worden ist. Kein Philosoph hat seitdem eine ähnliche beherrschende Stellung eingenommen und, wir dürfen es mit Anerkennung sagen, auch nicht beansprucht. Wollen wir aber die Zeit während der Regierung Friedrich Wilhelms III. kurz bezeichnen, so dürfte kein Wort den damaligen Zustand schärfer ausdrücken, als die Bezeichnung: ‹die philosophische Zeit›.»[139]

In gewissem Sinne war mit Hegels Tod ein Stillstand eingetreten, nicht aber in der von Hegel selbst gemeinten Weise, daß die Geschichte der Philosophie alle früheren Gegensätze in höherer Einheit aufgehoben habe und in seinem System der Schlußstein aller philosophischen Entwicklung gesetzt sei. Der Stillstand war vielmehr einerseits durch eine gewisse Ruhe vor dem Sturm vorgetäuscht, indem die mannigfachen politischen und sozialen Konflikte niedergedrückt wurden, andererseits die wachsenden Fortschritte der Einzelwissenschaften der Herrschaft der Philosophie Einhalt geboten. Die Gegnerschaft zur Hegelschen Philosophie zerfiel – nach Hegels dialektischem Prinzip – in eine gegensätzliche Opposition; dasselbe läßt sich von der Schülerschaft Hegels sagen: sie spaltete sich in eine «Hegelsche Rechte» und eine «Hegelsche Linke», womit sie, was die

Benennung betrifft, einem noch zu erörternden Vorschlag von D. F. Strauß folgten. Die «Historische Schule», vertreten durch den Kollegen und Professor des römischen Rechts in Berlin, Savigny, und den Historiker Ranke, protestierte gegen Hegels Abwertung alles Historischen zum Durchgangspunkt eines dialektischen Weltprozesses. Herder hatte den Eigenwert eines jeden Volkes entdeckt und seine Erforschung als Aufgabe der romantischen Strömung eingeordnet. Hegels teleologische Weltgeschichte und die von ihm beeinflußte ideengeschichtliche Historiographie mußte in Gegensatz zur wachsenden positiv-faktischen Geschichtserforschung treten. Dieser historischen Tatsachenforschung trat die exakt-naturwissenschaftliche Entwicklung zur Seite, die für Hegels metaphysische und religiöse Spekulationen nur noch Geringschätzung übrig hatte.

Innerhalb der Hegelschen Schule stellten sich die konservativen Althegelianer auf den rechten Flügel (an Namen sind zu nennen: Carové, Erdmann, K. Fischer, Gans, Hinrichs, Michelet, Oppenheim, Rosenkranz und Rössler) und verteidigten das Recht alles historisch Gewordenen auf politischem, philosophischem und theologischem Sektor. Der linke Flügel beanspruchte die dialektische Methode Hegels für sich und erhob es zum revolutionären Prinzip.[140]

Es besteht Grund, hier ein Wort zu dem anscheinend selbstverständlichen Gebrauch des Ausdrucks «Schule» zu sagen. Nur wenige philosophische Systeme der Vergangenheit haben zur Bildung ausgesprochener Schulen geführt. Die Vielzahl der Anhänger braucht keineswegs auch schon den engen Zusammenschluß zur Folge zu haben. Das will heißen: zur «Schule» gehört nicht notwendig eine vereinsmäßige Organisation, aber wesentlich und unerläßlich nicht nur ein Lehrer und eine Lehre, auf die man sich beruft, sondern die ortsmäßig gebundene Zusammenarbeit, eine Einheit ohne Uniformität, eine Basis für die Weitergabe und künftige Tradition. In diesem Sinne hatten weder Kant noch Fichte noch Schelling eine Schule begründet. So weit Kants Schriften auch wirkten und eine neue Zeit in der Philosophie heraufführten, mit «Kantianismus» bezeichnet man einen prinzipiellen methodischen Standpunkt, aber keine «Schule». Eher waren schon Hegels System und Person für eine philosophische Schule disponiert. Das dialektische Doppelgesicht seiner Lehre aber zerriß von Anfang an die – wenn je gesuchte – Einheit und wirkte einer geschlossenen Schulbildung entgegen. So gibt es, streng genommen, keine «Hegelsche Schule», sondern nur ein schulmäßiges Berufen auf den Meister.

Die philosophiegeschichtlichen Darstellungen verfolgen die Wirkungsgeschichte Hegels meist über die Linke, über Ludwig Feuerbach, Bruno Bauer, Friedrich Engels und Karl Marx. «Marx ist gewiß», wie Hermann Lübbe sagt, «im Verhältnis zu den Hegelianern der Rechten, der einzige weltgeschichtlich bedeutsame Hegelianer. Das aber wußte im 19. Jahrhundert niemand. Und zwar nicht deswegen nicht, weil keine andere Genialität ausgereicht hätte, die Marxsche zu erkennen. Marx verdankt seinen weltgeschichtlichen Erfolg nicht der Richtigkeit seiner Analysen und Prognosen, sondern der Formulierung eines politischen Willens, die in ihrer phantastischen Abstraktheit zur Zeit und am Ort ihrer eigenen Intentionen, in den westeuropäischen Industrienationen frühkapitalistischer Herkunft und Prägung, im ganzen erfolglos blieb, jedoch das Glück hatte, später und am anderen Ort auf die brachliegende politische Energie eines bankrotten Staates voll relativer Zurückgebliebenheiten zu stoßen, die sie zu entzünden vermochte. Einzig dieser Erfolg macht die heutige intensive Beschäftigung mit Marx notwendig und erzwingt sie. Im Kontext der Ideologiegeschichte des 19. Jahrhunderts als solchem kommt Marx keine andere Rolle zu als er sie im Bewußtsein seiner Zeitgenossen, die seinen späteren Erfolg unmöglich voraussehen konnten, tatsächlich gespielt hat ... Im Verhältnis dazu blieben die rechten Hegelianer der Schule sozusagen Realisten. Ihr politischer Wille bildete sich, in Hegels Gefolge, eng, bisweilen auch ängstlich an der Wirklichkeit und projektierte dort, wo Marx die internationale proletarische Revolution ins Auge faßte, vielleicht Steuerfreiheit für Zucker und Kaffee zugunsten der Arbeiterschaft. Dieser Konkretismus, diese Unfähigkeit, im politischen Willen bis zum totalen Gegenteil dessen fortzugehen, was schon ist oder passiert, ist eine der entscheidenden Wirkungen, die Hegel durch seine Schule aufs 19. Jahrhundert ausgeübt hat ... Dieser rechte Hegelianismus der Schule ist im 19. Jahrhundert viel breiter wirksam gewesen als der Radikalismus der Linken. Er repräsentiert im Elemente der Philosophie politisch-liberales, an der Klassik gebildetes bürgerliches Bewußtsein – die Welt etwa Varnhagens, der seinerseits als hervorragender Repräsentant des Publikums gelten darf, das die Hegelianische Philosophie fand. Im ganzen muß man freilich sagen: der rechte Hegelianismus ist eher Ausdruck als bewegende politische Kraft. Er läßt erkennen, was war, ist aber kaum Evokateur neuer Bewegung und Wirklichkeit. Eben darin bestätigt er sich als eigentlicher Hegelianismus, sofern Hegel selbst schon mit seiner Funktionsbestimmung der Philosophie, Geist der Zeit in Gedanken zu sein, dieser statt der Aktion die Repräsentation zuwies.»[141]

In den dreißiger Jahren erregte bei Freunden und Gegnern Hegels keine Frage so stark die Gemüter, wie die nach dem Verhältnis der Philosophie zur christlichen Religion und Theologie. Die Stellung der Hegelschen Philosophie zu den Dogmen bildete den Gegenstand der Kritik. Seit K. F. Göschel in seinen «Aphorismen über das Nichtwissen» den Standpunkt des Glaubens mit den Thesen Hegels zu versöhnen versucht hatte, suchten auch andere die Lehre Hegels in orthodox-christlichem Sinne auszudeuten, wieder andere, etwa Rosenkranz, wollten wenigstens den Gegensatz zwischen Hegel und Schleiermacher überbrücken. Aber auch die radikale Richtung war schon auf den Plan gerufen.

Die Gegensätze kamen zur vollen Entfaltung, als der Theologe David Friedrich Strauß 1835 mit seinem Werk «Das Leben Jesu» an die Öffentlichkeit getreten war. Strauß war im Winter 1831/32 nach Berlin gekommen, hatte gerade noch zu Semesteranfang Hegels Vorlesungsstunden gehört und sofort Beziehung zu den Hegel-Schülern Michelet und Vatke aufgenommen. Kurz darauf ging er als Repetent nach Tübingen, wo Ferdinand Christian Baur als Hauptvertreter der historisch-kritischen Tübinger Schule wirkte. Das Buch von Strauß entfesselte in Deutschland einen Sturm der Auseinandersetzung. Strauß hatte alle rationalistischen und supra-rationalistischen Bibelinterpretationen für falsch erklärt und die Berichte des Neuen Testaments, sofern sie die Person Jesu betreffen, als Mythen 'gedeutet. Damit war der christlichen Dynamik aber auch der Spekulation einiger Hegel-Schüler der Kampf angesagt. Der lebhafte Streit, in zahlreichen kritischen Rezensionen offenbar, trug sich auch innerhalb der Hegelschen Schule aus. Darauf antwortete Strauß in seiner «Streitschrift zur Verteidigung» (1837) und erklärte

David Friedrich Strauß

ausdrücklich, seine Kritik des Lebens Jesu sei von ihren Anfängen an in einem inneren Verhältnis zu Hegels Philosophie gestanden. Als größten Gewinn habe er Hegels Unterscheidung zwischen Vorstellung und Begriff in der Religion, welche bei verschiedener Form doch denselben Inhalt haben können, in die Theologie übernommen. Wer ihm darin widerspreche, wie Marheineke und Göschel, bestätige nur, «daß die Hegelsche Schule in theologischer Hinsicht vom Hegelschen auf den Schellingschen Standpunkt zurückgesunken» sei. Bei Hegel selbst glaubte Strauß eine Unbestimmtheit in der Ansicht über die Person und Geschichte Jesu feststellen zu können. In bezug auf die Frage, ob und wieweit mit der Idee der Einheit göttlicher und menschlicher Natur die Berichte der Evangelien als geschichtliche Tatsachen gegeben sind, lassen sich nach Strauß drei Antworten formulieren: 1. daß mit jenem Begriff der Einheit das ganze neue Testament, oder 2. nur zum Teil oder 3. überhaupt nicht als historisch zu erweisen sei. Wenn diese drei Antworten wirklich von je einem Zweig der Hegelschen Schule repräsentiert würden, könnte man die Richtungen, so schlägt Strauß vor, als rechte Seite, Zentrum und linke Seite unterscheiden. Die spätere Einteilung in eine Hegelsche Rechte und Linke hat hier bei Strauß ihren Ursprung, allerdings bei ihm nur hypothetisch und hinsichtlich eines bestimmten Problems. Als Vertreter der äußersten Rechten bezeichnet Strauß vor allem Göschel und Gabler. Immer noch rechts, aber etwas näher zur Mitte stehe Bruno Bauer, der glaubt, die Wunder Jesu begrifflich deduzieren zu können. Im Zentrum steht Rosenkranz, der Widersprüche in der Geschichte Jesu zugibt, manche Wunder für unbegreiflich hält, aber doch meint, «das Wesen der Idee schließe die Absolutheit der Erscheinung als Individuum in sich». Strauß dagegen placiert sich ganz links mit seiner Ansicht, daß die Prüfung der Wahrheit biblischer Berichte ganz und gar Sache der historischen Kritik sei. Es kommt Strauß nicht darauf an, eine allgemeine Einteilung der Richtungen in der Hegelschen Schule zu liefern, er will nur die verschiedenen Ansichten in der Frage der Christologie deutlich machen. Michelet, der Strauß weitgehend zustimmt, schlägt eine Koalition des Zentrums mit der linken Seite vor und meint, daß Hegel selbst einer solchen Koalition zustimmen würde, da seine Lehre nicht, wie Strauß glaubt, an Unbestimmtheit kranke.[142]

Während Julius Schaller in seinem Buch «Die Philosophie unserer Zeit» (1837) der Hegelschen Philosophie vorwirft, sie verfalle in Formalismus und Dogmatismus, lehre ein System der Notwendigkeit anstatt der Freiheit und leugne die Personalität Gottes, geht der Historiker Heinrich Leo mit der «junghegelschen Partei» scharf ins Gericht. Leo war mit Hegel in meist guter Beziehung gestanden und nennt ihn seinen «teuersten Lehrer», als sich Hegel für ihn verwenden sollte, nachdem er einen Eifersuchtsskandal öffentlich inszeniert und seine Professur aufgegeben hatte. Seine Schrift «Die Hegelingen» (1838) rechnet scharf ab. Die Hegelsche Partei lehrt nach Leos Anklage ganz offen eine Religion des Diesseits, predigt den Atheismus, behauptet, das Evangelium sei eine Mythologie, und gibt sich «vermittelst einer Verhüllung ihrer gottlosen und frevelhaften Lehren in einer abstoßenden und nicht gemeinverständlichen Phraseologie noch das Ansehen, als ob sie eine christliche Partei sei». Die größte Gefahr erblickt Leo in der Tatsache, daß die Junghegelianer nicht bloße Theorie bieten wollen, vielmehr auf das Leben wirken.

Der Privatdozent Arnold Ruge, heftiger Gegner Leos, tat sich 1838 mit Theodor Echtermeyer zur Herausgabe der «Hallischen Jahrbücher für deutsche Wissenschaft und Kunst» zusammen. Außer den beiden Herausgebern arbeiteten an diesem literarischen Organ der Hegelianer in den drei Jahren seines Bestandes noch Strauß, Feuerbach, Vatke, Bruno und Edgar Bauer, der Ästhetiker Vischer und andere mit. Anfänglich versuchten sie durch engen Anschluß an Hegels Lehre die Einheit der Schule nach außen hin zu demonstrieren. Allmählich wurde die Kritik an der Hegelschen Philosophie immer schärfer. Die rechte Seite der Schule mußte Spott und völlige

Ablehnung über sich ergehen lassen; in politischer Hinsicht bekämpfte man die bestehenden Zustände, besonders die im preußischen Staat. Die Romantik wird als «Sphäre des trüben Mediums» bezeichnet; ihren Vater haben sie in Fichte, ihre Mutter in Schelling, dessen Lehre ein «Abfall von der Philosophie» sei, wogegen die Hegelsche Philosophie die Romantik durch Negation überwunden habe.

Die «Hallischen Jahrbücher» wurden 1841 in die «Deutschen Jahrbücher» umgewandelt. Immer mehr war die praktisch-politische Tendenz hervor-, das philosophische dagegen zurückgetreten. Nachdem die Zeitschrift 1843 in Sachsen verboten worden war, ging Ruge nach Frankreich. In Paris erschienen 1844, von Ruge und Karl Marx herausgegeben, die «Deutsch-Französischen Jahrbücher». Damit beginnt eine

Arnold Ruge

neue Phase in der Entwicklung des Hegelianismus, die noch zur Rede stehen wird.[143]

Ludwig Feuerbach veröffentlichte 1839 in den «Hallischen Jahrbüchern» eine «Kritik der Hegelschen Philosophie», worin er sich von der «rationellen Mystik» Hegels lossagt und eine Philosophie der Realität des Individuellen und der Natur fordert. In seinem Hauptwerk «Das Wesen des Christentums» (1841) streift er vollends «alles Metaphysische» ab und verwirft «die absolute, die immaterielle, die mit sich selbst zufriedene Spekulation, – die Spekulation, die ihren Stoff aus sich selbst schöpft». Prinzip seiner Philosophie soll nicht der absolute Geist, sondern der Mensch sein, «das Fleisch und Blut gewordene Resultat der bisherigen Philosophie». Feuerbach sieht seine Lehre als notwendigen Fortschritt, durch den die Wahrheit der Hegelschen Philosophie hervortritt und «aufgehoben» ist.

Den Kardinalsatz aus Hegels Religionsphilosophie (*Der Mensch weiß nur von Gott, insofern Gott im Menschen von sich selbst weiß; dies Wissen ist Selbstbewußtsein Gottes, aber ebenso ein Wissen desselben vom Menschen, und dies Wissen Gottes vom Menschen*

Ludwig Feuerbach

ist Wissen des Menschen von Gott; der Geist des Menschen, von Gott zu wissen, ist nur der Geist Gottes selbst) kehrt Feuerbach um und interpretiert ihn so: «Wenn, wie es in der Hegelschen Lehre heißt, das Bewußtsein des Menschen von Gott das Selbstbewußtsein Gottes ist, so ist ja per se das menschliche Bewußtsein göttliches Bewußtsein», das heißt, «das Wissen des Menschen von Gott ist das Wissen des Menschen von sich, von seinem eigenen Wesen». Das Wesen Gottes ist also da, wo das Bewußtsein Gottes ist – im Menschen. «Im Wesen Gottes wird dir nur dein eigenes Wesen Gegenstand, tritt nur vor dein Bewußtsein, was hinter deinem Bewußtsein liegt.» Die Theologie geht somit ganz in der philosophischen Anthropologie auf. In den «Vorlesungen über das Wesen der Religion» sagt Feuerbach noch deutlicher, was er will: den Menschen von der Illusion Gottes befreien, ihm die volle Freiheit wiedergeben und ihn zum wahren Menschen machen. «Der Zweck meiner Schriften, so auch meiner Vorlesungen ist: die Menschen aus Theologen zu Anthropologen, aus Theophilen zu Philanthropen, aus Candidaten des Jenseits zu Studenten des Diesseits, aus religiösen und politischen Kammerdienern der himmlischen und irdischen Monarchie und Aristokratie zu freien, selbstbewußten Bürgern der Erde zu machen.» Und am Ende der letzten Vorlesung gibt Feuerbach dem Wunsche Ausdruck, seine Aufgabe nicht verfehlt zu haben, «die Aufgabe nämlich, sie aus Gottesfreunden zu Menschenfreunden, aus Gläubigen zu Denkern, aus Betern zu Arbeitern ... aus Christen, welche ihrem eigenen Bekenntnis und Geständnis zufolge h a l b T i e r , h a l b E n g e l sind, zu M e n s c h e n , zu g a n z e n M e ns c h e n zu machen»[144].

Die Hegelsche Philosophie habe, so meint Feuerbach, den Menschen sich selbst entfremdet, indem ihr ganzes System auf Akten der Abstraktion beruhe. Sie identifiziere zwar wieder, aus sich trenne, aber nur auf eine selbst wieder trennbare, mittelbare Weise. Die unmittelbare Identifikation des durch die Abstraktion entäußerten Wesens des Menschen mit dem Menschen kann nur als totale Negation der Hegelschen Philosophie begriffen werden. «Alles steckt zwar in der Hegelschen Philosophie, aber immer zugleich mit seiner Negation, seinem Gegensatz.» Die wahre Philosophie habe daher, wenn Hegel richtig verstanden wird, mit der Nichtphilosophie zu beginnen, das heißt mit dem Leben, dem Menschen. Die Wahrheit kann nicht im Denken angetroffen werden, sie ist vielmehr in der Totalität des menschlichen Lebens. Die Anthropologie wird somit zur Universalwissenschaft.[145]

Daß sich Feuerbachs Anthropologismus zum radikalen Subjektivismus und Egoismus übersteigern läßt, zeigt das 1844 erschienene Werk «Der Einzige und sein Eigentum» von Max Stirner. Nach ihm ist auch Feuerbachs Ansicht noch durchaus theologisch. Wenn Feuerbach sagt: «Der Mensch ist dem Menschen das höchste Wesen», so müsse man fragen: «Was gewinnen wir denn, wenn wir das Göttliche außer uns zur Abwechslung einmal in uns verlegen?» Wenn die Hegelsche Linke auch das Transzendente beseitigt habe, beim Atheismus angelangt und nur der Mensch übriggeblieben sei, dann bleibt doch der Grundfehler, daß der Mensch jetzt zum Göttlichen erhoben wurde. Aber «das Göttliche ist Gottes Sache, das Menschliche Sache des Menschen. Meine Sache ist weder das Göttliche, noch das Menschliche, ist nicht das Wahre, Gute, Rechte, Freie usw., sondern allein das Meinige, und sie ist keine allgemeine, sondern ist – einzig, wie Ich einzig bin ... Es ist m e i n Sein, wie jenes m e i n Denken.»[146]

Johann Friedrich Herbart. Stich von Geyer nach Steffens

Um die Zeit der fünfziger Jahre traten die empirischen Naturwissenschaften ihren Siegeszug an und führten mancherlei Art von Materialismus als philosophische Lehre im Gefolge mit sich. Über Hegels Konstruktionen, vor allem über seine Naturphilosophie – den schwächsten Teil seines Systems –, ergossen sich die Gefäße des Spotts. Die Hegelianer gaben indessen den Kampf nicht auf. Die Berliner Philosophische Gesellschaft gab 1860 eine neue Zeitschrift, «Der Gedanke», heraus. Im selben Jahr hatten die Herbartianer eine «Zeitschrift für exakte Philosophie» begründet. In der einen wurde Hegels, in der anderen Herbarts Philosophie vertreten. Im Programm des ersten Heftes heißt es: die Herbartianer glauben die Geschichte der Philosophie rückgängig machen zu können und «Kant, Fichte, Schelling und Hegel als grenzenlose Verirrung und verderbliche Vernünfteleien» zu brandmarken, um «Platz für ihren Helden» zu gewinnen. Stolz weist man darauf hin, daß die Hegelsche Philosophie «von Deutschland nicht zu reden, zahlreiche Anhänger in Skandinavien, Rußland, Polen, Serbien, Italien und Frankreich bis über den Atlantischen Ozean hinüber» besitze.

Der Zeitschrift, die bis 1884 bestand, gelang es zwar nicht, der Hegelschen Philosophie eine neue Machtstellung zu verschaffen, dennoch zeugt sie vom Weiterleben Hegelscher Gedanken. Auch nachdem die Hegelsche Schule ihren einstigen Rang eingebüßt hatte, gab es noch genug Hegelianer, die seine Philosophie über die Schwelle des neuen Jahrhunderts trugen. Zum 100. Geburtstag Hegels 1870 erschien eine Reihe von Festschriften, so unter anderem von Michelet: «Hegel, der unwiderlegte Weltphilosoph», von Rosenkranz: «Hegel als deutscher Nationalphilosoph» und von Köstlin: «Hegel in philosophischer, politischer und nationaler Bedeutung». In den Jahren zwischen der Jahrhundertwende und dem Ersten Weltkrieg sprach man von einer Hegel-Renaissance. Wilhelm Windelband hielt 1910 eine Rede über die «Erneuerung des Hegelianismus». Bis in unsere Gegenwart hinein wird Hegels Philosophie auf den akademischen Kathedern vorgetragen. Wenn, ohne Vollständigkeit zu erstreben, Namen derer genannt werden sollen, die als Lehrer, Interpreten oder Herausgeber der Werke Hegels wirkten, so wären für Deutschland außer den Erwähnten aufzuführen: Adolf und Georg Lasson, Julius Ebbinghaus, Emil Hammacher, Theodor Litt, Johannes Hoffmeister und Hermann Glockner; für Frankreich: Cousin, Ott und Prevost; für Italien: Vera, Spaventa, Marino, d'Ercole, Croce und Gentile; für England: Stirling, Green, Wallace, Seth, Edward und John Caird, Bosanquet, Mc Taggart und Baillic; für Schweden: Höijer und Borelius; für Norwegen: Monrad; für Dänemark: Heiberg; für Holland: van Ghert und Bolland.[147]

HEGEL UND DER MARXISMUS

Der dialektische und der historische Materialismus zusammen bilden – in der sowjetischen Terminologie – die «Philosophie des Kommunismus». Diese ihrerseits wird zusammen mit der Politökonomie und den politischen Lehren zum Gesamtgebäude der marxistisch-leninistischen Ideologie. In Lenins Formulierung fand die Dreiheit ihren klassischen Ausdruck: «Die Lehre von Marx ... ist die rechtmäßige Erbin des Besten, was die Menschheit im 19. Jahrhundert in Gestalt der deutschen Philosophie, der englischen politischen Ökonomie und des französischen Sozialismus geschaffen hat.»[148]

*Weltgeschichte ist der Fortschritt im
Bewußtseyn der Freyheit.* — Hegel

Hegel. Lithographie von C. Mittag, 1842

Karl Marx

Der Satz ist auch in unserer Hinsicht bemerkenswert: die kommunistische Ideologie versteht sich selbst als Erbin der deutschen klassischen Philosophie. Darin sieht sie ihre Überlegenheit gegenüber dem mechanischen Materialismus, den sie oft mit dem verächtlichen Ausdruck «Vulgärmaterialismus» bezeichnet.[149]

Die Sowjetphilosophie beruft sich auf Marx und Engels als auf ihre eigentlichen Begründer. Angesichts der Tatsache, daß heute nahezu eine Milliarde Menschen unter Regierungen leben, die sich auf die Lehre von Karl Marx berufen, erscheint der Marxismus zunächst als eine Erhebung in globalem Ausmaß. Und doch stand seine Wiege im Haus der deutschen Philosophie. Weitsehende Zeitgenossen hatten schon früh darauf hingewiesen, daß die präzis gedachte, allen Lärm scheuende schulmäßige Philosophie eines Tages von den Kathedern der Universitäten in die politische Arena herabsteigen und dort Umwälzungen von größtem Tiefgang hervorrufen werde. Man darf zwar nicht annehmen, alles, was in der marxistischen Welt geschieht, könne direkt aus der Lehre von Marx abgeleitet werden. Gewisse Ereignisse und Veränderungen lassen sich nicht vollständig auf die ursprüngliche Doktrin zurückführen. Dennoch hängen sie mit ihr zusammen, auch indem sie von ihr abweichen oder im Widerspruch zu ihr auftreten.[150]

Karl Marx kam als junger Student von Bonn 1836 nach Berlin, wo er bei Savigny und Gans Vorlesungen hörte. Kurz darauf ist er schon Mitglied des «Doktorklubs», der die Junghegelianer vereinigte. Dort trifft er neben anderen Köppen und Bruno Bauer. Im Jahre 1837 schreibt der neunzehnjährige Marx an seinen Vater: «Ich hatte Fragmente der Hegelschen Philosophie gelesen, deren groteske Felsenmelodie mir nicht behagte. Noch einmal wollte ich hinabtauchen in das Meer, aber mit der bestimmten Absicht, die geistige Natur ebenso notwendig, konkret und festgerundet zu finden wie die körperliche, nicht mehr Fechterkünste zu üben, sondern die reine Perle ans Sonnenlicht zu halten.» Vergebens versuchte er, der Transzendenz der Idee zu entrinnen, zu der ihn die Philosophie führte, die sein «böser Geist» war: «Ich schrieb», so setzte Marx seinen Brief fort, «einen Dialog von ungefähr 24 Bogen: ‹Kleanthes, oder vom Ausgangspunkt und notwendigen Fortgang der Philosophie›. Hier vereinigte sich einigermaßen Kunst und Wissen, die ganz auseinandergegangen waren, und ein rüstiger Wanderer, schritt ich ans Werk selbst, an eine philosophisch-dialektische Entwicklung der Gottheit, wie sie als Begriff an sich, als Religion, als Natur, als Geschichte sich manifestiert. Mein letzter Satz war der Anfang des Hegelschen Systems, und diese Arbeit, wozu ich mit Naturwissenschaft, Schelling, Geschichte einigermaßen mich bekannt gemacht, die mir unendliches Kopfzerbrechen verursacht und so konfus geschrieben ist [da sie eigentlich eine neue Logik sein sollte], daß ich jetzt selbst mich kaum wieder hineindenken kann, dies mein liebstes Kind, beim Mondschein gehegt, trägt mich wie eine falsche Sirene dem Feind in den Arm.»[151] Für einige Zeit wandte er sich «positiveren Studien» zu, bald aber, während einer Krankheit, las er Hegel noch einmal und nun beginnt die kritische Auseinandersetzung mit Hegels Philosophie, die man erst 1845 als abgeschlossen betrachten kann.

Man spricht heute – meist im Westen – vom «marxistischen Materialismus» oder auch vom «materialistischen Marxismus». Dabei übersieht man, daß Marx selbst den Begriff «Materialismus» im Anschluß an L. Feuerbach im Sinne einer bloßen Umkehrung des Hegelschen «Idealismus» verstand. Auch die «Umkehrung» wird oft sehr vereinfacht so dargestellt, als ob Marx das Ideelle und den Geist einfach in evolutionistischer Weise als Produkt der Materie erscheinen ließ, während Hegel die Natur und das Materielle als Resultat der Entäußerung aufgefaßt habe. Vielmehr bestand die Umkehrung Hegels durch Marx darin, «daß im dialektischen Prozeß der Selbstverwirklichung des Absoluten auf dem Wege seiner Selbstentäußerung als Subjekt nicht die Idee, sondern die Natur und der sinnlich-gegenständliche Mensch als Teil dieser Natur erscheint». Marx übernimmt von Hegel das dialektische Schema des Sich-selbst-Verwirklichens auf dem Wege eines Sich-selbst-Entäußerns. Subjekt dieses Prozesses ist für Marx jedoch nicht das Absolute, sondern der «wirkliche, leibliche, auf der festen, wohlgegründeten Erde stehende, alle Naturkräfte aus- und einatmende Mensch». Im Marxschen Materialismus geht es demnach nicht um die Materie im Sinne der Physik und Chemie, sondern um den im Arbeitsprozeß auf die Natur einwirkenden und sich selbst aus der Natur heraus erzeugenden Menschen.[152]

Daß Marx die Hegelsche Rechtsphilosophie nicht nur gekannt, sondern auch ausführlich studiert hatte, ist erwiesen, obwohl Marx seltsamerweise mit keinem Wort auf Hegels Kritik der bürgerlichen Gesellschaft eingeht. Nach Robert Heiss bleibt es ein unlösbares Rätsel, warum diese erbarmungslose Kritik Hegels, die in ihrer Schärfe nur von Marx übertroffen wird, weder von den Philosophiehistorikern noch von den Marxisten gewürdigt wurde. «Wer die Darstellung der bürgerlichen Gesellschaft bei Hegel heute liest und auch nur einigermaßen über die Grundthesen des späten Marx Bescheid weiß, kann nicht an der Tatsache vorbeigehen, daß alle Grundelemente des Denkens von Marx bereits in diesem Abschnitt der R e c h t s p h i l o s o p h i e enthalten sind.»[153]

Freilich darf man nicht übersehen, daß Marx seinen Schlüsselbegriff des «dialektischen Arbeitsprozesses» nicht aus der Rechtsphilosophie, sondern aus der *Phänomenologie des Geistes* entlehnt. Er geht von dem Kapitel *Herrschaft und Knechtschaft* aus, wo Hegel sagt, daß der Herr das eigentliche Für-sich-Sein, der Knecht dagegen durch sein Entäußern in der Arbeit nur ein Für-ein-Anderes-Sein besitze und damit Mittel zum Zweck werde. Solange sich Marx mit diesem klassischen Beispiel Hegelscher Dialektik auseinandersetzt, versagt er ihr weder Anerkennung noch Bewunderung. Hegel sei, so sagt er, zu einem richtigen Verständnis des Wesens der Arbeit vorgestoßen, indem er diese als den dialektischen Prozeß der «Selbsterzeugung» des Menschen verstand und den Menschen selbst als «Resultat seiner eigenen Arbeit»[154]. Den grundlegenden Fehler sieht Marx jedoch darin, daß bei Hegel als Subjekt der dialektischen Bewegung «das Selbstbewußtsein» auftritt, wogegen Marx dem Prozeß als Subjekt den Menschen zuordnet, oder anders: an Stelle des Hegelschen Bewußtseinsprozesses tritt das Verhältnis zwischen Mensch und Natur. Die Umsetzung der Gedanken Hegels im Anschluß an die Dialektik von *Herr und Knecht* geschieht darin, daß Marx die Arbeit als ein Produzieren sieht: der Mensch setzt etwas aus sich selbst heraus und läßt es in der Natur gegenständliche Wirklichkeit werden. «Was ... den schlechtesten Baumeister vor der besten Biene auszeichnet ist, daß er die Zelle in seinem Kopf gebaut hat, bevor er sie in Wachs baut.»[155]

Der arbeitende Mensch legt im Arbeitsprozeß sein Wesen in das Produkt der Arbeit. Je mehr er sein Leben in den Gegenstand entäußert, um so ärmer wird er; er gehört nicht mehr sich selbst, sondern dem Ding, dem Produkt seiner Arbeit. Die Entfremdung des Arbeiters vom Produkt seiner Arbeit ist für Marx die Wurzel aller Übel im Leben der gegenwärtigen Gesellschaft. Die Entfremdung des Arbeiters von seiner Arbeit führt dazu, daß ihm die Arbeit als etwas Äußerliches erscheint, das er nicht bejaht, sondern verneint, bei deren Verrichtung er sich nicht wohl, sondern unglücklich fühlt. Erst außer der Arbeit ist der Mensch bei sich, in der Arbeit außer sich. Diese Tatsache macht die Selbstentfremdung des Menschen in der Lohnarbeit offenkundig. Daraus folgt aber auch die Entfremdung der Menschen untereinander: die menschlichen Verhältnisse werden, solange die Sozialordnung nicht geändert ist, pervertiert und unmenschlich. Der Mitmensch interessiert nicht als Mitmensch, sondern als Mittel zur Erlangung von Profit für den Eigentümer der Produktionsmittel oder als Mittel zur Erlangung des Lebensunterhaltes für den Arbeiter.[156]

Friedrich Engels

Erst durch die Aufhebung des Privateigentums wird es möglich sein, daß die Gesellschaft jenen Zustand erreicht, wo der Naturalismus des Menschen und der Humanismus der Natur zusammenfallen. Der Kommunismus ist nach Marx «als vollendeter Naturalismus = Humanismus, als vollendeter Humanismus = Naturalismus; er ist die wahrhafte Auflösung des Widerstreits zwischen dem Menschen mit der Natur, und mit dem Menschen, die wahre Auflösung des Streites zwischen Existenz und Wesen, zwischen Vergegenständlichung und Selbstbestätigung, zwischen Freiheit und Notwendigkeit, zwischen Individuum und Gattung. Er ist das aufgelöste Rätsel der Geschichte und weiß sich als Lösung.»[157]

Auch Friedrich Engels will den mechanischen Materialismus durch die Dialektik überwinden; auch er bildet seinen Gebrauch des Begriffes in der Auseinandersetzung mit Hegel aus. Ganz richtig sehe Hegel, daß die Welt nicht als ein Komplex von fertigen Dingen zu fassen ist, sondern als ein Komplex von Prozessen. Hegel irre nur darin, daß er die Dialektik als eine Selbstbewegung des Begriffes faßt. «Diese ideologische Verkehrung galt es zu beseitigen. Wir faßten die Begriffe unseres Kopfes wieder materialistisch als die Abbilder der wirklichen Dinge, statt die wirklichen Dinge als Abbilder dieser oder jener Stufe des absoluten Begriffs... Damit aber wurde die Begriffsdialektik selbst nur der bewußte Reflex der dialektischen Be-

135

Hegel. Basrelief von Drake, 1850

wegung der wirklichen Welt, und damit wurde die Hegelsche Dialektik auf den Kopf oder vielmehr vom Kopf, auf dem sie stand, wieder auf die Füße gestellt.»[158]

Engels mißverstand völlig, was für Hegel die «absolute Idee» war.
Nach Hegels Identitätsprinzip ist die Natur eben nicht als Abbild der
absoluten Idee aufzufassen, sondern als eben diese Idee selbst in ihrem Anderssein. Das Mißverständnis von «Abklatsch» wurde aber
gerade der Ausgangspunkt für die vielbesprochene «Umkehrung»
der Hegelschen Dialektik zur materialistischen Dialektik. In den
oben zitierten Sätzen von Engels steckt aber auch noch eine große
Begriffsverwirrung. Nur der Standpunkt, nach dem das Denken aus
der Natur, und nicht die Wirklichkeit aus der Idee, hervorgeht, kann
als Materialismus bezeichnet werden. Daß «unsere Begriffe Abbilder
der wirklichen Dinge seien», sagt nicht der «Materialismus», sondern der naive erkenntnistheoretische Realismus.

Die neue materialistische Dialektik wird von Engels an Hand
dreier Gesetze erläutert, in denen wieder Hegelsche Gedanken «um-

gekehrt» werden: das Gesetz vom Umschlagen der Quantität in Qualität (alle Entwicklung vollzieht sich in zwei Phasen, der evolutionären und der revolutionären, an deren Ende eine höhere Qualität steht); das Gesetz von der Durchdringung der Gegensätze (von der Einheit und dem Kampf der Gegensätze zwischen Proletariat und besitzender Klasse); das Gesetz der Negation (jede erreichte Entwicklungsstufe wird im Laufe der Weiterentwicklung negiert und durch eine andere Form ersetzt, die jedoch wieder negiert, das heißt «aufgehoben» wird).[159]

Wie wir sahen, erklärt sich die philosophische Grundposition des Marxismus aus einer Reaktion gegen bestimmte Unzulänglichkeiten des Hegelschen Systems. Sowohl Marx als Engels glaubten, jene Mängel durch eine «Umkehrung» Hegels behoben zu haben. Die Korrektur Hegels durch seine «Umkehrung» ist jedoch – schon methodologisch gesehen – eine fragwürdige Sache und vor allem bei Engels nur durch eine Reihe von Mißverständnissen der Hegelschen Philosophie ermöglicht. Tatsächlich hat man nicht Hegel vom Kopf auf die Füße gestellt, sondern eine fiktive Theorie in ihr Gegenteil verkehrt. Eine ernste Kritik an Hegel müßte an seinem monistischen Prinzip ansetzen, aber das gerade wurde sowohl von Marx als besonders von Engels übersehen. Hegel spricht nirgendwo davon, daß die Wirklichkeit «ein Abbild der absoluten Idee sei»; es stimmt auch nicht, wenn Marx sagt, daß bei ihm «das Bewußtsein das gesellschaftliche Sein» bestimme. In Hegels Philosophie erübrigt sich ja gerade eine eigene Erkenntnistheorie, die zu erklären hat, wie sich Denken und Sein, Wirklichkeit und Logik zueinander verhalten. In der dialektischen Logik entwickelt Hegel von einem einzigen Prinzip aus in strenger Konsequenz den Aufbau der Wirklichkeit als einer gedachten Wirklichkeit. Logik als Lehre vom Denken und Ontologie als Lehre vom Sein fallen somit in eins zusammen.

Wie wenig der Monismus Hegels Gegenstand marxistischer Kritik wurde, zeigt sich an einem weiteren Beispiel. Hegels Lehre von der Ursprünglichkeit des Geistes gegenüber der Natur impliziert, so sagt Engels, einen christlichen Schöpfergott und sei schon von daher widerlegt. Die Widerlegung basiert jedoch auf Vereinfachungen. Man spricht Hegel nicht seine Christlichkeit ab, wenn man darauf hinweist, daß seine Identitätsphilosophie keinen «Gott der Bibel» voraussetzt, da Hegel die Natur mit dem Schöpfergeist identifiziert. Die christliche Lehre dagegen faßt die Natur als Produkt des Schöpfergeistes, wobei Schöpfer und Geschöpf als wesensmäßig verschieden gedacht sind.

Sowohl Hegel wie Marx galten ihrer Zeit in gewissem Sinne als Propheten. Hegel glaubte, daß mit seiner Philosophie eine Art geschichtlicher Endzustand heraufgekommen sei. *Wenn die Philosophie ihr Grau in Grau malt, dann ist die Gestalt des Lebens alt geworden, und mit Grau in Grau läßt sie sich nicht mehr verjüngen, sondern nur erkennen; die Eule der Minerva beginnt erst mit der eintretenden Dämmerung ihren Flug.* Aber im damaligen preußischen Staat war das Ziel der Weltgeschichte noch nicht verwirklicht. Die Geschichte nahm über Hegel und seine Zeit hinaus einen von ihm nicht vorhergesehenen Verlauf. Die *List der Vernunft* erwies sich ganz wie Hegel sie bestimmte – gegen ihn selbst. Wenn Marx der Ansicht war, daß der revolutionäre Umsturz und die Vergesellschaftung der Produktionsmittel allein genügen würden, den menschlichen Egoismus zu überwinden und in der klassenlosen Gesellschaft den idealen Endzustand herbeizuführen, dann sind wir Heutigen Zeugen dafür, daß die Entwicklung sowohl der westlichen wie der östlichen Welt ganz anders aussah, als Marx es sich vorstellen konnte. Die Desillusion entbindet aber nicht von der Anerkennung der Geschichtsmächtigkeit ihrer Lehren.

ANMERKUNGEN

1 «Briefe von und an Hegel». Hg. von Johannes Hoffmeister. Hamburg 1952–1960, 4 Bde. (Philosophische Bibliothek), IV, 153
2 «Dokumente zu Hegels Entwicklung». Hg. von Johannes Hoffmeister. Stuttgart 1936, 392 f
3 J. Klaiber, «Hölderlin, Hegel und Schelling in ihren schwäbischen Jugendjahren». Stuttgart 1877, 71 ff; vgl. Briefe IV, 157
4 Dokumente, 39
5 K. Fischer, «Hegels Leben, Werke und Lehre», 1. Teil. Heidelberg 1911², 9
6 Dokumente, 8
7 ebd., 12 f
8 Vgl. R. Haym, «Hegel und seine Zeit». Berlin 1857, Nachdruck Hildesheim 1962, 16 ff
9 Dokumente, 52
10 Briefe IV, 74
11 Vgl. H. Fuhrmans, «F. W. J. Schelling, Briefe und Dokumente», Bd. I (1775–1809). Bonn 1962, 9 f
12 Zit. Briefe IV, 160
13 ebd., 162–165
14 K. Rosenkranz, «G. W. F. Hegels Leben». Berlin 1844, 30
15 Dokumente, 433 und 438
16 ebd., 430
17 Rosenkranz, 32 f
18 Vgl. Fuhrmans, 34 f
19 Dokumente, 429
20 Theologische Jahrbücher, Bd. IV/1845, 192 ff
21 Haym, 40
22 Dokumente, 434
23 Briefe I, 11
24 Vgl. F. Bülow, «Hegel. Volk, Staat, Geschichte. Eine Auswahl aus seinen Werken». Stuttgart 1942 (Kröners Taschenbuch Bd. 39), 15
25 Briefe I, 12
26 ebd., 16 f
27 ebd., 40 f
28 ebd., 42 f
29 ebd., 45
30 ebd., 52
31 Vgl. Rosenkranz, 140; Bülow, 23 f
32 Rosenkranz, 141
33 ebd., 85
34 ebd., 87
35 Briefe I, 58
36 ebd., 58 ff
37 Rosenkranz, 149
38 ebd., 160 und 215
39 ebd., 218
40 Briefe I, 68
41 G. W. F. Hegel, «Sämtliche Werke», Jubiläumsausgabe von H. Glockner, 20 und 2 Bde., 3. Auflage. Hier und im folgenden abgekürzt als: SW I, 291 f
42 ebd., 84 f
43 ebd., 111
44 Vgl. Bülow, 48
45 Briefe I, 119
46 ebd., 120
47 ebd., 131 f
48 ebd., 134
49 ebd., 146
50 ebd., 225
51 ebd., 259
52 ebd., 261
53 Vgl. Rosenkranz, 247 f
54 SW III, 208
55 ebd., 313 f
56 Vgl. Rosenkranz, 250 f
57 Briefe I, 356
58 ebd., 355 f
59 ebd., 367 f
60 ebd., 359 f
61 Briefe III, 434 f
62 Briefe IV, 128 f
63 Briefe I, 389 f
64 ebd., 393
65 Vgl. H. J. Störig, «Kleine Weltgeschichte der Philosophie». Stuttgart 1950⁷, 523
66 Briefe I, 338
67 Briefe II, 94 ff
68 ebd., 111 f
69 Zit. Bülow, 53
70 Briefe II, 147 f
71 Fischer, 123
72 Rosenkranz, 302 f
73 Briefe II, 153

74 SW VI, S. VIII
75 Vgl. Bülow, 62 f
76 Briefe II, 197
77 ebd., 182
78 ebd., 422
79 ebd., 170
80 ebd., 173
81 ebd., 178
82 Rosenkranz, 319; vgl. Fischer, 140
83 Briefe II, 189
84 Gedenkschrift der F. U. Berlin zur 150. Wiederkehr des Gründungsjahres. Idee und Wirklichkeit einer Universität. Dokumente zur Geschichte der Friedrich Wilhelms Universität zu Berlin. Hg. von W. Weischedel. Berlin 1960, 309
85 Bülow, 63
86 Gedenkschrift, 310 ff
87 Zit. Bülow, 65
88 Briefe II, 218
89 Gedenkschrift, 319
90 ebd., 315
91 ebd., 325
92 Briefe II, 221
93 Zit. Rosenkranz, 346 f
94 Gedenkschrift, 322
95 ebd., 319 ff
96 SW XXII, 556
97 Haym, 364
98 Vgl. Rosenkranz, 336 f
99 ebd., 335
100 SW XXII, 559
101 Haym, 366
102 Briefe III, 72
103 R. Heiss, «Die großen Dialektiker des 19. Jahrhunderts. Hegel, Kierkegaard, Marx». Köln–Berlin 1963, S. 163 und 166 f
104 Vgl. SW XXII, 561
105 Vgl. Haym, 434 f
106 SW XXII, 560
107 Haym, 413 f
108 Briefe II, 160
109 ebd., 475
110 Briefe III, 204 ff
111 Zit. Bülow, 87 f
112 Briefe III, 278
113 Briefe II, 316
114 Fischer, 166; vgl. Briefe II, 340
115 Briefe II, 353
116 ebd., 355

117 ebd., 359 f
118 ebd., 362
119 ebd., 183 ff, 186 ff, 188, 197 f
120 ebd., 422; Fischer, 176
121 Briefe II, 202
122 Zit. Haym, 510 ff
123 H. v. Treitschke, «Deutsche Geschichte des 19. Jahrhunderts». Leipzig 1896⁴, III, 721
124 Vgl. Fischer, 156–160
125 Briefe IV, 117–120
126 Rosenkranz, 355 f und 360 ff
127 H. G. Hotho, «Vorstudien für Leben und Kunst». Stuttgart und Tübingen 1835, 388 ff
128 Briefe I, 194
129 Vgl. Fuhrmans, 529 ff
130 Briefe II, 72
131 Fuhrmans, 551
132 Briefe III, 270
133 ebd., 275–280
134 ebd., 135 ff
135 ebd., 402
136 SW XX, 521–544; Rosenkranz, 410 f
137 Rosenkranz, 419 f
138 ebd., 422 ff
139 Gedenkschrift, 419–422
140 Vgl. Störig, 557
141 «Die Hegelsche Rechte». Texte aus den Werken. Ausgew. u. eingel. von H. Lübbe. Stuttgart-Bad Cannstatt 1962, 9 f
142 W. Moog, «Hegel und die Hegelsche Schule». München 1930, 432 f
143 Vgl. ebd., 438 ff
144 L. Feuerbach, «Sämtliche Werke». Stuttgart 1908, VIII, 28 f
145 Vgl. Moog, 465
146 Zit. ebd., 467
147 Vgl. ebd., 482–487
148 V. I. Lenin, «Ausgewählte Werke». Berlin 1959, I, 7 f
149 Vgl. G. Wetter, «Die Umkehrung Hegels. Grundzüge und Ursprünge der Sowjetphilosophie». Köln 1963, 9 f
150 Vgl. J. Y. Calvez, «Karl Marx. Darstellung und Kritik seines Denkens». Olten und Freiburg i. B. 1964, 15 f
151 M.E.G.A. I, 5, 234 f
152 K. Marx, «Die Frühschriften».

Stuttgart 1953, 273; vgl. G. Wetter, 14
153 Heiss, 162
154 Marx, 269
155 K. Marx, «Das Kapital». Hamburg 1922, I, 140; vgl. G. Wetter, 17 f
156 Vgl. G. Wetter, 21
157 K. Marx, «Die Frühschriften», 235
158 Marx-Engels, «Ausgewählte Schriften». Berlin 1961, II, 360 f
159 F. Engels, «Anti-Dühring». Moskau 1946, 146 f

ZEITTAFEL

1770   Am 27. August wird Georg Wilhelm Friedrich Hegel als Sohn des Rentkammersekretärs und späteren Expeditionsrates Georg Ludwig Hegel und seiner Ehefrau Maria Magdalena, geb. Fromm, in Stuttgart geboren

1773   Bis 1775 besucht er die Deutsche, dann die Lateinische Schule seiner Vaterstadt

1780   Übertritt zum Gymnasium Illustre, dem späteren Eberhard-Ludwigs-Gymnasium in Stuttgart

1784   Tod der Mutter

1785   Beginn des Tagebuches in deutscher und lateinischer Sprache

1788   Maturum. Hegel tritt ab dem Wintersemester 1788/89 als Stipendiat in das Tübinger Stift ein und studiert Philosophie und Theologie an der dortigen Universität

1790   Ab dem Wintersemester 1790/91 bewohnen Hegel, Hölderlin und Schelling dasselbe Zimmer im Stift und schließen eine Freundschaft, die erst durch Hölderlins schwere Erkrankung und durch die langsame Entfremdung Hegels und Schellings ab 1807 auseinanderbrach. Hegel begeistert sich für Rousseau. Am 27. September wird er zum Magister der Philosophie promoviert

1793   Mit dem theologischen Konsistorialexamen am 20. September schließt Hegel sein Studium ab und erholt sich anschließend in Stuttgart, wo er mit G. F. Stäudlein zusammentrifft.
Ab Oktober nimmt Hegel die Hauslehrerstelle bei C. F. Steiger von Tschugg in Bern an

1797   Hauslehrer in Frankfurt am Main. Im *Systemfragment* skizziert Hegel seine dialektische Methode. Übergang von theologischen zu staatspolitischen Themen

1799   Tod des Vaters. Hegel erbt ein kleines Vermögen und kann sich auf die akademische Laufbahn vorbereiten

1801   Durch Vermittlung Schellings, der mit 23 Jahren auf einen Lehrstuhl nach Jena berufen worden war, konnte sich Hegel am 27. August in Jena habilitieren. Vorher war seine erste philosophische Schrift erschienen: *Differenz des Fichteschen und Schellingschen Systems*

1802   Hegel begründet mit Schelling das «Kritische Journal der Philosophie»

1805   Ernennung zum a. o. Professor für Philosophie mit einer jährlichen Besoldung von 100 Talern

1806   Schlacht bei Jena. Mit den letzten Manuskriptseiten seines grundlegenden Werkes *Die Phänomenologie des Geistes* in der Tasche verläßt Hegel die Stadt

1807   Hegel übernimmt die Redaktion der «Bamberger Zeitung»

1808   Ernennung zum Professor der Vorbereitungswissenschaften und Rektor des Ägidiengymnasiums in Nürnberg

1811   Der einundvierzigjährige Philosoph heiratet die zwanzigjährige Marie von Tucher in Nürnberg

1812   Die *Wissenschaft der Logik* liegt in drei Bänden vor

1816   Ruf auf den philosophischen Lehrstuhl der Universität Heidelberg. Neben den üblichen Vorlesungen (Logik, Metaphysik und Naturrecht) liest Hegel über Ästhetik und Geschichte der Philosophie

1817   Erscheinungsjahr der *Enzyklopädie der philosophischen Wissenschaften*. In den «Heidelberger Jahrbüchern für Literatur» veröffentlicht Hegel verschiedene philosophische und politische Artikel. Zum Jahresende trifft eine ehrenvolle Anfrage des Kultusministers von Altenstein aus Berlin ein

1818 Hegel wird Fichtes Nachfolger in Berlin. Antrittsvorlesung am 22. Oktober. Erwerb des Hauses Am Kupfergraben Nr. 4

1820 Hegel wird Ordentliches Mitglied der Königlich-Wissenschaftlichen Prüfungskommission der Provinz Brandenburg. Differenzen mit Schleiermacher

1821 Die Rechtsphilosophie erscheint unter dem Doppeltitel *Grundlinien der Philosophie des Rechts* und *Naturrecht und Staatswissenschaft im Grundriß*. In den Vorlesungen spricht Hegel zur Religionsphilosophie und über die Philosophie der Weltgeschichte

1822 Reise nach Brüssel und den Niederlanden

1824 Reise über Prag nach Wien

1827 Reise nach Paris. Auf dem Rückweg trifft Hegel mit Goethe in Weimar zusammen

1829 Hegel ist auf dem Höhepunkt seines Ruhmes. Der Einfluß des «Professors der Professoren» reicht über Preußen auf fast alle deutschen Universitäten. In Berlin überträgt man ihm das Amt des Rektors der Universität. Im Herbst begegnen sich Hegel und Schelling zufällig und zum letzten Male in Karlsbad

1831 Am 14. November stirbt Hegel überraschend nach kurzer Krankheit. Die Trauerrede in der Aula der Universität hält zwei Tage später Rektor Marheineke. Anschließend wird Hegel neben Fichte auf dem Dorotheenstädter Friedhof in Berlin beigesetzt

ZEUGNISSE

FRIEDRICH HÖLDERLIN

Ich bin gewiß, daß Du indessen zuweilen meiner gedachtest, seit wir
mit der Losung – Reich Gottes! voneinander schieden. An dieser Losung würden wir uns nach jeder Metamorphose, wie ich glaube, wie-
dererkennen.

Ich bin gewiß, es mag mit Dir werden, wie es will, jenen Zug wird
nie die Zeit in Dir verwischen. Ich denke, das soll auch der Fall sein
mit mir. Jener Zug ists doch vorzüglich, was wir aneinander lieben.
Und so sind wir der Ewigkeit unserer Freundschaft gewiß. Übrigens
wünscht ich doch oft, Dir nahe zu sein. Du warst so oft mein Genius.
Ich danke Dir sehr viel. Das fühl ich erst seit unserer Trennung ganz.
Ich möchte Dir wohl noch manches ablernen, auch zuweilen etwas
von dem Meinigen mitteilen.

An Hegel. 10. Juli 1794

FRIEDRICH WILHELM JOSEPH VON SCHELLING

Für so verdienstlich man ... auch die Anwandlung anschlagen muß,
die Hegel hatte, die bloß logische Natur und Bedeutung der Wissenschaft, die er vor sich fand, einzusehen, so verdienstlich insbesondere
es ist, daß er die von der früheren Philosophie im Realen verhüllten
logischen Verhältnisse als solche hervorgehoben hat, so muß man
doch gestehen, daß in der wirklichen Ausführung seine Philosophie ... um ein gut Teil monstroser geworden ist, als es die vorher-
gehende je war, und daß ich daher auch dieser Philosophie nicht Unrecht getan habe, wenn ich sie eine Episode nannte.

Schelling, Zur Geschichte der neueren Philosophie. Vorlesung.
1827

JOHANN WOLFGANG VON GOETHE

Hegels Gegenwart zugleich mit Zelter war mir von großer Bedeutung
und Erquickung ... Die Unterhaltung mit dem Ersteren ... mußte
den Wunsch erregen, längere Zeit mit ihm zusammen zu bleiben:
denn was bei gedruckten Mitteilungen eines solchen Mannes uns unklar und abstrus erscheint, weil wir solches nicht unmittelbar unserem Bedürfnis aneignen können, das wird im lebendigen Gespräch
alsobald unser Eigentum, weil wir gewahr werden, daß wir in den
Grundgedanken und Gesinnungen mit ihm übereinstimmen und man
also in beiderseitigem Entwickeln und Aufschließen sich gar wohl
annähern und vereinigen könne.

An Karl Ludwig von Knebel. 14. November 1827

Johann Friedrich Herbart

Hegels System läuft mit seiner Dreiteilung ins Unendliche; daher fehlt bei ihm die täuschende Bequemlichkeit der Übersicht, das heißt, es *fehlt* bei ihm glücklicherweise ein *großer Fehler*, durch welchen bei anderen die Wahrheit viel wohlfeiler käuflich erscheint, als sie ist.

Hallische Literatur-Zeitung. 1831

Heinrich Heine

Ein größerer Denker tritt jetzt auf, der die Naturphilosophie zu einem vollendeten System ausbildet, aus ihrer Synthese die ganze Welt der Erscheinungen erklärt, die großen Ideen seiner Vorgänger durch größere Ideen ergänzt, sie durch alle Disziplinen durchführt und also wissenschaftlich begründet. Er ist ein Schüler des Herrn Schelling, aber ein Schüler, der allmählich im Reiche der Philosophie aller Macht seines Meisters sich bemeisterte, diesem herrschsüchtig über den Kopf wuchs und ihn endlich in die Dunkelheit verstieß. Es ist der große Hegel, der größte Philosoph, den Deutschland seit Leibniz erzeugt hat. Es ist keine Frage, daß er Kant und Fichte weit überragt. Er ist scharf wie jener und kräftig wie dieser und hat dabei noch einen konstituierenden Seelenfrieden, eine Gedankenharmonie, die wir bei Kant und Fichte nicht finden, da in diesen mehr der revolutionäre Geist waltet.

Heine, Zur Geschichte der Religion und Philosophie
in Deutschland. 1834

Ludwig Feuerbach

Ja, ich stand zu Hegel in einem intimeren und einflußreicheren Verhältnis als zu irgendeinem unserer geistigen Vorfahren; denn ich kannte ihn persönlich, ich war zwei Jahre lang sein Zuhörer, sein aufmerksamer, ungeteilter, begeisterter Zuhörer... Er war es, in dem ich zum Selbst- und Weltbewußtsein kam. Er war es, den ich meinen zweiten Vater, wie Berlin meine geistige Geburtsstadt damals nannte. Er war der einzige Mann, der mich fühlen und erfahren ließ, was ein Lehrer ist; der einzige, in dem ich den Sinn für dieses sonst so leere Wort fand, dem ich mich zu innigem Danke daher verbunden fühlte.

Feuerbach, Verhältnis zu Hegel. 1840

Sören Kierkegaard

Wofern Hegel seine ganze Logik geschrieben und im Vorwort geschrieben hätte, sie sei nur ein Gedankenexperiment, bei dem er sich sogar an vielen Stellen um etwas herumgedrückt habe, so wäre er wohl der größte Denker, der gelebt hätte. Nun ist er komisch.

Tagebuch. 1842/44

ARTHUR SCHOPENHAUER

Will dich Verzagtheit anwandeln, so denke nur immer daran, daß wir in Deutschland sind, wo man gekonnt hat, was nirgend anderswo möglich gewesen wäre, nämlich einen geistlosen, unwissenden, Unsinn schmierenden, die Köpfe durch beispiellos hohlen Wortkram von Grund aus und auf immer desorganisierenden Philosophaster, ich meine unsern teuern Hegel, als einen großen Geist und tiefen Denker ausschreien: und nicht nur ungestraft und unverhöhnt hat man das gekonnt; sondern wahrhaftig, sie glauben es, glauben es seit 30 Jahren, bis auf den heutigen Tag!

Schopenhauer, Über die vierfache Wurzel des Satzes vom zureichenden Grunde. 2. Aufl. 1847

FRIEDRICH ENGELS

Was Hegels Denkweise vor der aller andern Philosophen auszeichnete, war der enorme historische Sinn, der ihr zugrunde lag. So abstrakt und idealistisch die Form, so sehr ging doch immer seine Gedankenentwicklung parallel mit der Entwicklung der Weltgeschichte, und letztere soll eigentlich nur die Probe auf die erstere sein. Wenn dadurch auch das richtige Verhältnis umgedreht und auf den Kopf gestellt wurde, so kam doch überall der reale Inhalt in die Philosophie hinein; um so mehr als Hegel sich dadurch von seinen Schülern unterschied, daß er nicht wie sie auf Ignoranz pochte, sondern einer der gelehrtesten Köpfe aller Zeiten war. Er war der erste, der in der Geschichte eine Entwicklung, einen innern Zusammenhang nachzuweisen versuchte, und wie sonderbar uns auch manches in seiner Philosophie der Geschichte jetzt vorkommen mag, so ist die Großartigkeit der Grundanschauung selbst heute noch bewundernswert, mag man seine Vorgänger oder gar diejenigen mit ihm vergleichen, die nach ihm über die Geschichte sich allgemeine Reflexionen erlaubt haben.

Das Volk. 20. August 1859

WILHELM WINDELBAND

Das Geschlecht, das Hegels «Phänomenologie des Geistes» verstehen konnte, ist im Aussterben. Schon jetzt dürften diejenigen, die sie auch nur von Anfang bis zu Ende gelesen haben, zu zählen sein.

Windelband, Geschichte der neueren Philosophie. Bd. 1. 1878

FRIEDRICH NIETZSCHE

Wir wollen uns weder auf die Kantische noch Hegelsche Manier be-
trügen lassen: – wir glauben nicht mehr, wie sie, an die Moral und
haben folglich auch keine Philosophien zu gründen, damit die Moral
Recht behalte.

Nietzsche, Der Wille zur Macht. 1887/88

BENEDETTO CROCE

Das moderne Bewußtsein kann Hegel weder ganz anerkennen noch
ganz verwerfen, wie man es vor fünfzig Jahren zu tun pflegte. Unser
Bewußtsein befindet sich gegen ihn in der Lage des römischen Dich-
ters gegen sein Weib: nec tecum vivere possum, nec sine te. Es scheint
nicht, daß diese kritische Durchsicht der Hegelschen Philosophie zur
Zeit von Deutschland aus kommen könne: so sehr vergißt es seinen
großen Sohn, daß es nicht einmal seine Werke abgedruckt hat, und
fällt mitunter über ihn Urteile, die uns in unserem abliegenden Winkel Italiens erstaunen machen, die wir es nie fertiggebracht haben,
ihn ganz zu vergessen, und ihn in gewisser Art zu dem Unsrigen gemacht haben, indem wir ihm seinen Platz als Bruder neben dem No-
laner Bruno und dem parthenopeischen Vico eingeräumt haben.

Croce, Lebendiges und Totes in Hegels Philosophie. 1909

ERNST CASSIRER

Hier tritt noch einmal hervor, worin die geschichtliche Bedeutung
und die geschichtliche Schranke des Hegelschen Systems liegt. Hegel
geht darauf aus, den letzten Rest des «Dualismus» aus der Kantischen Grundauffassung zu tilgen ... In der Richtung auf diesen Gedanken liegt das Verdienst, das Hegels System sich um die Fortbil-
dung des Idealismus erworben hat.

Cassirer, Das Erkenntnisproblem in der Philosophie und
Wissenschaft der neueren Zeit. Bd. 3. 1920

NICOLAI HARTMANN

Hegel ist unter den Denkern der Neuzeit der Philosoph des Geistes.
Geistiges Sein aber ist Innerlichkeit, Fülle, Umfassen. Wer Hegels
Philosophie verstehen will, muß sie aus ihrem Innersten, ihrer Fülle,
ihrem großen, alles würdigenden Umfassen heraus verstehen. Anders wird er sie nie verstehen.

Hartmann, Die Philosophie des deutschen Idealismus. Teil 2.
1929

José Ortega y Gasset

In Hegel haben wir den seltenen Fall eines Erz-Intellektuellen, der
gleichwohl mit den seelischen Eigenschaften eines Staatsmannes be-
gabt ist. Autorität, zwingend, hart, konstruktiv. In der seelischen Ver-
anlagung hat er weder mit Platon noch mit Descartes, weder mit
Spinoza noch mit Kant das geringste gemein. Dem Charakterformat
nach gehört er vielmehr in die Reihe: Caesar, Diokletian, Tschingis
Khan, Barbarossa. Und zu diesen Persönlichkeiten zählt er nicht
trotz, sondern gerade wegen seines Denkertums. Seine Philosophie
ist imperatorisch, cäsarisch, tschingis-khanisch. Und so kam es denn
auch, daß er am Ende von seinem Katheder aus den preußischen
Staat politisch, ja geradezu diktatorisch beherrschte.

Ortega y Gasset, Hegel y América. 1930

Ernst Bloch

Hegel leugnete die Zukunft, keine Zukunft wird Hegel verleugnen.

Bloch, Subjekt – Objekt. 1951

BIBLIOGRAPHIE

Von den Ausgaben der Werke Hegels werden zunächst die Gesamtausgaben aufgeführt. Anschließend werden die Einzelwerke und Vorlesungen Hegels in der Reihenfolge ihrer erstmaligen Veröffentlichung angegeben. Hierbei ist zu beachten, daß einige der postum herausgegebenen Schriften in den Gesamtausgaben nicht enthalten sind. Abgesehen von diesen Publikationen und mit Ausnahme der fünf Einzeleditionen von Bolland, die unter die Gesamtausgaben eingereiht sind, werden Einzelausgaben nicht genannt. Auswahlsammlungen werden ebenfalls übergangen. – Von der Sekundärliteratur kann diese Bibliographie nur eine Auswahl bieten. Darstellungen in Philosophiegeschichten, Einleitungen zu Textausgaben, Würdigungen und Gedenkreden, Zeitschriftenaufsätze und Dissertationen, die nicht in Buchform vorliegen, bleiben prinzipiell unberücksichtigt. So findet man im folgenden lediglich eine Zusammenstellung der wichtigsten separaten Bucherscheinungen zu Hegel. – Stand der Bibliographie: Mai 1965.

1. Bibliographien

Croce, Benedetto: Abriß einer Hegelschen Bibliographie. In: Croce, Lebendiges und Totes in Hegels Philosophie. Heidelberg 1909. S. 177–228

[Hegel-Bibliographie.] In: Friedrich Ueberwegs Grundriß der Geschichte der Philosophie. Teil 4. Die deutsche Philosophie des XIX. Jahrhunderts und der Gegenwart. 12. Aufl. Völlig neubearb. von Traugott Konstantin Oesterreich. Berlin 1923. S. 678–681

Bibliographie. (Abhandlungen zur Hegelforschung 1958/59; 1960/61.) [Mit Kurzreferaten.] In: Hegel-Studien 1 (1961), S. 339–355; 2 (1963), S. 399–423

Bredenfeld, Hermann: Dissertationen über Hegel und seine Philosophie. (Deutschland, Österreich, Schweiz.) [1842–1960.] In: Hegel-Studien 2 (1963), S. 424–441

Gründer, Karlfried: Bibliographie zur politischen Theorie Hegels. In: Joachim Ritter, Hegel und die französische Revolution. Köln, Opladen 1957. (Arbeitsgemeinschaft für Forschung des Landes Nordrhein-Westfalen. Geisteswissenschaften. 63) S. 81–112 – Erw. Fassung. Frankfurt a. M. 1965. (edition suhrkamp. 114) S. 111–134

2. Werke

I. Gesamt- und Sammelausgaben

Werke. Vollständige Ausgabe durch einen Verein von Freunden des Verewigten: Philipp Marheineke, Johannes Schulze, Eduard Gans, Leopold von Henning, Heinrich Gustav Hotho, Karl Ludwig Michelet, Friedrich Förster. 18 Bde. (in 21). Berlin (Duncker und Humblot) 1832–1845 – Bde. 1–15. 2. Aufl. 1840–1847

Bd. 1   Philosophische Abhandlungen
Bd. 2   Phänomenologie des Geistes
Bd. 3–5   Wissenschaft der Logik
Bd. 6–7   Enzyklopädie der philosophischen Wissenschaften im Grundrisse [Sog. «Große Enzyklopädie», eine durch die Herausgeber mit zahlreichen Zusätzen aus den Heften Hegels und den Kollegnachschriften seiner Schüler versehene Neufassung der «Enzyklopädie» von 1830.]

Bd. 8   Grundlinien der Philosophie des Rechts oder Naturrecht und
               Staatswissenschaft im Grundrisse
Bd. 9   Vorlesungen über die Philosophie der Geschichte
Bd. 10   Vorlesungen über die Ästhetik
Bd. 11–12   Vorlesungen über die Philosophie der Religion nebst einer
               Schrift über die Beweise vom Dasein Gottes
Bd. 13–15   Vorlesungen über die Geschichte der Philosophie
Bd. 16–17   Vermischte Schriften
Bd. 18   Philosophische Propädeutik
Erg. Bd.:
Bd. 19   Briefe von und an Hegel. Hg. von KARL HEGEL. Leipzig
               (Duncker und Humblot) 1887

Auf dem Text dieser ersten Gesamtausgabe beruhen folgende Einzelausgaben:
Vorlesungen über die Philosophie der Religion. Mit einem Commentar hg.
von G. J. P. J. BOLLAND. Leiden (A. H. Adriani) 1901
Grundlinien der Philosophie des Rechts. Mit einer Einl. hg. von G. J. P. J.
BOLLAND. Leiden (A. H. Adriani) 1902
Encyklopädie der philosophischen Wissenschaften im Grundrisse mit den
Zusätzen aus den Collegien und einigen Anmerkungen zur Erläuterung,
Verteidigung oder Berichtigung hg. von G. J. P. J. BOLLAND. Leiden (A. H.
Adriani) 1906 [Sog. «Große Enzyklopädie».]
Phänomenologie des Geistes. Mit einer Einl. und einigen erläuternden Anmerkungen hg. von G. J. P. J. BOLLAND. Leiden (A. H. Adriani) 1907
Vorlesungen über die Geschichte der Philosophie, als Vorschule zur Encyklopädie. Mit einigen Anführungen und Anmerkungen zur Erläuterung,
Verteidigung oder Berichtigung hg. von G. J. P. J. BOLLAND. Leiden (A.
H. Adriani) 1908 [2. Ausg. von 1840–1844.]

Ebenfalls auf dem Text der ersten Gesamtausgabe basiert die folgende
Ausgabe, die darüber hinaus noch den Text der Erstausgabe der «Enzyklopädie» von 1817 und einige kleinere Zusätze bietet:
Sämtliche Werke. Jubiläumsausgabe in zwanzig Bänden, einer Hegel-Monographie und einem Hegel-Lexikon. Auf Grund des von LUDWIG BOUMANN,
FRIEDRICH FÖRSTER, EDUARD GANS, KARL HEGEL, LEOPOLD VON HENNING,
HEINRICH GUSTAV HOTHO, PHILIPP MARHEINEKE, KARL LUDWIG MICHELET,
KARL ROSENKRANZ und JOHANNES SCHULZE besorgten Originaldruckes im
Faksimileverfahren neu hg. von HERMANN GLOCKNER. 26 Bde. Stuttgart
(Fr. Frommanns Verlag) 1927–1940 – 3. Aufl. 1949–1959
Bd. 1   Aufsätze aus dem kritischen Journal der Philosophie und andere Schriften aus der Jenenser Zeit
Bd. 2   Phänomenologie des Geistes
Bd. 3   Philosophische Propädeutik, Gymnasialreden und Gutachten
               über den Philosophie-Unterricht
Bd. 4–5   Wissenschaft der Logik
Bd. 6   Enzyklopädie der philosophischen Wissenschaften im Grundrisse [1817] und andere Schriften aus der Heidelberger Zeit
Bd. 7   Grundlinien der Philosophie des Rechts oder Naturrecht und
               Staatswissenschaft im Grundrisse
Bd. 8–10   System der Philosophie [Sog. «Große Enzyklopädie».]
Bd. 11   Vorlesungen über die Philosophie der Geschichte [2. Ausg.
               von 1840.]
Bd. 12–14   Vorlesungen über die Ästhetik

Bd. 15–16   Vorlesungen über die Philosophie der Religion [2. Ausg.
            von 1840.]
Bd. 17–19   Vorlesungen über die Geschichte der Philosophie [1. Ausg.
            von 1833–1836.]
Bd. 20   Vermischte Schriften aus der Berliner Zeit
Bd. 21–22   HERMANN GLOCKNER: Hegel
Bd. 23–26   HERMANN GLOCKNER: Hegel-Lexikon
Zu dieser Ausgabe vgl.
PÖGGELER, OTTO: Das Hegelwerk Hermann Glockners. In: Philosophische
    Rundschau 8 (1960), S. 28–52

Die folgende Ausgabe faßt mehrere seit 1905 in der «Philosophischen Bi-
bliothek» erschienene Einzelausgaben zusammen und baut darauf auf. Sie
bleibt jedoch unvollständig.
Sämtliche Werke. Hg. von GEORG LASSON. Leipzig (Felix Meiner) 1911 ff
    (Philosophische Bibliothek)
Bd. 1   Erste Druckschriften
Bd. 2   Phänomenologie des Geistes
Bd. 3–4   Wissenschaft der Logik
Bd. 5   Enzyklopädie der philosophischen Wissenschaften im Grund-
            risse [1827 und 1830]
Bd. 6   Grundlinien der Philosophie des Rechts
Bd. 7   Schriften zur Politik und Rechtsphilosophie
Bd. 8–9   Philosophie der Weltgeschichte
Bd. 10a   Vorlesungen über die Ästhetik. Teilbd. 1
Bd. 12–14   Vorlesungen über die Philosophie der Religion
Bd. 15a   Vorlesungen über die Geschichte der Philosophie. Teilbd. 1
Bd. 18a   Jenenser Logik, Metaphysik und Naturphilosophie
Bd. 19–20   Jenenser Realphilosophie
Bd. 21   Nürnberger Schriften 1808–1816

Die vorgenannte Ausgabe geht über in die folgende neugeordnete und auf
32 Bände geplante Gesamtausgabe, die ebenfalls unabgeschlossen bleibt:
Sämtliche Werke. Neue kritische Ausgabe. Hg. von JOHANNES HOFFMEISTER.
Hamburg (Felix Meiner) 1952 ff (Philosophische Bibliothek)
Bd. 5   Phänomenologie des Geistes
Bd. 11   Berliner Schriften 1818–1831
Bd. 12   Grundlinien der Philosophie des Rechts. Mit Hegels eigen-
            händigen Randbemerkungen in seinem Handexemplar der
            Rechtsphilosophie
Bd. 18a   Vorlesungen über die Philosophie der Weltgeschichte. Teil-
            bd. 1
Bd. 27–30   Briefe von und an Hegel

Nicht mehr im Rahmen der «Sämtlichen Werke» erschien die neueste Ausgabe der «Enzyklopädie» innerhalb der «Philosophischen Bibliothek»:
Enzyklopädie der philosophischen Wissenschaften im Grundrisse (1830).
    Neu hg. von FRIEDHELM NICOLIN und OTTO PÖGGELER. Hamburg (Felix
    Meiner) 1959 (Philosophische Bibliothek. 33)

II. Einzelwerke

a) Zu Lebzeiten veröffentlichte philosophische Hauptwerke

System der Wissenschaft. Erster Theil, die Phänomenologie des Geistes. Bamberg, Würzburg (Joseph Anton Goebhardt) 1807
Wissenschaft der Logik. Erster Theil. Die objektive Logik. Nürnberg (Schrag) 1812
Wissenschaft der Logik. Zweiter Theil. Die subjektive Logik oder Lehre vom Begriff. Nürnberg (Schrag) 1816
Encyklopädie der philosophischen Wissenschaften im Grundrisse. Zum Gebrauch seiner Vorlesungen. Heidelberg (August Oßwald) 1817 – 2. veränd. und erw. Ausg. 1827 – 3. nochmals erw. Ausg. 1830
Grundlinien der Philosophie des Rechts oder Naturrecht und Staatswissenschaft im Grundrisse. Berlin (Nicolai) 1821

b) Zu Lebzeiten veröffentlichte kleine Schriften, Artikel und Rezensionen

Vertrauliche Briefe über das vormalige staatsrechtliche Verhältniß des Waadtlandes (Pays de Vaud) zur Stadt Bern. [Übers.] [Anonym.] Frankfurt a. M. (Jäger'sche Buchhandlung) 1798
Differenz des Fichte'schen und Schelling'schen Systems der Philosophie in Beziehung auf Reinhold's Beyträge zur leichtern Übersicht des Zustands der Philosophie zu Anfang des neunzehnten Jahrhunderts, erstes Heft. Jena (Seidler) 1801
Dissertatio philosophica de Orbitis Planetarum. Jenae 1801
Anfangsgründe der spekulativen Philosophie. Versuch eines Lehrbuchs von Fried. Bouterwek. Göttingen 1800. [Rezension.] In: Erlanger Litteraturzeitung. 1801
Über das Wesen der philosophischen Kritik überhaupt und ihr Verhältniß zum gegenwärtigen Zustand der Philosophie insbesondere. In: Kritisches Journal der Philosophie. Bd. 1, H. 1. 1802
Wie der gemeine Menschenverstand die Philosophie nehme, – dargestellt an den Werken des Herrn Krug's. Ebd. Bd. 1, H. 1. 1802
Verhältniß des Skepticismus zur Philosophie. Darstellung seiner verschiedenen Modifikationen und Vergleich des neuesten mit dem alten. Ebd. Bd. 1, H. 2. 1802
Glauben und Wissen oder die Reflexionsphilosophie der Subjektivität, in der Vollständigkeit ihrer Formen, als Kantische, Jacobische und Fichtesche Philosophie. Ebd. Bd. 2, H. 1. 1802
Über die wissenschaftlichen Behandlungsarten des Naturrechts, seine Stelle in der praktischen Philosophie, und sein Verhältniß zu den positiven Rechtswissenschaften. Ebd. Bd. 2, H. 2 und 3. 1802–1803
Über Friedrich Heinrich Jacobi's Werke. Dritter Band. Leipzig 1816. [Rezension.] In: Heidelberger Jahrbücher der Literatur. 1817
Beurtheilung der im Druck erschienenen Verhandlungen in der Versammlung der Landstände des Königreichs Württemberg im Jahre 1815 und 1816. Abtheilung I–XXXIII. Ebd. 1817
Vorrede. In: H. Fr. W. Hinrichs, Die Religion im innern Verhältnisse zur Wissenschaft. Heidelberg (Groos) 1822
Über die Bekehrten. (Antikritisches.) In: Berliner Schnellpost. 1826
Recension von: Über die unter dem Namen Bhagavad-Gita bekannte Episode des Mahabharata; von W. v. Humboldt. Berlin 1826. In: Jahrbücher für wissenschaftliche Kritik. 1827

Über: Solger's nachgelassene Schriften und Briefwechsel. Herausgegeben von Ludwig Tieck und Friedrich v. Raumer. Leipzig 1826. [Rezension.] Ebd. 1828
Über: Hamann's Schriften. Herausgegeben von Friedrich Roth. Berlin 1821 –1825. [Rezension.] Ebd. 1828
Über: Aphorismen über Nichtwissen und absolutes Wissen im Verhältnisse zur christlichen Glaubenserkenntniß. Ein Beitrag zum Verständnisse der Philosophie unserer Zeit. Von Carl Friederich G . . . . . l [Göschel]. Berlin 1829. [Rezension.] Ebd. 1829
Recension: 1. Über die Hegel'sche Lehre oder: absolutes Wissen und moderner Pantheismus. Leipzig 1829. – 2. Über Philosophie überhaupt und Hegel's Encyklopädie der philosophischen Wissenschaften insbesondere. Ein Beitrag zur Beurtheilung der letztern. Von R. E. Schubarth und L. A. Carganico. Berlin 1829 . . . Ebd. 1829
Über: Der Idealrealismus. Erster Theil. Auch unter dem Titel: Der Idealrealismus als Metaphysik in die Stelle des Idealismus und Realismus gesetzt von Alb. Leop. Jul. Ohlert. Neustadt a. d. Orla 1830. [Rezension.] Ebd. 1831
Recension: Über die Grundlage, Gliederung und Zeitenfolge der Weltgeschichte. Drei Vorträge, gehalten von J. Görres. Breslau 1830. Ebd. 1831
Über die englische Reform-Bill. In: Allgemeine preußische Staatszeitung. 1831

c) Postum herausgegebene Vorlesungen, Schriften aus dem Nachlaß und Briefe

Vorlesungen über die Philosophie der Religion nebst einer Schrift über die Beweise vom Daseyn Gottes. Hg. von PHILIPP MARHEINEKE. 2 Bde. Berlin (Duncker und Humblot) 1832 (Werke. Bd. 11. 12) – 2. verb. Ausg. 1840
Neuausg.: Vorlesungen über die Philosophie der Religion. Nach den vorhandenen Manuskripten vollständig neu hg. von GEORG LASSON. 3 Bde. Leipzig (Felix Meiner) 1925–1927
Vorlesungen über die Geschichte der Philosophie. Hg. von KARL LUDWIG MICHELET. 3 Bde. Berlin (Duncker und Humblot) 1833–1836 (Werke. Bd. 13–15) – 2. veränd. Ausg. 1840–1844
Neuausg.: Vorlesungen über die Geschichte der Philosophie. Vollständig neu nach den Quellen hg. von JOHANNES HOFFMEISTER. Teilbd. 1. Leipzig (Felix Meiner) 1940
Vermischte Schriften. Hg. von FRIEDRICH FÖRSTER und LUDWIG BOUMANN. 2 Bde. Berlin (Duncker und Humblot) 1834–1835 (Werke. Bd. 16. 17) [Enthält etliche Erstveröffentlichungen, u. a. 5 Gymnasialreden, 3 lateinische Universitätsreden, amtliche Gutachten und Stellungnahmen.]
Vorlesungen über die Ästhetik. Hg. von HEINRICH GUSTAV HOTHO. 3 Bde. Berlin (Duncker und Humblot) 1835–1838 (Werke. Bd. 10, I–III)
Vorlesungen über die Philosophie der Geschichte. Hg. von EDUARD GANS. Berlin (Duncker und Humblot) 1837 (Werke. Bd. 9) – 2. verb. Ausg. Hg. von KARL HEGEL. 1840
Neuausg.: Vorlesungen über die Philosophie der Weltgeschichte. Auf Grund des aufbehaltenen handschriftlichen Materials neu hg. von GEORG LASSON. 4 Bde. Leipzig (Felix Meiner) 1917–1920
Philosophische Propädeutik. Hg. von KARL ROSENKRANZ. Berlin (Duncker und Humblot) 1840 (Werke. Bd. 18)

Rosenkranz, Karl: Georg Wilhelm Friedrich Hegel's Leben. Berlin (Dunkker und Humblot) 1844 (Werke. Supplement) [Enthält zahlreiche Erstveröffentlichungen.]
Haym, Rudolf: Hegel und seine Zeit. Berlin (R. Gaertner) 1857 [Enthält in den Anmerkungen zahlreiche Erstveröffentlichungen.]
Briefe von und an Hegel. Hg. von Karl Hegel. 2 Teile. Leipzig (Duncker und Humblot) 1887 (Werke. Bd. 19)
Kritik der Verfassung Deutschlands. Aus dem handschriftlichen Nachlasse hg. von Georg Mollat. Kassel (Th. G. Fischer) 1893
System der Sittlichkeit. Aus dem handschriftlichen Nachlasse hg. von Georg Mollat. Osterwieck-Harz (A. W. Zickfeldt) 1893
Das Leben Jesu. Harmonie der Evangelien nach eigener Übersetzung. Nach der ungedruckten Handschrift in ungekürzter Form hg. von Paul Roques. Jena (Eugen Diederichs) 1906 [Philologisch unzureichend und überholt durch die folgende Edition.]
Theologische Jugendschriften. Nach den Handschriften der Kgl. Bibliothek in Berlin hg. von Herman Nohl. Tübingen (Mohr) 1907
Entwürfe zur Enzyklopädie und Propädeutik nach den Handschriften der Harvard-Universität. Hg. von J. Löwenberg. Leipzig (Felix Meiner) 1912 (Hegel-Archiv. 1,1)
Schriften zur Politik und Rechtsphilosophie. Hg. von Georg Lasson. Leipzig (Felix Meiner) 1913
Handschriftliche Zusätze zu seiner Rechtsphilosophie. Hg. von Georg Lasson. Leipzig (Felix Meiner) 1914–1916 (Hegel-Archiv. 2, 2. 3, 1. 3, 2) – Neuausg. u. d. T.: Eigenhändige Randbemerkungen zu seiner Rechtsphilosophie. Leipzig (Felix Meiner) 1930
Erstes System. Nach den Handschriften der Kgl. Bibliothek in Berlin hg. von Hans Ehrenberg und Herbert Link. Heidelberg (Carl Winter) 1915 [Inhaltlich identisch mit der folgenden Edition.]
Jenenser Logik, Metaphysik und Naturphilosophie. Aus dem Manuskript hg. von Georg Lasson. Leipzig (Felix Meiner) 1923
Jenenser Realphilosophie. Aus dem Manuskript hg. von Johannes Hoffmeister. 2 Bde. Leipzig (Felix Meiner) 1931
Die Verfassung des Deutschen Reichs. Eine politische Flugschrift. Aus dem handschriftlichen Nachlasse neu hg. von Georg Mollat. Stuttgart (Fr. Frommanns Verlag) 1935
Dokumente zu Hegels Entwicklung. Hg. von Johannes Hoffmeister. Stuttgart (Fr. Frommanns Verlag) 1936
Briefe von und an Hegel. Hg. von Johannes Hoffmeister, [Bd. 4:] Rolf Flechsig. 4 Bde. Hamburg (Felix Meiner) 1952–1960 (Sämtliche Werke. Neue kritische Ausgabe. Bd. 27–30) (Philosophische Bibliothek. 235–238)
Ein Hegelsches Fragment zur Philosophie des Geistes. Eingel. und hg. von Friedhelm Nicolin. In: Hegel-Studien 1 (1961), S. 9–48
Eine Übersetzung Hegels zu De anima III, 4–5. Mitget. und erl. von Walter Kern. In: Hegel-Studien 1 (1961), S. 49–88
Fragment aus einer Hegelschen Logik. Mit einem Nachwort zur Entwicklungsgeschichte von Hegels Logik hg. von Otto Pöggeler. In: Hegel-Studien 2 (1963), S. 11–70

3. Wörterbuch

Glockner, Hermann: Hegel-Lexikon. 4 Bde. Stuttgart 1935–1939. XXXII, 2796 S. (Hegel, Sämtliche Werke. Bd. 23–26) – 2. verb. Aufl. 2 Bde. 1957. XXXII, 2777 S.

4. Gesamtdarstellungen

ROSENKRANZ, KARL: Georg Wilhelm Friedrich Hegel's Leben. Berlin 1844. XXXV, 566 S. (Hegel, Werke. Supplement) – Fotomechan. Nachdruck. Darmstadt 1963
FISCHER, KUNO: Hegels Leben, Werke und Lehre. Heidelberg 1901. XX, XV, 1192 S. (Fischer, Geschichte der neuern Philosophie. Bd. 8) – 2. Aufl. 1911. XX, XV, 1265 S. – Fotomechan. Nachdruck. Darmstadt 1963
GLOCKNER, HERMANN: Hegel. 2 Bde. Stuttgart 1929–1940. XXVIII, 443; XXVIII, 581 S. (Hegel, Sämtliche Werke. Bd. 22. 23) – 3. verb. Aufl. 1954 –1958. XXXVI, 448; X, 569 S.

5. Untersuchungen

a) Gesamtsystem

ROSENKRANZ, KARL: Kritische Erläuterungen des Hegel'schen Systems. Königsberg 1840. XXXVI, 368 S. – Reprogr. Nachdruck. Hildesheim 1963
CROCE, BENEDETTO: Lebendiges und Totes in Hegels Philosophie mit einer Hegel-Bibliographie. Heidelberg 1909. XV, 228 S.
KRONER, RICHARD: Von Kant bis Hegel. 2 Bde. Tübingen 1921–1924. XIX, 612; XXIII, 526 S. (Grundriß der philosophischen Wissenschaften) – 2. Aufl. Zwei Bände in einem Band. 1961
BRUNSWIG, ALFRED: Hegel. München 1922. 307 S. (Philosophische Reihe. 54)
STACE, WALTER TERENCE: The philosophy of Hegel. A systematic exposition. London 1924. XI, 526 S. – Neuaufl. New York 1955
HARTMANN, NICOLAI: Die Philosophie des deutschen Idealismus. Teil 2. Hegel. Berlin, Leipzig 1929. IX, 392 S. (Geschichte der Philosophie. Bd. 8,2) – 2. Aufl. Teil 1 und 2. Berlin 1960
HAERING, THEODOR L.: Hegel. Sein Wollen und sein Werk. Eine chronologische Entwicklungsgeschichte der Gedanken und der Sprache Hegels. 2 Bde. Leipzig, Berlin 1929–1938. XXIV, 785; XIX, 525 S. – Neudruck. Aalen 1963
MOOG, WILLY: Hegel und die Hegelsche Schule. München 1930. 491 S. (Geschichte der Philosophie in Einzeldarstellungen. 32/33)
HOFFMEISTER, JOHANNES: Goethe und der deutsche Idealismus. Eine Einführung zu Hegels Realphilosophie. Leipzig 1932. VII, 132 S. (Philosophische Bibliothek. 66a)
STEINBÜCHEL, THEODOR: Das Grundproblem der Hegelschen Philosophie. Darstellung und Würdigung. Bd. 1. Die Entdeckung des Geistes. Bonn 1933. XVI, 422 S.
MURE, GEOFFREY REGINALD GILCHRIST: An introduction to Hegel. Oxford 1940. XX, 180 S.
DE NEGRI, ENRICO: Interpretazione di Hegel. Firenze 1943. 450 S. (Biblioteca sansoniana filosofica. 5)
KOJÈVE, ALEXANDRE: Introduction à la lecture de Hegel. Leçons sur la Phénoménologie de l'esprit, réunies et publiées par RAYMOND QUENEAU. Paris 1947. 597 S. – Dt. [Gekürzt]: Hegel. Eine Vergegenwärtigung seines Denkens. Kommentar zur Phänomenologie des Geistes, hg. von IRING FETSCHER. Stuttgart 1958. 234 S.
BLOCH, ERNST: Subjekt – Objekt. Erläuterungen zu Hegel. Berlin 1951. 476 S. – Erw. Ausg. Frankfurt a. M. 1962. 525 S. (Bloch, Gesamtausgabe. Bd. 8)

LITT, THEODOR: Hegel. Versuch einer kritischen Erneuerung. Heidelberg 1953. 314 S.

ADORNO, THEODOR W.: Aspekte der Hegelschen Philosophie. Berlin, Frankfurt a. M. 1957. 60 S. – Wiederabdruck in: Adorno, Drei Studien zu Hegel. Frankfurt a. M. 1963. (edition suhrkamp. 38) S. 11–65

MARIETTI, ANGÈLE: La pensée de Hegel. Suivi d'une étude de JEAN WAHL [Hegel et Heidegger]. Paris 1957. 202 S. (Collection Pour connaître)

FINDLAY, JOHN NIEMEYER: Hegel. A re-examination. London, New York 1958. 372 S.

MEULEN, JAN VAN DER: Hegel. Die gebrochene Mitte. Hamburg 1958. IX, 358 S.

FAZIO ALLMAYER, VITO: Ricerche hegeliane. Con prefazione di GIUSEPPE SAITTA. Firenze 1959. XVI, 323 S.

SEEBERGER, WILHELM: Hegel oder die Entwicklung des Geistes zur Freiheit. Stuttgart 1961. 639 S.

b) Logik, Dialektik, Metaphysik

MC TAGGART, JOHN MC TAGGART ELLIS: Studies in the Hegelian dialectic. Cambridge 1896. XVI, 259 S. – Neuaufl. New York 1964

NOËL, GEORGES: La logique de Hegel. Paris 1897. VIII, 188 S. – Neuaufl. 1938

EBBINGHAUS, JULIUS: Relativer und absoluter Idealismus. Historisch systematische Untersuchung über den Weg von Kant zu Hegel. Leipzig 1910. 72 S.

MC TAGGART, JOHN MC TAGGART ELLIS: A commentary on Hegel's logic. Cambridge 1910. XV, 311 S. – Neuaufl. New York 1964

CUNNINGHAM, GUSTAVUS WATTS: Thought and reality in Hegel's system. New York 1910. V, 151 S. (Cornell studies in philosophy. 8)

GLOCKNER, HERMANN: Der Begriff in Hegels Philosophie. Versuch einer logischen Einleitung in das metalogische Grundproblem des Hegelianismus. Tübingen 1924. VII, 87 S. (Heidelberger Abhandlungen zur Philosophie und ihrer Geschichte. 2)

FISCHER, HUGO: Hegels Methode in ihrer ideengeschichtlichen Notwendigkeit. München 1928. VII, 336 S. (Abhandlungen der Sächsischen Staatlichen Forschungsinstitute. Forschungsinstitut für Psychologie. 29)

DELLA VOLPE, GALVANO: Le origini e la formazione della dialettica hegeliana. Bd. 1. Hegel romantico e mistico (1793–1800). Firenze 1929. VIII, 224 S.

SCHILLING-WOLLNY, KURT: Hegels Wissenschaft von der Wirklichkeit und ihre Quellen. Bd. 1. Begriffliche Vorgeschichte der Hegelschen Methode. München 1929. 302 S.

WAHL, JEAN: Le malheur de la conscience dans la philosophie de Hegel. Paris 1929. 264 S. (Philosophie. 5) – 2. Aufl. 1951. VII, 208 S. (Bibliothèque de philosophie contemporaine)

NINK, CASPAR: Kommentar zu den grundlegenden Abschnitten von Hegels Phänomenologie des Geistes. Regensburg 1931. 94 S. – 2. erg. Aufl. 1950. 107 S.

GÜNTHER, GOTTHARD: Grundzüge einer neuen Theorie des Denkens in Hegels Logik. Leipzig 1933. X, 226 S.

AXMANN, WALTER: Zur Frage nach dem Ursprung des dialektischen Denkens bei Hegel. Würzburg-Aumühle 1939. 94 S.

MAIER, JOSEF: On Hegel's critique of Kant. New York 1939. VIII, 108 S.

JUNG, ERICH: Entzweiung und Versöhnung in Hegels Phänomenologie des Geistes. Hg. von HERMANN RÖCKEL. Leipzig 1940. 115 S.

MEUSEL, ANTON: Hegel und das Problem der philosophischen Polemik. Berlin 1942. 214 S. (Neue deutsche Forschungen. 310 = Abt. Philosophie. 38)
SPECHT, ERNST KONRAD: Der Analogiebegriff bei Kant und Hegel. Köln 1952. 86 S. (Kantstudien. Ergänzungshefte. 66)
CORETH, EMERICH: Das dialektische Sein in Hegels Logik. Wien 1952. 191 S. (Glaube und Forschung. 1)
MEULEN, JAN VAN DER: Heidegger und Hegel oder Widerstreit und Widerspruch. Meisenheim am Glan 1953. 216 S. (Monographien zur philosophischen Forschung. 13)
LAKEBRINK, BERNHARD: Hegels dialektische Ontologie und die thomistische Analektik. Köln 1955. 503 S.
BEYER, WILHELM R.: Zwischen Phänomenologie und Logik. Hegel als Redakteur der Bamberger Zeitung. Frankfurt a. M. 1955. 288 S.
SCHMITZ, HERMANN: Hegel als Denker der Individualität. Meisenheim am Glan 1957. 168 S. (Monographien zur philosophischen Forschung. 20)
HEINTEL, ERICH: Hegel und die analogia entis. Bonn 1958. 72 S. (Akademische Vorträge und Abhandlungen. 20)
HENRICI, PETER: Hegel und Blondel. Eine Untersuchung über Form und Sinn der Dialektik in der «Phänomenologie des Geistes» und der ersten «Action». Pullach bei München 1958. XIX, 208 S. (Pullacher philosophische Forschungen. 3)
KRUITHOF, JAAP: Het uitgangspunt van Hegel's ontologie. Brugge 1959. 350 S.
MERKER, NICOLAS: Le origine della logica hegeliana. (Hegel a Jena.) Milano 1961. 496 S.
DUBSKÝ, IVAN: Hegels Arbeitsbegriff und die idealistische Dialektik. Praha 1961. 48 S. (Rozpravy Československé Akademie věd. 71, 14)
GUZZONI, UTE: Werden zu sich. Eine Untersuchung zu Hegels «Wissenschaft der Logik». Freiburg i. B., München 1963. 116 S. (Symposion. 14)
HEISS, ROBERT: Die großen Dialektiker des 19. Jahrhunderts. Hegel, Kierkegaard, Marx. Köln, Berlin 1963. 437 S. [Das dialektische System Hegels: S. 11–196.]
LIM, SOK-ZIN: Der Begriff der Arbeit bei Hegel. Versuch einer Interpretation der Phänomenologie des Geistes. Bonn 1963. 187 S. (Abhandlungen zur Philosophie, Psychologie und Pädagogik. 27)
STIEHLER, GOTTFRIED: Die Dialektik in Hegels «Phänomenologie des Geistes». Berlin 1964. 316 S.
REDLICH, ANNELISE: Die Hegelsche Logik als Selbsterfassung der Persönlichkeit. Brinkum, Bremen 1964. XXV, 148 S.
FULDA, HANS FRIEDRICH: Das Problem einer Einleitung in Hegels Wissenschaft der Logik. Frankfurt a. M. 1965. XII, 315 S. (Philosophische Abhandlungen. 27)

c) Ästhetik

LEWKOWITZ, A.: Hegels Ästhetik im Verhältnis zu Schiller. Leipzig 1910. 77 S.
PUGLISI, FILIPPO: L'estetica di Hegel e i suoi presupposti teoretici. Padova 1953. 189 S. (Il pensiero moderno. Ser. 2. 1)
VECCHI, GIOVANNI: L'estetica di Hegel. Saggio di interpretazione filosofica. Milano 1956. VI, 243 S. (Pubblicazioni dell'Università Cattolica del S. Cuore. NS. 56)
TEYSSÈDRE, BERNARD: L'esthétique de Hegel. Paris 1958. 104 S. (Initiation philosophique)

KAMINSKY, JACK: Hegel on art. An interpretation of Hegel's aesthetics. Albany 1962. IX, 207 S.

LAUENER, HENRI: Die Sprache in der Philosophie Hegels. Mit besonderer Berücksichtigung der Ästhetik. Bern 1962. 78 S. (Sprache und Dichtung. NF. 10)

SALDITT, MARIA: Hegels Shakespeare-Interpretation. Berlin 1927. 46 S. (Philosophische Forschungen. 5)

PÖGGELER, OTTO: Hegels Kritik der Romantik. Bonn 1956. 398 S. (Abhandlungen zur Philosophie, Psychologie und Pädagogik. 4)

d) Religionsphilosophie
(und allgemeine Abhandlungen zum jungen Hegel)

DILTHEY, WILHELM: Die Jugendgeschichte Hegels. Berlin 1905. 212 S. (Aus den Abhandlungen der Königl. Preuß. Akademie der Wissenschaften vom Jahre 1905) – Wiederabdruck in: Dilthey, Gesammelte Schriften. Bd. 4. Berlin, Leipzig 1921. S. 1–187 – 2. Aufl. Stuttgart 1959

HADLICH, HERMANN: Hegels Lehren über das Verhältnis von Religion und Philosophie. Halle 1906. VIII, 82 S. (Abhandlungen zur Philosophie und ihrer Geschichte. 24)

REESE, HEINRICH: Hegel über das Auftreten der christlichen Religion in der Weltgeschichte. Ein Beitrag zur Geschichte der Religionsphilosophie. Tübingen 1909. 67 S.

ADAMS, GEORGE PLIMPTON: The mystical element in Hegel's early theological writings. Berkeley 1910. 102 S. (University of California publications in philosophy. 2, 4)

HESSEN, JOHANNES: Hegels Trinitätslehre, zugleich eine Einführung in Hegels System. Freiburg i. B. 1922. VII, 45 S. (Freiburger theologische Studien. 26)

LASSON, GEORG: Einführung in Hegels Religionsphilosophie. Leipzig 1930. VIII, 150 S. (Philosophische Bibliothek. 65)

NADLER, KÄTE: Der dialektische Widerspruch in Hegels Philosophie und das Paradoxon des Christentums. Leipzig 1931. VIII, 143 S.

WACKER, HERBERT: Das Verhältnis des jungen Hegel zu Kant. Berlin 1932. 90 S. (Episteme. 2)

ASPELIN, GUNNAR: Hegels Tübinger Fragment. Eine psychologisch-ideengeschichtliche Untersuchung. Lund 1933. 70 S. (Lunds universitets årsskrift. NF. 28, 7)

KÜHLER, OTTO: Sinn, Bedeutung und Auslegung der Heiligen Schrift in Hegels Philosophie. Mit Beiträgen zur Bibliographie über die Stellung Hegels (und der Hegelianer zur Theologie, insbesondere) zur Heiligen Schrift. Leipzig 1934. XII, 110 S. (Studien und Bibliographien zur Gegenwartsphilosophie. 8)

MÜLLER, GUSTAV EMIL: Hegel über Offenbarung, Kirche und Philosophie. München 1939. 61 S.

DOMKE, KARL: Das Problem der metaphysischen Gottesbeweise in der Philosophie Hegels. Leipzig 1940. VIII, 136 S.

GRAY, JESSE GLENN: Hegel's hellenic ideal. New York 1941. VIII, 104 S.

ILJIN, IWAN: Die Philosophie Hegels als kontemplative Gotteslehre. Bern 1946. 432 S.

DULCKEIT, GERHARD: Die Idee Gottes im Geiste der Philosophie Hegels. München 1947. 179 S.

OGIERMANN, HELMUT ALOISIUS: Hegels Gottesbeweise. Rom 1948. XI, 230 S. (Analecta Gregoriana. 49)

SCHMIDT, ERIK: Hegels Lehre von Gott. Eine kritische Darstellung. Gütersloh 1952. 260 S. (Beiträge zur Förderung christlicher Theologie. Reihe 2. 52)

ASVELD, PAUL: La pensée religieuse du jeune Hegel. Liberté et aliénation. Paris 1953. IX, 244 S. (Bibliothèque philosophique de Louvain. 11)

ALBRECHT, WOLFGANG: Hegels Gottesbeweis. Eine Studie zur «Wissenschaft der Logik». Berlin 1958. 117 S.

LACORTE, CARMELO: Il primo Hegel. Firenze 1959. 362 S. (Pubblicazioni dell'Istituto di Filosofia dell'Università di Roma. 7)

MASSOLO, ARTURO: Prime ricerche di Hegel. Urbino 1959. 107 S. (Pubblicazioni dell'Università di Urbino. Serie di lettere e filosofia. 10)

ROHRMOSER, GÜNTER: Subjektivität und Verdinglichung. Theologie und Gesellschaft im Denken des jungen Hegel. Gütersloh 1961. 116 S.

GARAUDY, ROGER: Dieu et mort. Étude sur Hegel. Paris 1962. 437 S. (Bibliothèque de philosophie contemporaine)

e) Geschichts-, Rechts-, Staats- und Gesellschaftsphilosophie

DITTMANN, FRIEDRICH: Der Begriff des Volksgeistes bei Hegel. Zugleich ein Beitrag zur Geschichte des Begriffs der Entwicklung im 19. Jahrhundert. Leipzig 1909. 108 S. (Beiträge zur Kultur- und Universalgeschichte. 10)

BRIE, SIEGFRIED: Der Volksgeist bei Hegel und in der historischen Rechtsschule. Berlin, Leipzig 1909. 35 S.

MACKENZIE, MILLICENT: Hegel's educational theory and practice. London 1909. 214 S.

MAYER-MOREAU, KARL: Hegels Sozialphilosophie. Die Lehre vom objektiven Geist. Tübingen 1910. VII, 83 S.

EHLERT, PAUL: Hegels Pädagogik dargestellt im Anschluß an sein philosophisches System. Berlin 1912. X, 251 S.

BÜLOW, FRIEDRICH: Die Entwicklung der Hegelschen Sozialphilosophie. Leipzig 1920. IV, 158 S.

LASSON, GEORG: Hegel als Geschichtsphilosoph. Leipzig 1920. VI, 180 S. (Philosophische Bibliothek. 171e)

ROSENZWEIG, FRANZ: Hegel und der Staat. 2 Bde. München, Berlin 1920. XVI, 252; VI, 224 S. – Neudruck in einem Band. Aalen 1962

LASSALLE, FERDINAND: Die Hegelsche und Rosenkranzsche Logik und die Grundlage der Hegelschen Geschichtsphilosophie im Hegelschen System. Leipzig 1927. 30 S.

EPHRAIM, FRITZ: Untersuchungen über den Freiheitsbegriff Hegels in seinen Jugendarbeiten. Teil 1. Berlin 1928. IV, 134 S. (Philosophische Forschungen. 7)

BUSSE, MARTIN: Hegels Phänomenologie des Geistes und der Staat. Ein Beitrag zur Auslegung der Phänomenologie und Rechtsphilosophie und zur Geschichte der Entwicklung des Hegelschen Systems. Berlin 1931. VIII, 141 S.

TROTT ZU SOLZ, ADAM VON: Hegels Staatsphilosophie und das internationale Recht. Göttingen 1932. 144 S. (Abhandlungen aus dem Seminar für Völkerrecht und Diplomatie an der Universität Göttingen. 6)

MARCUSE, HERBERT: Hegels Ontologie und die Grundzüge einer Theorie der Geschichtlichkeit. Frankfurt a. M. 1932. 367 S.

FAHRENHORST, EBERHARD: Geist und Freiheit im System Hegels. Leipzig 1934. 126 S.

BOCKELMANN, PAUL: Hegels Notstandslehre. Berlin, Leipzig 1935. VI, 69 S. (Abhandlungen des kriminalistischen Instituts an der Universität Berlin. 4. Folge. 3, 4)

FLECHTHEIM, OSSIP KURT: Hegels Strafrechtstheorie. Brünn 1936. 117 S.
MÜLLER, GUSTAV EMIL: Hegel über Sittlichkeit und Geschichte. München 1940. 100 S.
MARCUSE, HERBERT: Reason and revolution. Hegel and the rise of social theory. London, New York 1941. XII, 431 S. – 2. erw. Aufl. 1954. XII, 439 S. – Dt.: Vernunft und Revolution. Hegel und die Entstehung der Gesellschaftstheorie. Neuwied am Rhein, Berlin-Spandau 1962. 399 S. (Soziologische Texte. 13)
LUKÁCS, GEORG: Der junge Hegel. Über die Beziehungen von Dialektik und Ökonomie. Zürich, Wien 1948. 718 S. – Neuausg. u. d. T.: Der junge Hegel und die Probleme der kapitalistischen Gesellschaft. Berlin 1954. 656 S.
HYPPOLITE, JEAN: Introduction à la philosophie de l'histoire de Hegel. Paris 1948. 98 S. (Bibliothèque philosophique)
WEIL, ERIC: Hegel et l'état. Paris 1950. 116 S. (Collège philosophique)
FURCK, KARL-LUDWIG: Der Bildungsbegriff des jungen Hegel. Weinheim/ Bergstr. 1952. 112 S. (Göttinger Studien zur Pädagogik. 33)
FLÜGGE, JOHANNES: Die sittlichen Grundlagen des Denkens. Hegels existentielle Erkenntnisgesinnung. Hamburg 1953. VII, 147 S.
NICOLIN, FRIEDHELM: Hegels Bildungstheorie. Grundlinien geisteswissenschaftlicher Pädagogik in seiner Philosophie. Bonn 1955. 258 S. (Abhandlungen zur Philosophie, Psychologie und Pädagogik. 3)
RITTER, JOACHIM: Hegel und die französische Revolution. Köln, Opladen 1957. 118 S. (Arbeitsgemeinschaft für Forschung des Landes Nordrhein-Westfalen. Geisteswissenschaften. 63) – Im Anhang veränd. Ausg. Frankfurt a. M. 1965. 136 S. (edition suhrkamp. 114)
NEGRI, ANTONIO: Stato e diritto nel giovane Hegel. Studio sulla genesi illuministica della filosofia giuridica e politica di Hegel. Padova 1958. 287 S. (Pubblicazioni della Facoltà di Giurisprudenza dell'Università di Padova. 25)
BEERLING, REINIER FRANCISCUS: De list der rede in de geschiedenisfilosofie van Hegel. Arnhem 1959. 180 S.
PEPERZAK, ADRIEN T. B.: Le jeune Hegel et la vision morale du monde. La Haye 1960. XV, 264 S.
SCHMIDT, GERHART: Hegel in Nürnberg. Untersuchungen zum Problem der philosophischen Propädeutik. Tübingen 1960. VIII, 305 S. (Forschungen zur Pädagogik und Anthropologie. 3)
PIONTKOWSKI, A. A.: Hegels Lehre über Staat und Recht und seine Strafrechtstheorie. Berlin 1960. XXXVIII, 432 S.
FLEISCHMANN, EUGÈNE: La philosophie politique de Hegel sous forme d'un commentaire des Fondements de la philosophie du droit. Paris 1964. VII, 402 S. (Recherches en sciences humaines. 18)
NEGT, OSKAR: Strukturbeziehungen zwischen den Gesellschaftslehren Comtes und Hegels. Frankfurt a. M. 1964. 147 S. (Frankfurter Beiträge zur Soziologie. 14)
SCHMIDT, HANS: Verheißung und Schrecken der Freiheit. Von der Krise des antik-abendländischen Weltverständnisses, dargestellt im Blick auf Hegels Erfahrung der Geschichte. Stuttgart, Berlin 1964. 350 S.

f) Aufsatzsammlungen

Hegel-Studien. In Verbindung mit der Hegel-Kommission der Deutschen Forschungsgemeinschaft HEINZ HEIMSOETH, JOSEF DERBOLAV, HANS-GEORG GADAMER, LUDWIG LANDGREBE, THEODOR LITT, JOACHIM RITTER hg. von FRIEDHELM NICOLIN und OTTO PÖGGELER. Bd. 1. Bonn 1961 – Bd. 2. Bonn 1963

Hegel-Jahrbuch. Hg. von WILHELM R. BEYER. 1961: 2 Halbbde. München 1961 – 1964: 1 Bd. Meisenheim am Glan 1965

LASSON, GEORG: Beiträge zur Hegelforschung. Berlin 1909. 70 S.

CROCE, BENEDETTO: Saggio sullo Hegel. Seguito da altri scritti storia della filosofia. Bari 1913. VIII, 454 S. – 4. Aufl. 1948. VIII, 440 S. (Croce, Saggi filosofici. 3)

Logos. Internationale Zeitschrift für Philosophie der Kultur. Hg. von RICHARD KRONER. Bd. 20. Tübingen 1931 [Aufsätze über Hegel: S. 141–285.]

Revue de métaphysique et de moral. Bd. 40. Paris 1931 [Aufsätze über Hegel: S. 277–512.]

Hegel. Nel centenario della sua morte. Pubblicazione a cura della Facoltà di Filosofia dell'Università Cattolica del Sacro Cuore. Milano 1932. XV, 395 S. (Rivista di filosofia neo-scolastica. Bd. 23, Supplemento speciale)

Verhandlungen des Ersten Hegelkongresses vom 22. bis 25. April 1930 im Haag. Hg. von B. WIGERSMA. Tübingen, Haarlem 1931. 243 S. (Veröffentlichungen des Internationalen Hegelbundes. 1)

Verhandlungen des Zweiten Hegelkongresses vom 18. bis 21. Oktober 1931 in Berlin. Hg. von B. WIGERSMA. Tübingen, Haarlem 1932. 200 S. (Veröffentlichungen des Internationalen Hegelbundes. 2)

Verhandlungen des Dritten Hegelkongresses vom 19. bis 23. April 1933 in Rom. Hg. von B. WIGERSMA. Tübingen, Haarlem 1934. 278 S. (Veröffentlichungen des Internationalen Hegelbundes. 3)

CROCE, BENEDETTO: Indagini su Hegel e schiarimenti filosofici. Bari 1952. VIII, 305 S. (Croce, Saggi filosofici. 14) [Aufsätze über Hegel: S. 1–120.]

HYPPOLITE, JEAN: Études sur Marx et Hegel. Paris 1955. 205 S. (Bibliothèque philosophique)

GRÉGOIRE, FRANZ: Études hégéliennes. Les points capitaux du système. Paris 1958. IX, 411 S. (Bibliothèque philosophique de Louvain. 19)

Studies in Hegel. New Orleans, The Hague 1960. 187 S. (Tulane studies in philosophy. 9)

A Hegel symposium. Essays by CARL J. FRIEDRICH [u. a.]. Ed. by DON CARLOS TRAVIS. Austin 1962. 139 S.

ADORNO, THEODOR W.: Drei Studien zu Hegel. Frankfurt a. M. 1963. 174 S. (edition suhrkamp. 38)

Heidelberger Hegel-Tage 1962. Vorträge und Dokumente. Hg. von HANS-GEORG GADAMER. Bonn 1964. 349 S. (Hegel-Studien. Beiheft 1)

6. Vergleiche mit Zeitgenossen und Wirkung

HOFFMEISTER, JOHANNES: Hölderlin und Hegel. Tübingen 1931. 50 S. (Philosophie und Geschichte. 30)

SCHUBERT, JOHANNES: Goethe und Hegel. Leipzig 1933. VIII, 194 S.

FALKENHEIM, HUGO: Goethe und Hegel. Tübingen 1934. VI, 84 S. (Heidelberger Abhandlungen zur Philosophie und ihrer Geschichte. 26)

STAIGER, EMIL: Der Geist der Liebe und das Schicksal. Schelling, Hegel und Hölderlin. Frauenfeld 1935. 127 S. (Wege zur Dichtung. 19)

REUTER, HANS: S. Kierkegaards religionsphilosophische Gedanken im Verhältnis zu Hegels religionsphilosophischem System. Leipzig 1914. VI, 131 S. (Abhandlungen zur Philosophie und ihrer Geschichte. 23)

BENSE, MAX: Hegel und Kierkegaard. Eine prinzipielle Untersuchung. Köln, Krefeld 1948. 83 S.

PLENGE, JOHANN: Marx und Hegel. Tübingen 1911. 184 S.

HOOK, SIDNEY: From Hegel to Marx. Studies in the intellectual development of Karl Marx. New York 1950. 335 S.

Rossi, Mario : Marx e la dialettica hegeliana. Bd. 1. Hegel e lo stato. Roma 1960
Barion, Jakob : Hegel und die marxistische Staatslehre. Bonn 1963. IX, 235 S.
Glockner, Hermann : Fr. Th. Vischers Ästhetik in ihrem Verhältnis zu Hegels Phänomenologie des Geistes. Ein Beitrag zur Geschichte der Hegelschen Gedankenwelt. Leipzig 1920. 74 S. (Beiträge zur Ästhetik. 15)
Engel, Otto : Der Einfluß Hegels auf die Bildung der Gedankenwelt Hippolyte Taines. Stuttgart 1920. VIII, 144 S.
Simon, Ernst : Ranke und Hegel. München, Berlin 1928. XVI, 204 S. (Historische Zeitschrift. Beiheft 5)
Metzke, Erwin : Karl Rosenkranz und Hegel. Ein Beitrag zur Geschichte der Philosophie des sogenannten Hegelianismus im 19. Jahrhundert. Leipzig 1929. IV, 87 S.
Hommes, Jakob : Krise der Freiheit. Hegel – Marx – Heidegger. Regensburg 1958. 331 S.

Barth, Paul : Die Geschichtsphilosophie Hegel's und der Hegelianer bis auf Marx und Hartmann. Ein kritischer Versuch. Leipzig 1890. 148 S. – 2. Aufl. 1925
MacKintosh, Robert : Hegel and Hegelianism. New York 1903. VIII, 301 S. (The world's epoch-makers. 27)
Aschkenasy, Hirsch : Hegels Einfluß auf die Religionsphilosophie in Deutschland. Berlin 1907. 82 S. (Philosophische Abhandlungen. 1)
Heller, Hermann : Hegel und der nationale Machtstaatsgedanke in Deutschland. Ein Beitrag zur politischen Geistesgeschichte. Leipzig 1921. VI, 210 S. – Neudruck. Aalen 1963
Levy, Heinrich : Die Hegel-Renaissance in der deutschen Philosophie, mit besonderer Berücksichtigung des Neukantianismus. Charlottenburg 1927. 95 S. (Philosophische Vorträge. 30)
Stähler, Wilhelm : Zur Unsterblichkeitsproblematik in Hegels Nachfolge. Münster 1928. VII, 62 S. (Universitas. 4)
Hegel bei den Slaven. Hg. von Dmitrij Tschiżewskij. Reichenberg 1934. 494 S. (Veröffentlichungen der Slavistischen Arbeitsgemeinschaft an der Deutschen Universität in Prag. Untersuchungen. 9) – 2. verm. Aufl. Bad Homburg vor der Höhe 1961. 487 S.
Hartmann, Albert : Der Spätidealismus und die Hegelsche Dialektik. Berlin 1937. 191 S. (Neue deutsche Forschungen. 163 = Abt. Philosophie. 26)
Knoop, Bernhard : Hegel und die Franzosen. Stuttgart, Berlin 1941. VI, 127 S.
Löwith, Karl : Von Hegel zu Nietzsche. Der revolutionäre Bruch im Denken des neunzehnten Jahrhunderts. Marx und Kierkegaard. Zürich, Wien 1941. 538 S. – 5. Aufl. Stuttgart 1964. 464 S.
Wein, Hermann : Realdialektik. Von Hegelscher Dialektik zu dialektischer Anthropologie. München 1957. 185 S.
Gebhardt, Jürgen : Politik und Eschatologie. Studien zur Geschichte der Hegelschen Schule in den Jahren 1830–1840. München 1963. X, 183 S. (Münchner Studien zur Politik. 1)
Serreau, René : Hegel et l'hégélianisme. Paris 1963. 128 S. (Que sais-je?. 1029)
Wetter, Gustav A. : Die Umkehrung Hegels. Grundzüge und Ursprünge der Sowjetphilosophie. Köln 1963. 93 S. (Beiträge zur Sowjetologie. 1)
Beyer, Wilhelm R. : Hegel-Bilder. Kritik der Hegel-Deutungen. Berlin 1964. 282 S.

Auswahlbibliographie (1966–1990)

Werke

G. W. F. HEGEL: Werke in 20 Bänden und 1 Register. Auf der Grundlage der Werke von 1832–1845 neu ed. Ausgabe (Theorie-Werkausgabe; seit 1986 als stw)

GEORG WILHELM FRIEDRICH HEGEL: Gesammelte Werke. In Verbindung mit der Deutschen Forschungsgemeinschaft herausgegeben von der Rheinisch-Westfälischen Akademie der Wissenschaften [Auf 22 Bände angelegte historisch-kritische Gesamtausgabe. Seit 1968 sind 13 Bände erschienen]

Studienausgaben. Auf der Grundlage der ‹Gesammelten Werke› werden seit 1979 im Rahmen der ‹Philosophischen Bibliothek› eine Reihe von Studienausgaben vorgelegt. Diese Neuausgaben ersetzen die bisherigen Werkausgaben von LASSON und HOFFMEISTER. Enthalten sind Einleitungen und Literaturhinweise.

Vorlesungen. Ausgewählte Nachschriften und Manuskripte [Diese Reihe präsentiert einzelne, besonders aufschlußreiche Nachschriften und rekonstruiert einzelne Kollegien]

Bibliographien

STEINHAUER, KURT: Hegel Bibliography... München u. a. 1980 (bis 1975).
Die ‹Hegel-Studien› erfassen seit 1961 fortlaufend die zu Hegel erschienenen Aufsätze. Darüber hinaus bietet jeder Band eine Reihe von Buchrezensionen.
* verweist auf nützliche Forschungs- und Literaturberichte oder weiterführende Teilbibliographien.

Gesamtdarstellungen und Biographien

GULYGA, ARSEN: Georg Wilhelm Friedrich Hegel. Frankfurt a. M. 1974
Hegel. Hg. von O. PÖGGELER. Freiburg, München 1977
TAYLOR, CHARLES: Hegel. Frankfurt a. M. 1978
HELFERICH, CHRISTOPH: Georg Wilhelm Friedrich Hegel. Stuttgart 1979
D'HONDT, JACQUES: Hegel et l'hégélianisme. Paris 1982
Hegel. Hg. von M. INWOOD. Oxford 1985

Sammlungen

Hegel-Tage Urbino 1965. Vorträge. Hg. von H. G. GADAMER. Bonn 1969
BLOCH, ERNST: Über Methode und System bei Hegel. Frankfurt a. M. 1970
LAKEBRINK, BERNHARD: Studien zur Metaphysik Hegels. Freiburg 1969
Hegel et la pensée moderne. Séminaire sur Hegel dirigé par Jean Hyppolite au Collège de France (1967–1968). Textes publiés sous la direction de J. D'HONDT. Paris 1970
New Studies in Hegel's Philosophy. Hg. von W. E. STEINKRAUS. New York 1971
Hegel-Bilanz. Zur Aktualität und Inaktualität der Philosophie Hegels. Hg. von R. HEEDE und J. RITTER. Frankfurt a. M. 1973
Hegel in der Sicht der neueren Forschung. Hg. von I. FETSCHER. Darmstadt 1973
Stuttgarter Hegel-Tage 1970. Vorträge und Kolloquien des Internationalen Hegel-Jubiläumskongresses. Hg. von H. G. GADAMER. Bonn 1974
Vom Mute des Erkennens. Beiträge zur Philosophie G. W. F. Hegels. Hg. von M. BUHR und T. IL. OISERMANN (Akad. der Wiss. der UdSSR und DDR). Frankfurt a. M. 1981

Die Logik des Wissens und das Problem der Erziehung. Nürnberger Hegel-Tage 1981. Hg. von W. R. BEYER. Hamburg 1981
Kant oder Hegel? Über Formen der Begründung in der Philosophie. Hg. von D. HENRICH. Stuttgart 1983
Logica e storia in Hegel. Hg. von R. RACINARO und V. VITIELLO. Napoli 1985
JARCZYK, GWENDOLINE, und PIERRE-JEAN LABARRIÈRE: Hegeliana. Paris 1986

Jugend

HOČEVAR, ROLF K.: Stände und Repräsentation beim jungen Hegel. München 1968
HARRIS, HENRY S.: Hegel's Development. Bd. 1: Toward the Sunlight. 1770–1801. Bd. 2: Night Thoughts (Jena 1801–1806). Oxford 1972, 1983
D'HONDT, JACQUES: Verborgene Quellen des Hegelschen Denkens. Berlin 1972
DINKEL, BERNHARD: Der junge Hegel und die Aufhebung des subjektiven Idealismus. Bonn 1974
RIPALDA, JOSÉ MARIA: The divided nation. The Roots of a bourgeois thinker: G. W. F. Hegel. Assen 1977
KONDYLIS, PANAJOTIS: Die Entstehung der Dialektik. Eine Analyse der geistigen Entwicklung von Hölderlin, Schelling und Hegel bis 1802. Stuttgart 1979
JAMME, CHRISTOPH: ‹Ein ungelehrtes Buch›: die philosophische Gemeinschaft zwischen Hölderlin und Hegel in Frankfurt 1797–1800. Bonn 1983
Mythologie der Vernunft. Hegels ‹ältestes Systemprogramm des deutschen Idealismus›. Hg. von CHR. JAMME und H. SCHNEIDER. Frankfurt a. M. 1984
FUJITA, MASAKATSU: Philosophie und Religion beim jungen Hegel. Unter besonderer Berücksichtigung seiner Auseinandersetzung mit Schelling. Bonn 1985
BUSCHE, HUBERTUS: Das Leben der Lebendigen. Hegels politisch-religiöse Begründung der Philosophie freier Verbundenheit in seinen frühen Manuskripten. Bonn 1987
* Der Weg zum System. Materialien zum jungen Hegel. Hg. von CHR. JAMME und H. SCHNEIDER. Frankfurt a. M. 1990

Jenaer Zeit

ZIMMERLI, WALTHER CHRISTOPH: Die Frage nach der Philosophie. Interpretationen zu Hegels ‹Differenzschrift›. Bonn 1974
BONSIEPEN, WOLFGANG: Der Begriff der Negativität in den Jenaer Schriften Hegels. Bonn 1977
SIEP, LUDWIG: Anerkennung als Prinzip der praktischen Philosophie. Untersuchungen zu Hegels Jenaer Philosophie des Geistes. Freiburg i. B. 1979
Hegel in Jena: die Entwicklung des Systems und der Zusammenarbeit mit Schelling. Hegel-Tage, Zwettl 1977. Hg. von D. HENRICH und K. DÜSING. Bonn 1980
KIMMERLE, HEINZ: Das Problem der Abgeschlossenheit des Denkens. Hegels ‹System der Philosophie› in den Jahren 1800–1804. 2. erw. Aufl. Bonn 1982
GÉRARD, GILBERT: Critique et Dialectique. L'Itinéraire de Hegel à Jéna (1801–1805). Bruxelles 1982
BOURGEOIS, BERNARD: Le Droit Naturel de Hegel (1802–1803). Commentaire. Contribution à l'étude de la spéculation hégélienne à Jéna. Paris 1986

Phänomenologie des Geistes

FULDA, HANS FRIEDRICH: Das Problem einer Einleitung in Hegels Wissenschaft der Logik. Frankfurt a. M. 1965

Hegel-Tage Royaumont 1964. Beiträge zur Deutung der Phänomenologie des Geistes. Hg. von H. G. GADAMER. Bonn 1966

LABARRIÈRE, PIERRE-JEAN: Structures et mouvement dialectique dans la Phénoménologie de l'Esprit de Hegel. Paris 1968

BECKER, WERNER: Hegels ‹Phänomenologie des Geistes›. Eine Interpretation. Stuttgart 1971

Materialien zu Hegels ‹Phänomenologie des Geistes›. Hg. von H. F. FULDA und D. HENRICH. Frankfurt a. M. 1973

PÖGGELER, OTTO: Hegels Idee einer Phänomenologie des Geistes. Freiburg i. B., München 1973

HEINRICHS, JOHANNES: Die Logik der ‹Phänomenologie des Geistes›. Bonn 1974

KAINZ, HOWARD P. : Hegels Phenomenology. Teil I: Analysis and Commentary. Tuscaloosa (Ala.) 1976. Teil II: The Evolution of Ethical and Religious Consciousness to the Absolute Standpoint. Athen u. a. 1983

VALLS PLANA, RAMÓN : Del yo al nosotros. Lectura de la Fenomenología del Espíritu de Hegel. 2. Ausg. Barcelona 1979

MARX, WERNER: Hegels Phänomenologie des Geistes. Die Bestimmung ihrer Idee in ‹Vorrede› und ‹Einleitung›. 2. erw. Aufl. Frankfurt a. M. 1981

Method and Speculation in Hegel's Phenomenology. Hg. von M. WESTPHAL. New Jersey 1982

VERENE, DONALD PHILIPP: Hegel's Recollection. A study of images in the Phenomenology of Spirit. Albany 1985

* SÖZER, ÖNAY: Phänomenologie des Geistes in gewandelten Perspektiven. In: Hegel-Studien 23 (1988), S. 291–303

Dialektik und ‹Wissenschaft der Logik›

HENRICH, DIETER: Hegel im Kontext. Frankfurt a. M. 1967

LENK, HANS: Kritik der logischen Konstanten. Philosophische Begründungen der Urteilsformen vom Idealismus bis zur Gegenwart. Berlin 1968

ROHS, PETER: Form und Grund. Interpretation eines Kapitels der Hegelschen Wissenschaft der Logik. Bonn 1969

KULENKAMPFF, AREND: Antinomie und Dialektik. Zur Funktion des Widerspruchs in der Philosophie. Stuttgart 1970

SARLEMIJN, ANDRIES: Hegelsche Dialektik. Berlin 1971

WETZEL, MANFRED: Reflexion und Bestimmtheit in Hegels Wissenschaft der Logik. Hamburg 1971

KROHN, WOLFGANG: Die formale Logik in Hegels ‹Wissenschaft der Logik›. Untersuchungen zur Schlußlehre. München 1972

Die Wissenschaft der Logik und die Logik der Reflexion. Hegel-Tage Chantilly 1971. Hg. von D. HENRICH. Bonn 1978

THEUNISSEN, MICHAEL: Sein und Schein. Die kritische Funktion der Hegelschen Logik. Frankfurt a. M. 1978

Seminar: Dialektik in der Philosophie Hegels. Hg. von R.-P. HORSTMANN. Frankfurt a. M. 1978

LAKEBRINK, BERNHARD: Kommentar zu Hegels ‹Logik› in seiner ‹Enzyklopädie› von 1830. Bd. I: Sein und Wesen. Bd. II: Begriff. Freiburg i. B., München 1979, 1985

JARCZYK, GWENDOLINE: Système et liberté dans la Logique de Hegel. Paris 1979

BUBNER, RÜDIGER: Zur Sache der Dialektik. Stuttgart 1980

GADAMER, HANS-GEORG: Hegels Dialektik. Sechs hermeneutische Studien. 2. verm. Aufl. Tübingen 1980

WOLFF, MICHAEL: Der Begriff des Widerspruchs. Eine Studie zur Dialektik Kants und Hegels. Königstein 1981

Richli, Urs: Form und Inhalt in G. W. F. Hegels ‹Wissenschaft der Logik›. Wien, München 1982

Rosen, Michael: Hegel's Dialectic and its criticism. Cambridge 1982

De Vos, Ludovicus: Hegels Wissenschaft der Logik: Die absolute Idee. Einleitung und Kommentar. Bonn 1983

Kesselring, Thomas: Die Produktivität der Antinomie. Hegels Dialektik im Lichte der genetischen Erkenntnistheorie und der formalen Logik. Frankfurt a. M. 1984

Maluschke, Günther: Kritik und absolute Methode in Hegels Dialektik. 2., um ein Nachw. erg. Aufl. Bonn 1984

Düsing, Klaus: Das Problem der Subjektivität in Hegels Logik. Systematische und entwicklungsgeschichtliche Untersuchungen zum Prinzip des Idealismus und zur Dialektik. 2., verb. und um ein Nachw. erw. Aufl. Bonn 1984

Hegels Wissenschaft der Logik. Formation und Rekonstruktion. Hg. von D. Henrich. Stuttgart 1986

System

Clark, Malcolm: Logic and System. A Study of the Transition from ‹Vorstellung› to Thought in the Philosophy of Hegel. The Hague 1971

Puntel, L. Bruno: Darstellung, Methode und Struktur. Untersuchungen zur Einheit der systematischen Philosophie G. W. F. Hegels. Bonn 1973

Rotenstreich, Nathan: From Substance to Subject. Studies in Hegel. The Hague 1974

Angehrn, Emil: Freiheit und System bei Hegel. Berlin, New York 1977

Lamb, David: Hegel – From Foundation to System. The Hague 1980

Wohlfahrt, Günter: Der spekulative Satz. Bemerkungen zum Begriff der Spekulation bei Hegel. Berlin, New York 1981

Hösle, Vittorio: Hegels System. Der Idealismus der Subjektivität und das Problem der Intersubjektivität. Bd. I: Systementwicklung und Logik. Bd. II: Philosophie der Natur und des Geistes. Hamburg 1987

Naturphilosophie

Engelhardt, Dietrich von: Hegel und die Chemie. Studie zur Philosophie und Wissenschaft der Natur um 1800. Wiesbaden 1976

Hegels Philosophie der Natur. Beziehungen zwischen empirischer und spekulativer Naturerkenntnis. Hg. von R.-P. Horstmann und M. J. Petry. Stuttgart 1986

* Hegel und die Naturwissenschaften. Hg. von M. J. Petry. Stuttgart-Bad Cannstatt 1987

Falkenberg, Brigitte: Die Form der Materie. Zur Metaphysik der Natur bei Kant und Hegel. Frankfurt a. M. 1987

* Petry, Michael J.: Hegel's Philosophy of Nature. Recent Developments. In: Hegel-Studien 23 (1988), S. 303–326

Anthropologie / Psychologie

Fetscher, Iring: Hegels Lehre vom Menschen. Kommentar zu den §§ 387–487 der Enzyklopädie. Stuttgart 1970

Greene, Murray: Hegel on soul. A speculative anthropology. The Hague 1972

Hegels philosophische Psychologie. Hegel-Tage, Santa Margherita 1973. Hg. von D. Henrich. Bonn 1979

D'HONDT, JACQUES: Hegel philosophe de l'histoire vivante. Paris 1966
Hegel's Philosophy. Problems and Perspectives. A Collection of new essays. Hg.
  von Z. A. PELCZYNSKI. Cambridge 1971
Materialien zu Hegels Rechtsphilosophie. Hg. von M. RIEDEL. 2 Bde. Frankfurt
  a. M. 1975
AVINERI, SHLOMO: Hegels Theorie des modernen Staates. Frankfurt a. M. 1976
OTTMANN, HENNING: Individuum und Gemeinschaft bei Hegel. Bd. I: Hegel im
  Spiegel der Interpretationen. Berlin, New York 1977
Hegel's Social and Political Thought. Hg. von D. P. VERENE. Atlantic Highlands
  (N. J.) 1980
TOPITSCH, ERNST: Die Sozialphilosophie Hegels als Heilslehre und Herrschafts-
  ideologie. 2. erw. Aufl. München 1981
RIEDEL, MANFRED: Zwischen Tradition und Revolution. Studien zu Hegels
  Rechtsphilosophie. Erw. Neuausg. Stuttgart 1982
Hegels Philosophie des Rechts. Die Theorie der Rechtsformen und ihre Logik. Hg.
  von D. HENRICH und R.-P. HORSTMANN. Stuttgart 1982
Hegel's Philosophy of Action. Hg. von L. S. STEPELEVICH und D. LAMB. Atlantic
  Highlands (N. J.) 1983
* Hegels Rechtsphilosophie im Zusammenhang der europäischen Verfassungsge-
  schichte. Hg. von H.-CHR. LUCAS und O. PÖGGELER. Stuttgart-Bad Cannstatt
  1986
PRIMORATZ, IGOR: Banquos Geist. Hegels Theorie der Strafe. Bonn 1986
* Logik und Geschichte in Hegels System. Hg. von H.-CHR. LUCAS und
  G. PLANTY-BONJOUR. Stuttgart-Bad Cannstatt 1989

Absoluter Geist

THEUNISSEN, MICHAEL: Hegels Lehre vom absoluten Geist als theologisch-politi-
  scher Traktat. Bonn 1970
Hegels Logik der Philosophie. Religion und Philosophie in der Theorie des absoluten Geistes. Hg. von D. HENRICH und R.-P. HORSTMANN. In Zusammenarbeit
  mit dem Istituto Italiano per gli Studi Filosofici. Stuttgart 1984

Ästhetik

WAGNER, FRANK FRIEDRICH: Hegels Philosophie der Dichtung. Bonn 1974
SCHÜTTAUF, KONRAD: Die Kunst und die bildenden Künste. Eine Auseinanderset-
  zung mit Hegels Ästhetik. Bonn 1984
GETHMANN-SIEFERT, ANNEMARIE: Die Funktion der Kunst in der Geschichte. Un-
  tersuchungen zu Hegels Ästhetik. Bonn 1984
Welt und Wirkung von Hegels Ästhetik. Hg. von A. GETHMANN-SIEFERT und
  O. PÖGGELER. Bonn 1986
PÖGGELER, OTTO: Preußens Kulturpolitik im Spiegel von Hegels Ästhetik. Opla-
  den 1987

Religionsphilosophie

KÜNG, HANS: Menschwerdung Gottes. Eine Einführung in Hegels theologisches
  Denken als Prolegomena zu einer künftigen Christologie. Freiburg i. B. 1970
Hegel and the Philosophy of Religion. The Wofford Symposium. Hg. und eingel.
  von D. E. CHRISTENSEN. The Hague 1970
REARDON, BERNARD M. G.: Hegel's Philosophy of Religion. London u. a. 1977

Die Flucht in den Begriff. Materialien zu Hegels Religionsphilosophie. Hg. von F. W. GRAF und F. WAGNER. Stuttgart 1982
ASENDORF, ULRICH: Luther und Hegel. Untersuchungen zur Grundlegung einer neuen systematischen Theologie. Wiesbaden 1982
LAUER, QUENTIN: Hegels Concept of God. Albany 1982
* JAESCHKE, WALTER: Die Religionsphilosophie Hegels. Darmstadt 1983
JAESCHKE, WALTER: Die Vernunft in der Religion. Studien zur Grundlegung der Religionsphilosophie Hegels. Stuttgart-Bad Cannstatt 1986

Geschichte der Philosophie

* DÜSING, KLAUS: Hegel und die Geschichte der Philosophie. Ontologie und Dialektik in Antike und Neuzeit. Darmstadt 1983
ROTENSTREICH, NATHAN: Legislation and Exposition. Critical Analysis of Differences between the Philosophy of Kant and Hegel. Bonn 1984
WASZEK, NORBERT: The Scottish Enlightenment and Hegel's Account of ‹Civil Society›. Dordrecht 1988

Verhältnis zu Zeitgenossen und Wirkung

THULSTRUPP, NIELS: Kierkegaards Verhältnis zu Hegel. Forschungsgeschichte. Stuttgart i. B. 1969
Hegel und die Folgen. Hg. von G. K. Kaltenbrunner. Freiburg i. B. 1970
Aktualität und Folgen der Philosophie Hegels. Hg. von O. NEGT. Frankfurt a. M. 1970
Hegel in Berichten seiner Zeitgenossen. Hg. von G. NICOLIN. Hamburg 1970
SIEP, LUDWIG: Hegels Fichtekritik und die Wissenschaftslehre von 1804. Freiburg i. B., München 1970
FRANK, MARTIN: Der unendliche Mangel an Sein. Schellings Hegelkritik und die Anfänge der Marxschen Dialektik. Frankfurt a. M. 1975
COLLETTI, LUCIO: Hegel und der Marxismus. Frankfurt a. M. u. a. 1976
KRINGS, HERMANN: Die Entfremdung zwischen Schelling und Hegel (1801–1807). München 1977
JANKE, WOLFGANG: Historische Dialektik. Destruktion dialektischer Grundformen von Kant bis Marx. Berlin, New York 1977
PEPPERLE, INGRID: Junghegelianische Geschichtsphilosophie und Kunsttheorie. Berlin 1978
TOEWS, JOHN E.: Hegelianism. The Path towards Dialectical Humanism. Cambridge 1980
HORSTMANN, ROLF-PETER: Ontologie und Relationen. Hegel, Bradley, Russell und die Kontroverse über interne und externe Beziehungen. Königstein 1984
Moralität und Sittlichkeit. Das Problem Hegels und die Diskursethik. Hg. von W. KUHLMANN. Frankfurt a. M. 1986
Hegel and Whitehead. Contemporary perspectives on systematic philosophy. Hg. von G. R. LUCAS. Albany (N. Y.) 1986
KOLB, DAVID: The Critique of Pure Modernity: Hegel, Heidegger, and After. Chicago 1986
NEGRI, ANTIMO: Hegel nel Novecento. Roma, Bari 1987
FRY, CHRISTOPHER M.: Sartre and Hegel. The Variations of an Enigma in «L'Être et le Néant». Bonn 1988
SCHMIDT, ALFRED: Idee und Weltwille: Schopenhauer als Kritiker Hegels. München u. a. 1988
LOSURDO, DOMENICO: Hegel und das deutsche Erbe. Philosophie und nationale Frage zwischen Revolution und Reaktion. Köln 1989

NAMENREGISTER

Die kursiv gesetzten Zahlen bezeichnen die Abbildungen

Abel, Jakob Friedrich von 14

Altenstein, Karl Sigmund Franz Freiherr vom Stein zum 60 f, 78, 80, 99, 120, *61*

Altenstein, Frl. vom Stein zum 64

Aristoteles 48

Augusti, Johann Christian Wilhelm 31

Autenrieth, Johann Christoph Friedrich 20

Bacon, Francis 79

Bähr, Karl Wilhelm Christian 11

Baillie, Sir James Black 130

Barez 118

Bauer, Bruno 123, 126, 133

Bauer, Edgar 126

Baur, Ferdinand Christian 125

Bekker, August Immanuel 100

Beneke, Friedrich Eduard 99 f

Billing, André 18

Bloch, August Friedrich 110

Böckh, August 100

Boisserée, Sulpiz 60, 85

Bök, August Friedrich 14, 20

Bolland, Gerardus J. P. J. 130

Borelius 130

Bosanquet, Bernard 130

Breyer, Karl Wilhelm Friedrich 16, 17

Bülow, Friedrich 57

Burke, Edmund 10

Burkhardt, Christiana Charlotte 37, 45

Burkhardt, Georg Ludwig Friedrich s. u. Ludwig Fischer

Caird, Edward 130

Caird, John 130

Carové, Friedrich Wilhelm 54, 63, 123

Christoph, Herzog von Württemberg 10

Correggio (Antonio Allegri) 96

Cousin, Viktor 54, 94 f, 130

Creuzer, Georg Friedrich 51, 57, 62, 70, 75

Croce, Benedetto 130

Daub, Karl 49, 51, 56, 109

Descartes, René 42, 82

Diez 17

Donnhoff, K. 7

Donzelli, Domenico 94

Duttenhofer, Christian Friedrich 9, 17

Ebbinghaus, Julius 130

Echtermeyer, Theodor 126

Eckerlin 94

Eckermann, Johann Peter 87

Endel, Nanette 25

Engels, Friedrich 123, 132, 135 f, *135*

d'Ercole 130

Erdmann, Johann Eduard 99, 123

Eschenburg, Johann Joachim 9

Eschenmayer, Philipp Kaspar Heinrich 51

Eyck, Jan van 93

Faber, Jonathan Heinrich 16

Fallot 16, 18

Feder 10

Ferdinand II., Kaiser 7

Ferguson, Adam 10

Feuerbach, Ludwig 123, 126, 127 f, 133, *128*

Fichte, Johann Gottlieb 18, 22, 23, 24, 28, 29, 32, 33, 42, 50, 61, 64, 72, 76, 82, 108, 119, 121, 123, 127, 130, *24*

Filmer 80

Finck 16, 20

Fischer, Kuno 11, 64, 123

Fischer, Ludwig 37, 45 f

Flatt, Johann Friedrich 14, 17

Fodor, Joséphine 93 f

Förster, Friedrich Christoph 110, 112, 119

Friedrich II. der Große, König in Preußen 102

Friedrich Wilhelm III., König von Preußen 60, 120 f, *121*

Friedrich Wilhelm IV., König von Preußen 108, 121

Fries, Jakob Friedrich 28, 50, 76, 78

Fromm, Maria Magdalena s. u. Maria Magdalena Hegel

Frommann, Karl Friedrich Ernst 39, 45, 108

Gabler, Georg Andreas 126

Gabler, Prorektor 35
Gans, Eduard 80, 102,
    110, 112, 116, 123, 133
Garve, Christian 10
Gentile, Giovanni 130
Ghert, Peter Gabriel van
    90, 93, 97, 130
Glockner, Hermann 59,
    79, 84, 117, 130
Goebhardt, Joseph Anton
    34
Goethe, August von 87 f,
    88
Goethe, Johann Wolf-
    gang von 28, 32, 33 f,
    36, 46, 85 f, 112, 115,
    83, 86
Goethe, Ottilie von 87
Gogel, Johann Noë 24
Gontard, Jakob Friedrich
    24
Gontard, Susanna 24
Göschel, Karl Friedrich
    124, 125 f
Green, Thomas Hill 130
Griesinger, Georg Fried-
    rich 9
Grotius, Hugo (Huig de
    Groot) 22

Haller, Karl Ludwig von
    80
Hammacher, Emil 130
Hartwig, Aimée von 110
Hauber, Karl Friedrich 17
Hauff, Wilhelm 12
Haym, Rudolf 20, 77 f,
    79 f, 84, 98
Hegel, Christiane Luise
    7, 9 f, 25, 27, 43, 59,
    117
Hegel, Georg Ludwig
    (Vater) 7, 9, 12, 14, 20,
    22, 27
Hegel, Georg Ludwig
    (Sohn) 7, 45
Hegel, Immanuel 45, 46,
    115, 119

Hegel, Johannes 7
Hegel, Johannes (Pfar-
    rer) 7
Hegel, Karl 45, 115, 119
Hegel, Maria Magdalena
    Louisa 7, 9, 27
Hegel, Marie 9, 42 f, 51,
    54, 63, 81, 87, 90, 95,
    100 f, 102, 109, 110,
    117 f, 44
Heiberg, Johan Ludvig
    130
Heiss, Robert 81, 134
Hemsterhuis, Franz 16
Henning, Leopold Doro-
    theus von 63, 70, 75
Herbart, Johann
    Friedrich 22, 130, 129
Herder, Johann Gottfried
    von 16
Hermes, Johann Thimo-
    theus 11
Hinrichs, Hermann
    Friedrich Wilhelm 56,
    74, 75, 123
Hobbes, Thomas 22, 80
Hoffmeister, Johannes
    130
Höijer 130
Hölderlin, Friedrich 15,
    16 f, 20, 22, 23, 24 f,
    15
Homer 11
Horn, Dr. 118
Hotho, Heinrich Gustav
    83, 104, 110, 112
Hufeland, Christoph
    Wilhelm 32
von Hülsen 112
Hume, David 22, 42

Jacobi, Friedrich Hein-
    rich 16, 33, 54, 57, 77,
    78, 108
Jean Paul (Jean Paul
    Friedrich Richter) 10
Jesus Christus 75, 125

Kalb, Charlotte von 24
Kamptz, Karl Christoph
    Albert Heinrich von
    110
Kant, Immanuel 16, 17 f,
    19, 22, 27, 33, 34, 41,
    42, 50, 77, 78, 123, 130
Karl August, Großher-
    zog von Sachsen-Wei-
    mar-Eisenach 87, 86
Karl Eugen, Herzog von
    Württemberg 18
Kästner, Abraham
    Gotthelf 10
Kierkegaard, Søren 82
Klaiber, Julius 14
Knebel, Karl Ludwig von
    36, 88
Köppen, Karl Friedrich
    133
Köstlin, Karl Reinhold
    130
Kotzebue, August
    Friedrich Ferdinand
    von 72, 73
Krause, Karl Christian
    Friedrich 28, 101

Lablache, Luigi 94
Lasson, Adolf 130
Lasson, Georg 45, 130
Lebret, Johann Friedrich
    20
Leibniz, Gottfried
    Wilhelm 22, 42
Lenin, Wladimir I. 130
Leo, Heinrich 126
Leonardo da Vinci 96
Leutwein, Christian
    Philipp 17, 19
Link, Herbert 50
Litt, Theodor 130
Locke, John 22, 42
Löffler 9, 11
Lübbe, Hermann 123
Luther, Martin 90, 101,
    114

Machiavelli, Niccolò 22
Malebranche, Nicolas de 42
Marcus, Adalbert Friedrich 108
Marheineke, Philipp Konrad 75, 115, 119, 125, *119*
Marino 130
Märklin, Jakob Jeremias Friedrich 16, 17, 19 f
Marx, Karl 123 f, 127, 130, 132 f, 137, 138, *132*
McTaggart, John McTaggart Ellis 130
Mehmel, Gottlob Ernst August 49
Mercadante, Giuseppe Saverio Raffaele 93
Michelet, Karl Ludwig 123, 125, 126, 130
Milder-Hauptmann, Pauline Anna 93 f
Monrad 130
Montesquieu, Charles de Secondat, Baron de 16, 22
Montgelas, Maximilian Graf von 37
Moses 42

Napoléon I., Kaiser der Franzosen 35, 51, 95, *35*
Neuffer, Christian Ludwig 16, 25
Newton, Sir Isaac 85
Nicolai, Christoph Friedrich 10
Niebuhr, Barthold Georg 50
Niethammer, Friedrich Immanuel 32, 34 f, 37, 38, 42, 45, 46, 48, 49, 59, 108, *36*
Nohl, Herman 25
Novalis (Freiherr Friedrich von Hardenberg) 32

Oppenheim 123
Ott 130

Paulus, Elisabeth Friederike Caroline 51
Paulus, Heinrich Eberhard Gottlob 32, 49, 51, 54, 59, 108
Pelargus, Wilhelm 7
Pfaff, Johann Friedrich 48 f
Platon 16, 41
Pogwisch, Ulrike von 87
Prévost 130

Raffael (Raffaello Santi) 96
Ranke, Leopold von 123
Rauch, Christian Daniel 112
Raumer, Friedrich Ludwig Georg von 50, *49*
Rebstock 73
Reinhard, Karl Friedrich von 86
Reinhold, Karl Leonhard 18, 23, 29
Riemer, Friedrich Wilhelm 87, *85*
Röschlaub, Andreas 108
Rösel, Johann Gottlob Samuel 112
Rosenkranz, Karl 11, 17, 27, 39, 40, 42, 59, 64, 74, 77, 79, 101, 114, 123, 124, 126, 130
Rössler 123
Roth, Karl Johann Friedrich 108
Rousseau, Jean-Jacques 14, 16 f, 19, *17*
Rubens, Peter Paul 93
Rubini, Giovanni Battista 94
Ruge, Arnold 126 f, *127*
von Rütte 21 f

Sand, Karl Ludwig 72, 73
Savigny, Friedrich Carl von 75, 123, 133, *75*
Schad, Johann Baptist 28
Schaller, Julius 126
Schelling, Caroline von 42, 109
Schelling, Friedrich Wilhelm Joseph von 12, 16, 17, 19, 22, 23, 28 f, 32, 36 f, 42, 50, 54, 59, 81, 89, 107 f, 119, 121, 123, 125, 127, 130, 133, *31*, *107*
Schelling, Karl Eberhard 7
Schiller, Friedrich 7, 12, 14, 16, 24, 28, 32, *9*
Schlegel, August Wilhelm von 28, 32
Schlegel, Caroline s. u. Caroline von Schelling
Schlegel, Friedrich von 28
Schleiermacher, Friedrich Ernst Daniel 60, 70 f, 77, 124, *72*
Schnurrer, Christian Friedrich von 14, 21
Schoeps, Hans Joachim 49
Scholl, Johann Eberhard Heinrich 21
Schopenhauer, Arthur 11, 70, 71
Schröckh, Johann Matthias 10
Schuckmann, Caspar Friedrich Freiherr von 50, 78, 94
Schultz, Christoph Friedrich Ludwig 86
Schulze, Johannes 70, 98, 99, 118, 119
Schwegler 17
Schwendler, Friedrich

171

Christian August von 87

Schwendler, Frau von 87

Seth 130

Shaftesbury, Anthony Ashley-Cooper, Earl of 22

Shakespeare, William 9

Smith, Adam 10

Solger, Karl Wilhelm Ferdinand 50, 64, 70, 101, 119

Sophokles 64

Spaventa, Bertrando 130

Spinoza, Benedictus de 22, 42, 50

Stahl, Friedrich Julius (Friedrich Julius Jolson) 80

Stäudlin, Gotthold Friedrich 20

Steiger von Tschugg, Carl Friedrich 21 f

Steiger von Tschugg, Friedrich 22

Stein, Karl Reichsfreiherr vom und zum 60, 77

Stieglitz, Heinrich Wilhelm August 112

Stirling, James Hutchinson 130

Stirner, Max 129

Storr, Gottlob Christian 14

Strauß, David Friedrich 123, 142 f, 125

Sulzer, Johann Georg 10

Tieck, Ludwig 32, 64, 70

Tizian (Tiziano Vecelli) 96

Treitschke, Heinrich von 99

Tucher von Simmelsdorf, Jobst Wilhelm Karl Freiherr von 42

Tucher von Simmelsdorf, Marie von s. u. Marie Hegel

Tucher von Simmelsdorf, Susanna Freifrau von 42

Ulrich, Herzog von Württemberg 14

Uxkull, Baron Boris 55 f, 57

Varnhagen von Ense, Karl August 45, 112, 124

Vatke, Johann Karl Wilhelm 125, 126

Vera, Augusto 130

Virchow, Rudolph 120, 120

Vischer, Friedrich Theodor 126

Vischer, Luise 7

Vogel, Karl 87

Voltaire (François-Marie Arouet) 22

Voß, Johann Heinrich 83)

Wahl, Frau von 109

Wallace, William 130

Wette, Wilhelm Martin Leberecht de 50, 72, 75, 77

Wetzel, Friedrich Gottlob 19

Wichmann, Ludwig Wilhelm 112

Wilhelm I., König von Württemberg 59

Winckelmann, Johann Joachim 70

Windelband, Wilhelm 130

Wolff, Christian Freiherr von 42

Xeller, Christian 115

Zeller, Eduard 20

Zelter, Karl Friedrich 87, 88, 101, 110, 112, 115, 89

QUELLENNACHWEIS DER ABBILDUNGEN

Schiller-Nationalmuseum, Marbach am Neckar: Umschlag-Vorderseite, 9, 36, 47, 72, 125, 131, 136 / Archiv für Kunst und Geschichte, Berlin: 6, 64/65, 103 / Ullstein Bilderdienst, Berlin: 8, 18, 35, 44, 49, 55, 61, 68/69, 73, 75, 85, 86, 89, 92, 94/95, 96, 109, 111, 119, 120, 121, 138 / Städtisches Kulturamt, Tübingen: 13 / Bildarchiv Preußischer Kulturbesitz, Berlin: 15, 17, 24, 26, 31, 52/53, 80, 91, 107, 129 / Ullstein-Eschen, Berlin: 21 / Historia-Photo, Hamburg: 28, 41, 66, 71, 83, 98, 113, 114, 116, 122, Umschlag-Rückseite / Dr. J.-Detlev Freiherr von Uexküll, Hamburg: 57 / Hegel-Archiv, Bonn: 58 / Nach einer Vorlage aus Privatbesitz, Madison / Wisconsin: 88 / Internationaal Instituut voor Sociale Geschiedenis, Amsterdam: 127, 128, 132, 135

rowohlts monographien mit
Selbstzeugnissen und Bilddokumenten. Begründet von
Kurt Kusenberg, herausge-
geben von Wolfgang Müller.

Eine Auswahl:

Louis Armstrong
dargestellt von Ilse Storb
(443)

Johann Sebastian Bach
dargestellt von Martin Geck
(511)

Ludwig van Beethoven
dargestellt von Fritz Zobeley
(103)

George Bizet
dargestellt von Christoph
Schwandt
(375)

Frédéric Chopin
dargestellt von Camille
Bourniquel
(025)

Hanns Eisler
dargestellt von Fritz
Hennenberg
(370)

Joseph Haydn
dargestellt von Pierre
Barbaud
(049)

Felix Mendelssohn Bartholdy
dargestellt von Hans
Christoph Worbs
(215)

Wolfgang Amadeus Mozart
dargestellt von Fritz
Hennenberg
(523)

Elvis Presley
dargestellt von Alan und
Maria Posener
(495)

Giacomo Puccini
dargestellt von Clemens
Höslinger
(325)

Johann Strauß
dargestellt von Norbert
Linke
(304)

Richard Strauss
dargestellt von Walter
Deppisch
(146)

Antonio Vivaldi
dargestellt von Michael
Stegemann
(338)

Ein Gesamtverzeichnis der
Reihe *rowohlts mono-
graphien* finden Sie in der
Rowohlt Revue. Jedes
Vierteljahr neu. Kostenlos.
In Ihrer Buchhandlung.

rororo bildmonographien

rowohlts monographien mit Selbstzeugnissen und Bilddokumenten. Begründet von Kurt Kusenberg, herausgegeben von Wolfgang Müller.

Eine Auswahl:

Alfred Andersch
dargestellt von Bernhard Jendricke
(395)

Lou-Andreas-Salomé
dargestellt von Linde Salber
(463)

Simone de Beauvoir
dargestellt von Christiane Zehl Romero
(260)

Wolfgang Borchert
dargestellt von Peter Rühmkorf
(058)

Lord Byron
dargestellt von Hartmut Müller
(297)

Raymond Chandler
dargestellt von Thomas Degering
(377)

Charles Dickens
dargestellt von Johann N. Schmidt
(262)

Lion Feuchtwanger
dargestellt von Reinhold Jaretzky
(334)

Theodor Fontane
dargestellt von Helmuth Nürnberger
(145)

Maxim Gorki
dargestellt von Nina Gourfinkel
(009)

Brüder Grimm
dargestellt von Hermann Gerstner
(201)

Frierich Hölderlin
dargestellt von Ulrich Häussermann
(053)

Homer
dargestellt von Herbert Bannert
(272)

Henrik Ibsen
dargestellt von Gerd E. Rieger
(295)

James Joyce
dargestellt von Jean Paris
(040)

Ein Gesamtverzeichnis der Reihe *rowohlts monographien* finden Sie in der *Rowohlt Revue.* Jedes Vierteljahr neu. Kostenlos. In Ihrer Buchhandlung.

Literatur

rororo bildmonographien

rowohlts monographien mit Selbstzeugnissen und Bilddokumenten. Begründet von Kurt Kusenberg, herausgegeben von Wolfgang Müller.

Eine Auswahl:

Franz Kafka
dargestellt von
Klaus Wagenbach
(091)

Heinar Kipphardt
dargestellt von Adolf Stock
(364)

David Herbert Lawrence
dargestellt von
Richard Aldington
(051)

Gotthold Ephraim Lessing
dargestellt von
Wolfgang Drews
(075)

Jack London
dargestellt von Thomas Ayck
(244)

Molière
dargestellt von
Friedrich Hartau
(245)

Marcel Proust
dargestellt von
Claude Mauriac
(015)

Ernst Rowohlt
dargestellt von Paul Mayer
(139)

Friedrich Schlegel
dargestellt von Ernst Behler
(014)

Thomas Bernhard
dargestellt von Hans Höller
(504)

Anna Seghers
dargestellt von
Christiane Zehl Romero
(464)

Theodor Storm
dargestellt von
Hartmut Vinçon
(186)

Jules Verne
dargestellt von Volker Dehs
(358)

Oscar Wilde
dargestellt von Peter Funke
(148)

Émile Zola
dargestellt von Marc Bernard
(024)

Stefan Zweig
dargestellt von
Hartmut Müller
(413)

Ein Gesamtverzeichnis der Reihe *rowohlts monographien* finden Sie in der *Rowohlt Revue*. Jedes Vierteljahr neu. Kostenlos in Ihrer Buchhandlung.

Literatur

rororo bildmonographien